O novo CPC e o Processo do Trabalho

A Instrução Normativa n. 39/2016 – TST:
referências legais, jurisprudenciais e comentários

1ª edição – Março, 2017
1ª edição – 2ª tiragem – Abril, 2017

FRANCISCO ROSSAL DE ARAÚJO

*Desembargador Federal do Trabalho — TRT 4ª Região.
Professor da Universidade Federal do Rio Grande do Sul (UFRGS).*

O novo CPC e o Processo do Trabalho

A Instrução Normativa n. 39/2016 — TST:
referências legais, jurisprudenciais e comentários

EDITORA LTDA.

© Todos os direitos reservados

Rua Jaguaribe, 571
CEP 01224-003
São Paulo, SP — Brasil
Fone (11) 2167-1101
www.ltr.com.br
Março, 2017

Produção Gráfica e Editoração Eletrônica: RLUX
Projeto de capa: FABIO GIGLIO
Impressão: PIMENTA & CIA LTDA.

Versão impressa — LTr 5774.8 — ISBN 978-85-361-9146-1
Versão digital — LTr 9114.0 — ISBN 978-85-361-9174-4

Dados Internacionais de Catalogação na Publicação (CIP)
(Câmara Brasileira do Livro, SP, Brasil)

Araújo, Francisco Rossal de
O novo CPC e o processo do trabalho : a instrução normativa n. 39/2016 : TST : referências legais, jurisprudenciais e comentários / Francisco Rossal de Araújo. — São Paulo : LTr, 2017.

Bibliografia.

1. Direito processual do trabalho — Brasil 2. Processo civil — Legislação — Brasil I. Título.

17-01878   CDU-347.9(81)(094.4):331

Índice para catálogo sistemático:

1. Brasil : Código de processo civil e processo do trabalho : Direito   347.9:331(81)(094.4)

Dedico este livro às minhas filhas Mariana, Natália e Alexandra, fontes da minha esperança.

Sumário

Prefácio — Ministra *Maria Helena Mallmann* 9

Introdução 11

Capítulo I — O Plano do Código de Processo Civil 13
I — O papel da codificação 13
II — Estrutura e principais inovações 17
    A) Estrutura 17
    B) Principais inovações 18
        1) Parte Geral 18
        2) Tutela Provisória 20
        3) Procedimento Comum 20
        4) Procedimentos Especiais 22
        5) Liquidação e Cumprimento da Sentença 22
        6) Processo de Execução 23
        7) Processos nos tribunais e recursos 23
        8) Livro Complementar 24

Capítulo II — Comentários à Instrução Normativa n. 39/2016 — TST 25

Bibliografia 233

Índice por assunto 245

Prefácio

Sinto-me honrada e gratificada pelo convite do autor para prefaciar esta obra.

Francisco Rossal de Araújo, com o qual tive a satisfação de conviver na Justiça do Trabalho do Rio Grande do Sul, tem sua trajetória marcada pela dedicação ao estudo do Direito do Trabalho e Direito Processual do Trabalho, com destacada atuação no meio jurídico e acadêmico.

Trata-se de uma abordagem consistente e, por que não dizer, urgente acerca do assunto.

O livro está dividido em duas partes: a primeira, trata de forma geral sobre o novo CPC, com as principais alterações e novidades e a segunda, que são os comentários à IN n. 39/2016 — TST.

Na primeira parte, descreve-se o papel de uma codificação de normas processuais, com as implicações de fatores ideológicos, sociais e políticos que isso representa. O predomínio da Lei como fonte de direito em matéria de direito processual, significa a predominância do Estado na elaboração de formas lógicas para as soluções de conflitos. Não obstante a proliferação de microssistemas legislativos em matéria de processo, a opinião prevalecente foi codificar a legislação processual como forma de buscar a coerência interna do sistema processual e a sua unidade valorativa. Um código de processo civil, por sua pretensão de abrangência e subsidiariedade a outros sistemas processuais, tem forte impacto no Processo do Trabalho. O autor procura, ao longo da exposição, examinar as novidades trazidas pelo novo CPC, sem descaracterizar as virtudes de um processo célere, concentrado e marcado pela oralidade/informalidade, como o Processo do Trabalho.

A segunda parte tem natureza mais analítica. Nota-se a opção pelo comentário aos dispositivos da Instrução Normativa do TST que procura nortear a aplicação subsidiária/supletiva das normas gerais do Processo Civil às normas especiais do Processo do Trabalho. Em cada artigo são apontadas as Súmulas e OJs do TST pertinentes ao tema. São números os pontos polêmicos enfrentados como, por exemplo, a própria natureza da aplicação subsidiária, a distribuição do ônus da prova, a prescrição intercorrente, o incidente de desconsideração de personalidade jurídica e os poderes do Juiz, entre outros. São feitas relações com as características das lides trabalhistas (pedidos múltiplos e, em grande parte, sobre matéria de fato) e o julgamento parcial de mérito e as consequências daí advindas em matéria recursal.

O autor também enfrenta os polêmicos temas da fase de execução, tutela provisória e ação rescisória. Na execução, a compatibilidade do sistema de responsabilidade patrimonial e o cumprimento da sentença, além dos procedimentos específicos para obrigações de fazer, Bacenjud, tutelas inibitórias, etc. No âmbito do chamado Processo Cautelar, hoje nominado Tutela Provisória, são enfrentados os temas da tutela de urgência e da tutela de evidência e suas conexões com as lides trabalhistas. Verifica-se, também, uma relevante pesquisa sobre ações rescisórias, com extensa referência à matéria sumulada pelo TST.

Entre as grandes novidades, chama atenção o tratamento dado para temas como a fundamentação da sentença e a formação de precedentes no âmbito do Processo do Trabalho, com todas as peculiaridades que se apresentam no âmbito da Justiça do Trabalho. Há uma comparação entre os dispositivos do novo CPC e a Lei n. 13.015/2014, precursora de um sistema recursal que priorize a unificação da jurisprudência.

Enfim, segundo o próprio autor, há um longo caminho a ser percorrido no sentido de interpretar a aplicação subsidiária/supletiva do novo CPC ao sistema processual trabalhista. Nas suas palavras, o importante é não perder as virtudes do Processo do Trabalho e sua vocação para a celeridade, efetividade e informalidade.

Estou convicta de que este livro vai nos inspirar, orientar e auxiliar a enfrentar o necessário e constante aprofundamento no estudo das questões do Direito Processual do Trabalho, mormente a preservação da razão de ser da Justiça do Trabalho, tornando efetivo os direitos dos trabalhadores.

Maria Helena Mallmann
Ministra do Tribunal Superior do Trabalho

Introdução

    O Processo do Trabalho tem uma longa evolução normativa e jurisprudencial no Brasil. Sempre marcado pela celeridade, oralidade e imediação, caracterizou-se como um instrumento efetivo de realização da Justiça Social no nosso País. A Justiça do Trabalho, com todas as suas imperfeições, funciona relativamente bem, se comparada a outros ramos do Judiciário. É um ramo da Justiça que é acessível, com sensibilidade social em função da natureza alimentar das parcelas que julga e que sempre teve a vocação para a conciliação dos litígios. A realidade, porém, traz grandes desafios e existem inúmeros problemas a serem enfrentados. Há limitações materiais, de pessoal (Juízes e funcionários) e de orçamento. Nos últimos anos, a crise econômica fez crescer exponencialmente o número de reclamatórias trabalhistas e o Processo Eletrônico, apesar do notável esforço feito pela instituição, ainda engatinha e apresenta significativos problemas.

    Esse é o contexto em que se coloca a entrada em vigor de um novo Código de Processo Civil, que tem aplicação subsidiária ao Processo do Trabalho (art. 765, CLT). As normas processuais trabalhistas apresentam grande número de lacunas, que precisam ser preenchidas pelas normas do processo comum a todos os ramos do direito privado. A vigência de um novo CPC representa a adoção de um sistema complexo de normas, que desafiam os intérpretes a manter a sua unidade conceitual e valorativa, assim como a sua coerência interna (em si mesmo) e externa (em relação aos demais sistemas normativos). No campo do Processo do Trabalho, essa tarefa é desafiadora tanto pela proporções, considerando o número de dispositivos legais envolvidos, quanto pelo conteúdo, considerando os princípios do Processo Civil em cotejo com os princípios peculiares do Processo do Trabalho e, também, da relação jurídica material sobre a qual se aplica, o Direito do Trabalho.

    Para quem se aventura a escrever sobre o tema, a primeira preocupação é conseguir uma visão sistemática sobre os mais variados temas. Analisar uma lei esparsa é uma tarefa muito mais fácil do que se debruçar sobre um complexo sistema normativo como é o CPC. Fazer as conexões entre as diferentes fases do processo e as motivações de cada dispositivo legal pode ser um desafio invencível. Ainda mais quando se comparam distintos modos de encadear atos processuais, com bases de direito material diferentes e princípios norteadores diferentes.

    Outro desafio é a conjugação entre a teoria e a prática. Há muita teoria quando entra em vigor uma nova lei, mas a jurisprudência leva anos para depurar e sedimentar os conteúdos da lei. Por este motivo, toda a base jurisprudencial, que se utiliza para comparar com os novos termos da legislação, é antiga. Ou, pelo menos, muito nova para permitir posições definitivas sobre os temas. Mas esse é o desafio do jurista e essa circunstância é inexorável. É preciso ousar, emitindo opiniões sobre a ainda fresca letra da lei, mesmo que importe o risco de, com o passar do tempo e a evolução da jurisprudência, a opinião ficar defasada ou cair no esquecimento.

A opção que se fez nesta obra foi analisar as normas com o objetivo prático de aplicação pelo profissional que labuta diariamente nos foros, nas mais diversas instâncias do Judiciário. Mapear as possibilidades, cogitar as opções e deixar que o leitor encontre sua própria posição. É claro que o autor não é alguém neutro em face do sistema. Entretanto, mesmo quando se emite uma opinião, sempre se procura demonstrar ou, ao menos, referir as posições diferentes ou adversárias. O objetivo foi escrever com senso prático e honestidade intelectual para que o leitor forme a sua opinião sobre temas complexos.

O plano da obra divide-se em duas partes. A primeira, trata do CPC como um todo, analisando as características de toda codificação e apontando as principais modificações de uma forma narrativa. A segunda, são os comentários à Instrução Normativa n. 39/2016 — TST propriamente ditos. Começa, obedecendo ao próprio desenrolar da referida norma, com as considerações sobre a aplicação subsidiária e/ou supletiva do CPC e, depois, passa para os artigos que o TST considerou inaplicáveis ao Processo do Trabalho. Prossegue com a análise dos artigos considerados aplicáveis e as respectivas adaptações interpretativas feitas pela corte superior trabalhista. No decorrer da exposição vai se construindo um raciocínio a partir das principais normas jurídicas relacionadas, tanto de direito processual quanto material e com a jurisprudência da corte superior. A doutrina é utilizada para embasar as principais proposições, em especial na questão dos precedentes, da fundamentação da sentença e da aplicação de princípios gerais do Direito.

Ainda merece uma referência ao sistema de consulta bibliográfica. Por ser uma obra de caráter didático, a bibliografia foi indicada de uma forma geral, no final do trabalho. Apenas foram utilizadas notas de rodapé na primeira parte, por se tratar de adaptação de um artigo já publicado. Nos comentários propriamente ditos, optou-se pelo texto corrido, para facilitar a leitura e dar a ela um caráter mais pragmático.

Agradeço, de uma forma muito especial, à Manuela, minha companheira que, com carinho, organizou os cursos sobre o novo CPC e o Processo do Trabalho, durante o ano de 2016, e me deu o apoio necessário para realizá-los.

Este livro é o resultado de um acúmulo de 26 anos de magistratura e 25 anos de magistério superior. Muitas das situações analisadas foram objeto de inúmeras decisões e exposições em salas de aula por todo o país. Agradeço, portanto, a todos os meus colegas juízes que colaboraram com suas reflexões e críticas, bem como aos ilustres advogados, servidores, alunos e estudiosos do direito que, ao longo do tempo, trouxeram suas reflexões ao meu conhecimento e me auxiliaram a crescer. Espero estar retribuindo, com toda a humildade, a todo este convívio.

Um fraterno abraço e boa leitura!
Porto Alegre, verão de 2017.

Francisco Rossal de Araújo

CAPÍTULO I

O Plano do Código de Processo Civil

I — O papel da codificação

A entrada em vigor de um novo Código de leis sempre é um evento importante para o ordenamento jurídico de um país. Códigos representam a tentativa de racionalização e sistematização de normas jurídicas esparsas, garantindo maior unidade valorativa e coerência interna do sistema normativo. O novo Código de Processo Civil — CPC (Lei n. 13.105/2015) insere-se neste contexto de eventos importantes, principalmente se for considerada a instrumentalidade do processo em relação ao direito material. Em outras palavras, de nada vale a existência de uma legislação ou um código de direito material, sem a respectiva instrumentalização que é tarefa do direito processual. Ao direito processual cabe dar o cumprimento das normas de direito material e um Código de Processo Civil deve responder a este desafio por si mesmo e também por ser a norma subsidiária de toda a legislação processual especial.

O novo CPC é portador de muitas esperanças e de muitas promessas. A grande proliferação de demandas judiciais no Brasil faz com que os tribunais tenham imensa dificuldade em dar conta de todas as causas com a rapidez e o cuidado que uma sociedade moderna e democrática exige. As esperanças e as promessas basicamente dizem respeito a um processo mais simplificado e mais efetivo. Com menos artifícios e formalidades e mais atenção e inserção na realidade social. Para atingir tal objetivo é preciso organizar as fontes do direito processual, dividindo-se o processo em parte geral e parte especial.

O sentido da palavra fonte relaciona-se com aquilo que origina ou produz. No plano jurídico, o estudo das fontes consiste em saber donde vem o Direito e donde dimana a juridicidade das normas[1]. O tema é realmente vasto e, para a sua melhor compreensão no âmbito do Direito do Trabalho, necessárias são algumas referências dentro da Teoria Geral do Direito.

Cada ordenamento jurídico possui um sistema de fontes do Direito próprio. Alguns sistemas possuem sistemas de fontes muito parecidos, seja em face de uma origem historicamente comum, seja em virtude da mesma inspiração sistemática. A fonte legislativa é predominante nos ordenamentos jurídicos modernos. Isso acontece, sob o ponto de vista histórico, no momento em que

---

(1) Cf. MATA-MACHADO, Edgar de Godoi da. *Elementos de Teoria Geral do Direito*. Belo Horizonte: Vega, 1976. p. 213.

começou a fortalecer-se o poder centralizado, em que o Direito legislado começa a sistematizar-se de melhor forma, ocupando um lugar que, tradicionalmente, fora ocupado pelo costume, que se constitui na grande fonte do Direito medieval[2]. Os Estados modernos organizam-se de modo a privilegiar a fonte legal como base de toda organização racional de seus sistemas jurídicos. Nas democracias, o primado da produção da lei é reservado ao Parlamento, que, teoricamente, representa a população, tendo legitimidade para estabelecer as regras gerais de conduta pelas quais a sociedade deve pautar-se.

As outras fontes ocupam, geralmente, posição secundária e subordinada. Entre elas, pode-se citar o costume, a jurisprudência e os Princípios Gerais do Direito. Muitas vezes, o legislador acolhe o produto de longa tradição jurídica e alça-o ao patamar normativo, isto é, traduz sob a forma de lei um costume longamente arraigado na sociedade. Alguns autores, ainda, destacam a doutrina como fonte do Direito.

O direito processual tem como primado a fonte legislativa. Trata-se de um ramo do direito público, por excelência, ainda que contenha elementos de transação e conciliação, típicos das normas dispositivas do direito privado.

O sistema de fontes adotado por determinado ordenamento jurídico representa uma série de fatores ideológicos, sociais e políticos. O fato de a lei prevalecer como fonte de Direito significa a ampla predominância do Estado na organização de uma determinada sociedade, em detrimento de outras formas como, por exemplo, o costume. A criação de normas jurídicas tem constituído, portanto, uma prerrogativa majoritariamente atribuída ao Estado. Mesmo quando a fonte utilizada é o costume, há uma norma dentro do ordenamento jurídico, que autoriza essa utilização. A supremacia da lei é a tendência do direito moderno em detrimento de outras fontes tradicionais. Cada vez mais o Direito torna-se direito estatal, e o direito estatal, cada vez mais, torna-se direito legislativo, ou seja, o processo de juridificação do Estado associa-se a um processo de legificação do Direito[3]. A supremacia da lei, conforme adverte François Gény, não deve, entretanto, suprimir a livre investigação de tudo aquilo que ultrapasse seu horizonte efetivo, uma vez que as disposições de direito positivo apenas pretendem assegurar melhor prescrições mais diretas[4]. O autor chama a atenção, por exemplo, para o fato de a disposição legal pretender regulamentar o costume, determinar sua força obrigatória e os problemas que podem advir na aplicação da regra[5].

---

(2) Cf. MAYNEZ, Eduardo García. *Introducción al estudio del derecho*. 18. ed. Cidade do México: Porrúa, 1971. p. 53. O autor cita Du Pasquier, identificando, na França, uma grande ofensiva legislativa, a partir de Luís XIV e Luís XV, contra o direito consuetudinário.
(3) Cf. BOBBIO, Norberto. *Dicionário de política*. 4. Ed. Brasília: UNB, 1992. p. 351.
(4) Cf. *Método de Interpretación y Fuentes en Derecho Privado Positivo*. 2. ed. Madrid: Reus, 1925. p. 223/224.
(5) Cf. *Op. cit.*, p. 225. Para o referido autor, o costume não necessita da previsão legal pelo legislador ou da sua confirmação em decisões jurisprudenciais para ter força como fonte do Direito.

Várias são as classificações propostas para o estudo das fontes do Direito. Algumas levam em consideração o aspecto filosófico, enquanto outras, o aspecto sociológico. No aspecto técnico jurídico, a classificação tradicional é a de fontes formais e fontes materiais. As fontes materiais indicam o conteúdo da regra, estando, a rigor, fora do Direito, pois significam a justificação da regra, seja por origem divina, sociológica, filosófica e outras, enquanto as formais lhe modelam a forma[6].

As fontes materiais, também chamadas substanciais, são aquelas que estão na consciência comum do povo, dando origem e legitimidade às normas lógicas do direito positivo[7]. A questão envolve amplamente a Teoria Geral do Direito e também a Filosofia do Direito. Um modelo de gênese da norma jurídica que tem grande aceitação, é o proposto por Miguel Reale em sua tão conhecida teoria tridimensional do Direito, na qual defende que o modelo jurídico é constituído de fatos, valores e normas. Em forma de metáfora, o próprio autor descreve seu entendimento de forma a comparar os valores como raios luminosos que incidem sobre um prisma, que seria o complexo factual, refrangindo-os em um leque de normas possíveis, uma das quais se converte em regra legal por interferência opcional do Poder[8]. Note-se que há uma progressiva legificação do Direito, associada a ela um processo de juridificação do Estado, conforme visto no parágrafo anterior. Dessa forma, cada vez mais os valores desencadeiam o fenômeno de refração nos fatos sociais, gerando normas que são acolhidas pelo Estado para reger as relações entre os indivíduos.

O Estado assume o papel de revelador do Direito porque a ele são atribuídos vários poderes: a) a investigação das necessidades sociais a serem atendidas; b) a investigação das soluções aceitas pela consciência comum do povo; c) a escolha da oportunidade para a adoção dessas soluções; d) o reconhecimento ou elaboração das formas lógicas das mesmas soluções[9]. Nessas condições, percebe-se o deslocamento da fonte principal do Direito, que passa a ter tratamento predominantemente estatal, embora a origem permaneça sendo a consciência comum do povo[10].

A regra consuetudinária constituir-se-á na presença de um uso social aceito pela comunidade e correspondente ao sentimento jurídico de seus membros.
(6) Cf. MATA-MACHADO, Edgar de Godoi da. *Op. cit.*, p. 213.
(7) Cf. RÁO, Vicente. *O direito e a vida dos direitos*. 3. ed. São Paulo: Revista dos Tribunais, 1991. p. 212. v. 1.
(8) Cf. *Fontes e modelos do direito*. São Paulo: Saraiva, 1994. p. 52/53. Sobre o modelo proposto por Miguel Reale, há um interessante artigo de FERRAZ JR., Tércio Sampaio. A noção de norma jurídica na obra de Miguel Reale. *Rev. Ciência e Cultura*, v. 26, n. 11, p. 1.011/1.016.
(9) Cf. RÁO, Vicente, op. cit., p. 213.
(10) A ideia de consciência comum do povo deve-se a Savigny. O referido autor foi, durante o século XIX, um árduo opositor da ideia de codificação. Sobre o assunto ver *De la vocación de nuestro siglo para la legislación y la ciencia del derecho*. Valparaíso: Edeval, 1978.

O ordenamento jurídico brasileiro tem como fonte principal a lei. Sua tradição é romano-germânica. No Direito Processual, também a lei exerce papel fundamental como fonte de Direito.

Contudo, vale ressalvar que o modelo de codificação existente no âmbito do Direito Brasileiro mostra-se incapaz de acolher toda a expressão normativa de determinados campos do Direito, sendo cada vez maior o número de leis esparsas que constituem "microssistemas" dentro de um sistema legal mais abrangente, apresentando soluções normativas individualizadas conforme a natureza das situações jurídicas reguladas[11]. Podem-se exemplificar o próprio Direito do Trabalho, o direito das locações, o direito dos consumidores e outros, como sistemas diferenciados do sistema geral do Código Civil, que, com o tempo, foram ganhando autonomia, alguns dos quais constituindo ramo jurídico diferenciado. No campo processual, inúmeras são as leis esparsas sobre procedimentos especiais em relação ao CPC. Outro problema a ser enfrentado são os numerosos casos em que o legislador, tanto no âmbito do Direito Público, quanto no Direito Privado, usa mão de cláusulas gerais, nas quais são previstos modelos valorativos de conduta ou atuação, que devem ser integrados, no caso concreto, pelo legislador ou pelo julgador. Os Princípios Gerais do Direito atuam no sentido de dar conexidade e uniformizar valorativamente esse emaranhado de legislação. Em vários casos, esses princípios passam a integrar o ordenamento jurídico positivo por meio das referidas cláusulas gerais, adquirindo feição expressa na legislação.

Não obstante a proliferação de leis esparsas que podem constituir microssistemas normativos, o Brasil vive uma etapa particularmente fértil de codificação, tanto de seu sistema de Direito Privado quanto de seu Direito Público, aí incluído o Direito Processual Civil. Em 2002 houve a edição de um novo Código Civil (Lei n. 10.406/2002) e, em 2015, a edição de um Código de Processo Civil (Lei n. 13.105/2015). São dois códigos extremamente importantes que trazem consigo a tentativa de dar maior coerência e organização ao sistema de Direito Privado, tanto no aspecto material quanto no aspecto do Direito Processual.

A questão que normalmente é levantada, inclusive pela própria comissão que elaborou o anteprojeto do novo CPC, é a de que o CPC de 1973 funcionou bem por cerca de duas décadas. A partir dos anos 90, entretanto, várias reformas foram feitas, a grande maioria liderada pelos ministros Athos Gusmão Carneiro e Sálvio de Figueiredo Teixeira, com a missão de adaptar o Processo Civil brasileiro às mudanças da sociedade e ao funcionamento das instituições. Isso enfraqueceu a coesão do próprio código e comprometeu a sua operatividade sistemática, além de trazer reflexos na morosidade processual.

O comprometimento sistemático e o enfraquecimento da coesão do CPC/73 trouxe a discussão se, de um lado, novas reformas seriam suficientes para resgatar

---

(11) Sobre o problema da codificação e a formação de "microssistemas", ver IRTI, Natalino. L'Età della decodificazione, *Rev. de Direito Civil*, v. 10, p. 15 e seguintes.

tais características, ou, de outro, se seria necessária a edição de um novo diploma legal, com uma nova unidade sistemática. Essa discussão não era nova, sempre aparecendo quando surgem as discussões para a elaboração de um novo diploma legal. A exposição de motivos do CPC de 73, feita pelo então ministro Alfredo Buzaid, já trazia a reflexão a respeito da necessidade de um novo código frente ao então CPC de 1939. A conclusão, naquela época, tal como no novo CPC, foi a de que era mais difícil corrigir um código velho do que fazer um código novo. Como enfatizava a exposição do CPC de 73, "o grande mal das reformas parciais é o de transformar o código em um mosaico, com coloridos diversos que traduzem as mais variadas direções". Portanto, a decisão de fazer um novo código está inspirada pelo objetivo de dar mais segurança ao processo como um todo, realçando a unidade valorativa e a coerência interna do sistema.

Por outro lado, mesmo com um novo código não pode fazer "tábua rasa" das instituições processuais que estão arraigadas na cultura jurídica de um país. Assim, mesmo que se faça um novo sistema de normas, muitas estruturas são preservadas. Entrando em jogo princípios que são apenas aparentemente antagônicos: conservação e inovação. O novo CPC preserva muitas instituições do CPC/73. Um exemplo vivo desse raciocínio é a teoria da ação adotada pelo CPC/73, a chamada teoria eclética ou teoria das condições da ação. Apesar de ter sido afastada a possibilidade jurídica do pedido como uma das condições da ação pelo novo CPC/2015, permanece a divisão entre o que é condição prévia e ação propriamente dita, informando todo o processo e mantendo, inclusive, a clássica distinção entre término do processo com e sem resolução de mérito.

Os objetivos do novo código, segundo a sua exposição de motivos, foram divididos em cinco grandes linhas de atuação: a) estabelecer expressa conexão e sintonia com os princípios constitucionais do devido processo legal; b) criar condições para que o juiz possa proferir decisões relacionadas de forma mais efetiva com a situação de fato da causa; c) simplificar a complexidade dos subsistemas normativos, em especial o subsistema recursal; d) dar todo o rendimento possível a cada processo em si mesmo considerado; e) imprimir maior coesão e organicidade ao sistema processual. Vários são os exemplos desses objetivos e das novidades trazidas pelo novo CPC e que serão vistos na segunda parte dessa exposição.

II — Estrutura e principais inovações

A) Estrutura

O novo CPC optou pela divisão entre parte geral e parte especial. Essa é uma discussão antiga dentro do tema da codificação e que remonta aos vários ramos do Direito, e não apenas ao direito processual. No Brasil, os códigos Civil e Penal, por exemplo, contêm parte geral e parte especial, mas o CPC de 73 não possuía tal divisão. Os que defendem tal tipo de organização dos sistemas codificados, afirmam que uma parte geral de um código serve regra geral para uma série de subsistemas normativos, constituindo as peças basilares de um sistema de normas. Assim, por exemplo, a parte geral do Código Civil contém as regras sobre pessoa, personalidade, bens, domicílio, prescrição, ato e negócio jurídico, que servem de base para todo os sistemas de direito privado, e não apenas para a matéria tratada pelo Código Civil. O mesmo raciocínio se aplica em relação ao Código Penal.

O CPC/73 não continha uma parte geral. A discussão já era conhecida na época, pois, em nosso país, essa discussão remontava ao Código Civil de 1916, mas talvez ainda não estivesse madura a concepção de uma própria teoria geral do processo que motivasse a elaboração de uma parte geral com as características de generalidade e abrangência para todo o sistema normativo processual, e não apenas para o próprio código. Essa era a opinião de Egas Moniz de Aragão, citado na exposição de motivos do novo CPC. O certo é que, com o passar das décadas, a ciência processual atingiu grande desenvolvimento no Brasil e a Teoria Geral do Processo está suficientemente madura para permitir uma Parte Geral para o novo CPC.

O conteúdo da Parte Geral (arts. 1º a 317) compreende os princípios e garantias fundamentais do processo civil brasileiro em consonância com a Constituição; a aplicabilidade das normas processuais; a função jurisdicional e os limites da jurisdição e competência; as normas de cooperação nacional e internacional; os sujeitos do processo com as definições de partes, litisconsórcio, procuradores, juiz e auxiliares da Justiça; o Ministério Público, a Defensoria Pública e a Advocacia Pública; os atos processuais; as provas; a tutela provisória com as tutelas de urgência e evidência; a formação, suspensão e interrupção do processo.

A Parte Especial é composta pelo processo de conhecimento e cumprimento da sentença (arts. 318 a 770); processo de execução (arts. 771 a 925); processos nos tribunais e meios de impugnação das decisões judiciais (arts. 926 a 1.044). Os procedimentos especiais ficaram junto ao cumprimento da sentença e foram sensivelmente reduzidos ou incorporados ao procedimento comum. O Livro Complementar traz as disposições finais e transitórias.

B) Principais inovações

1) Parte Geral

O novo CPC faz frequentes invocações a princípios constitucionais. O art. 1º é a "janela" de abertura do sistema, remetendo as principais questões interpretativas para os princípios constitucionais. Contraditório, cooperação, deveres-poderes na direção do processo, são tratados nos primeiros artigos do código.

Uma questão bastante polêmica é o julgamento por ordem cronológica dos processos (art. 12), que foi objeto de mudança legislativa (Lei n. 13.256/2016), estabelecendo que os processos sejam preferencialmente julgados em ordem cronológica, e não de forma obrigatória. O motivo é que a forma rígida de julgamento cronológico poderia trazer problemas de gestão de resíduos processuais e dificultaria o julgamento conjunto de ações repetitivas ou demandas de massa.

O código também disciplina a cooperação internacional (arts. 26 a 41), seja por auxílio-direto ou carta rogatória, procurando dar maior agilidade à tramitação de processos relacionados com sistemas jurídicos processuais de outros países.

Disciplina a competência (arts. 42 a 69), mantendo a clássica divisão entre competência relativa e absoluta. A exceção de incompetência desaparece e passa a ser tratada como preliminar de contestação. Há nítida preocupação em facilitar a cooperação dos órgãos julgadores nacionais (arts. 67 a 69).

No livro III, relativo aos sujeitos do processo, há preocupação em reforçar o princípio da boa-fé processual (arts. 77 a 81), inclusive com a adoção do instituto do "desrespeito à corte" e a imposição de multas por afronta à dignidade da justiça (art. 77, § 2º).

Houve nítida preocupação com o tema das despesas processuais, os honorários advocatícios e a gratuidade da justiça, com expressiva regulamentação da matéria (arts. 82 a 102). A disciplina relativa aos procuradores das partes está melhor organizada, com sensível melhora no tema relativo à sucessão (arts. 103 a 118).

Na intervenção de terceiros (arts. 119 a 138), houve modificações e algumas foram extintas ou parcialmente fundidas. Desaparece a oposição, que, de resto, era pouco utilizada na prática. Houve uma aproximação entre os institutos da Denunciação da Lide e do Chamamento ao Processo, possibilitando que a intervenção ocorra tanto por direito de regresso quanto por relação de solidariedade por lei ou por contrato. Isso decorre de um dos objetivos declarados pela comissão de aproximar o julgamento da realidade fática e simplificação das formas. Nesse ponto, também é de ser ressaltado o regramento específico que mereceu a desconsideração da personalidade jurídica e a atuação do *Amicus Curiae* (arts. 133 a 138).

Juiz e auxiliares da Justiça são tratados no mesmo título (arts. 139 a 175), com especial destaque para a novidade dos conciliadores e mediadores judiciais, em uma tentativa de aumentar a incidência de autocomposição nos processos judiciais. Ministério Público, Defensoria Pública e Advocacia Pública ganham disciplina legislativa mais específica (arts. 176 a 187).

Os atos processuais trazem como novidades as possibilidades de alteração do cronograma processual, sempre com a anuência do Juiz, a contagem dos prazos em dias úteis e a simplificação do procedimento da impugnação do valor da causa (arts. 188 a 293). O processo eletrônico também merece atenção do legislador, embora de forma bastante tímida e aquém da realidade de implantação do PJE, que tem de se socorrer da normatização infralegal, em especial da Resolução n. 185/2013, do CNJ.

2) Tutela Provisória

O "processo cautelar" e a "tutela antecipada" passaram a ser denominados Tutela Provisória" (arts. 294 a 311). Com essa medida se resolve o problema de sistematização e unidade gerado pelas reformas do CPC/73 ao introduzir o processo cautelar/antecipação de tutela. A disciplina legal do novo CPC reorganiza a matéria e torna o sistema mais coeso (arts. 294 a 311). Distingue entre tutela de urgência, com maior ênfase ao perigo na demora e verossimilhança do direito (art. 300), e tutela de evidência, que privilegia o sistema em si e a manutenção da sua razoabilidade e boa-fé (abuso de direito, intuito protelatório manifesto, matéria fática incontroversa, jurisprudência pacificada, pedido reipersecutório com prova documental, não oposição de prova do réu — art. 311).

São extintas as ações cautelares nominadas, adotando-se regra no sentido de que basta à parte comprovar a verossimilhança do direito e o perigo na demora para o deferimento da providência pleiteada, independentemente de forma específica. Alguns procedimentos cautelares específicos ganham disciplina no processo de conhecimento (produção antecipada de provas — arts. 381 a 383; arrolamento de bens — art. 381, § 3º; exibição de documento ou coisa — arts. 396 a 403; atentado — art. 77, VI e art. 77, § 7º; caução — art. 83; busca e apreensão — art. 536, §§ 1º e 2º e art. 538).

As providências de tutela de urgência ou evidência podem ser requeridas antes ou no curso do processo. Foi mantida a possibilidade de tutela de emergência e incidental (art. 294, parágrafo único). É estabelecida a exigência de fundamentação das decisões envolvendo tutelas provisórias (art. 298). As regras de cumprimento são explicitadas (art. 297, parágrafo único).

3) Procedimento Comum

O novo CPC mantém as linhas das reformas da década de 90 no que tange à adoção do chamado processo sincrético: conhecimento e cumprimento da sentença são pensados como uma continuidade. O processo de execução fica reservado para os títulos extrajudiciais. Também houve a abolição do rito sumário (art. 316, *caput*) e o procedimento comum subsidia todos os demais.

Houve melhor disciplina do indeferimento sumário da inicial (art. 330), em especial pela observância de jurisprudência consolidada. Houve veto, no art. 333, da possibilidade da ação individual ser transformada de ofício em ação coletiva, por iniciativa do MP ou da Defensoria Pública — *lobby* advogados, mas foi mantida a possibilidade de o Juiz oficiar aos órgãos competentes para promoverem as respectivas ações.

A citação é para comparecer à audiência (art. 334, *caput*), mas o réu pode pedir para não realizar audiência (art. 335, II), a partir desse momento começa a correr seu prazo para contestar. Se a audiência não resultou em acordo, começa o prazo para contestar. Nos demais casos, começa a partir da juntada aos autos da citação (art. 335, III). O autor também pode recusar a audiência, na inicial. Esse novo sistema pode gerar alguma confusão, mas é um tema que a praxe processual se encarregará de resolver.

O novo CPC abandona o nome "exceção". Impedimento e suspeição são alegados por petição (art. 146, *caput*), que não necessariamente suspende o processo (art. 146, § 2º). A incompetência relativa passa a ser preliminar de contestação (art. 337, II), bem como o "valor da causa" e "benefício da justiça gratuita" (art. 337, III e XIII).

Preserva-se a reconvenção (art. 343).

O saneamento do processo (art. 357) inclui a redistribuição do ônus da prova e delimitação da controvérsia. Também possibilita uma "audiência de saneamento" em processos complexos (art. 357, § 3º). Preenchidas determinadas condições, pode-se realizar o julgamento antecipado (art. 356).

No campo das provas, o novo CPC traz a possibilidade do advogado inquirir diretamente as testemunhas (art. 459), desde que a pergunta seja deferida pelo juiz e a responsabilidade do advogado intimar as testemunhas, como regra (art. 455). O procedimento de produção antecipada de provas é trazido para dentro do procedimento comum.

Na sentença, a grande novidade e polêmica é a necessidade de fundamentação exaustiva (art. 489). Liga-se ao princípio da boa-fé (art. 489, § 3º) e à necessidade de fundamentação das decisões judiciais (art. 93, IX, CF), aproximando a realidade processual dos princípios constitucionais. A grande polêmica está na fundamentação exaustiva, que pode levar ao julgador a ficar refém de uma série de argumentos impertinentes ou irrelevantes para o deslinde da causa. Por outro lado, o texto reforça a posição de um processo comprometido com o exaurimento de todas as questões relacionadas com a lide e com o deslinde pleno da causa submetida ao Poder Judiciário. A disciplina da sentença está nos arts. 485 a 501.

A coisa julgada (arts. 502 a 508) pode beneficiar terceiros. Mas não pode prejudicar.

O novo CPC mantém o reexame necessário (art. 496), mas disciplina as hipóteses de forma mais definida e limitada.

4) Procedimentos Especiais

A ideia original do novo CPC, seguindo uma tendência encontrada na exposição de motivos do CPC de 73, era diminuir o número de procedimentos especiais, mantendo, todavia, a tradicional divisão entre procedimentos especiais de jurisdição contenciosa e voluntária. Isso ocorre porque os procedimentos especiais em grande número dificultam a compreensão das normas processuais e causam tumulto cognitivo.

Foram mantidos quatorze procedimentos especiais de jurisdição contenciosa: consignação em pagamento; exigir contas (não mais por aquele que deseja "prestar contas" e sim somente pelo que quer vê-las); possessórias; divisão e demarcação de terras; dissolução parcial de sociedade; inventário e partilha; embargos de terceiro; oposição; habilitação; ações de família; monitória; homologação de penhor legal; regulação de avaria grossa; e restauração de autos (arts. 539 a 718).

Restaram doze procedimentos de jurisdição voluntária: notificação e interpelação; alienação judicial; divórcio e separação consensual; extinção consensual de união estável; alteração do regime de bens do matrimônio; testamento e codicilos; herança jacente; bens dos ausente; coisas vagas; interdição; disposições comuns à tutela e curatela; organização e fiscalização das fundações; e protestos marítimos (arts. 719 a 770).

5) Liquidação e Cumprimento da Sentença

A disciplina destes temas abrange os arts. 513 a 538 do novo CPC.

Foi mantida a divisão tradicional da liquidação de sentença como sendo por cálculos, arbitramento ou pelo procedimento comum (antiga liquidação por artigos). Suas normas têm aplicação subsidiária à tutela provisória (art. 519).

As linhas gerais do cumprimento da sentença por recurso desprovido de efeito suspensivo será realizado da mesma forma que o cumprimento definitivo, sujeitando-se ao seguinte regime: corre por iniciativa e responsabilidade do exequente, que se obriga, se a sentença for reformada, a reparar os danos que o executado haja sofrido; fica sem efeito, sobrevindo decisão que modifique ou anule a sentença objeto da execução, restituindo-se as partes ao estado anterior e liquidando-se eventuais prejuízos nos mesmos autos; se a sentença objeto de cumprimento provisório for modificada ou anulada apenas em parte, somente nesta ficará sem efeito a execução; o levantamento de depósito em dinheiro e a prática de atos que importem transferência de posse ou alienação de propriedade ou de outro direito real, ou dos quais possa resultar grave dano ao executado, dependem de caução suficiente e idônea, arbitrada de plano pelo juiz e prestada nos próprios autos (art. 520).

O cumprimento da sentença apresenta as seguintes divisões: cumprimento da sentença; cumprimento provisório da sentença por quantia certa; cumprimento da obrigação de prestar alimentos; e cumprimento da sentença da obrigação de pagar pela Fazenda Pública.

6) Processo de Execução

A longa disciplina do processo de execução (arts. 771 a 925) tem como base a execução de título extrajudicial, pois o cumprimento da sentença é tratado de forma separada.

A parte geral é composta por (Título I do Livro II): disposições gerais; partes; competência; requisitos necessários para qualquer execução; e responsabilidade patrimonial.

As diversas espécies de execução: disposições gerais; entrega de coisa certa; obrigações de fazer e não fazer; quantia certa.

A grande novidade é a maior disciplina da penhora *on line*, que, apesar de alguma resistência, demonstra ser um instrumento muito útil na efetividade do processo. É realçada a prioridade da penhora em dinheiro e disciplinada de forma clara a possibilidade de penhora de quotas. Há uma melhor disciplina da alienação por iniciativa particular e o abandono da dualidade praça/leilão. O novo CPC também traz a expressa preferência pela alienação por meio eletrônico.

A Execução contra a Fazenda Pública e alimentos com base em títulos extrajudiciais está nos arts. 910 a 913 e a disciplina a prisão civil por alimentos ganha melhores contornos (art. 528).

7) Processos nos tribunais e recursos

Provavelmente o tema que tenha merecido maior atenção dentro do novo CPC tenha sido a disciplina de recursos. Isto se explica pelo enorme número de recursos existentes nas diversas instâncias e nos índices de recorribilidade das decisões proferidas pelos órgãos julgadores. Não só a quantidade foi alvo de atenção, mas também a diversidade nos julgamentos. A ideia foi racionalizar o sistema recursal e possibilitar uma maior segurança jurídica nas decisões, com institutos que conduzam a uma maior uniformização das decisões. O novo CPC dedica um livro especial ao tema: o livro III da Parte Especial: Ordem dos processos e processos de competência originária dos tribunais.

As premissas fundamentais são de uniformização e estabilidade, integridade e coerência da jurisprudência. A lei dispõe expressamente que os tribunais devem uniformizar sua jurisprudência e mantê-la estável, íntegra e coerente. Na forma estabelecida e segundo os pressupostos fixados no regimento interno, os tribunais editarão enunciados de súmula correspondentes a sua jurisprudência dominante. Ao editar enunciados de súmula, os tribunais devem ater-se às circunstâncias fáticas dos precedentes que motivaram sua criação (art. 926).

O incentivo à produção de Súmulas é horizontal e vertical com obrigatoriedade de observância dos precedentes e reforço à segurança jurídica (art. 927). São disciplinados institutos como o Incidente de Resolução de Demandas Repetitivas (arts. 976 a 987), Incidente de Assunção de Competência (art. 947), Incidente de Arguição de Inconstitucionalidade (arts. 948 a 950), Homologação de Sentença Estrangeira (arts. 960 a 965), Conflito de Competência (arts. 951 a 959) e Recursos nos Tribunais Superiores (STF e STJ) repetitivos (arts. 1036 a 1041) e Reclamação (arts. 988 a 993) com o objetivo de uniformizar e acelerar julgamentos.

Houve a eliminação da função de revisor e disciplinadas novas hipóteses de sustentação oral (videoconferência — art. 937).

O novo CPC promoveu a extinção dos embargos infringentes, mas, em seu lugar, cria uma curiosa fórmula de recomposição do quórum julgador para a reapreciação da causa, o que, na prática, poderá trazer sérias dificuldades de organização interna dos tribunais.

O prazo foi unificado de 15 dias úteis para interpor e contrarrazoar recursos, salvo Embargos Declaratórios, que é cinco dias úteis. Houve a manutenção do recebimento da apelação em ambos os efeitos (art. 1.012), salvo exceções.

Juízo de admissibilidade somente no tribunal *ad quem* na apelação (art. 1.010); ordinário (art. 1.028). A proposta inicial se estendia aos recursos especial e extraordinário (art. 1.030), mas a Lei n. 13.256/2016, em decorrência de grande polêmica sobre o aumento de volume de trabalho nos tribunais superiores, modificou o novo CPC e manteve esta sistemática somente na apelação. Para os recursos especiais e extraordinários o juízo de admissibilidade é exercido tanto no juízo *a quo* quanto no juízo *ad quem*.

O Agravo de instrumento torna-se mais taxativo (art. 1.015), embora continue tendo grande amplitude quando interposto no processo de execução. Fica consagrado o protesto antipreclusivo (art. 1.009).

Em linhas gerais, o novo CPC procura enfrentar a chamada "jurisprudência defensiva" dos tribunais, ora motivadas pelas manobras procrastinatórias dos procuradores das partes, ora motivadas pela acomodação no julgamento diante do grande número de demandas judiciais. O certo é que a nova legislação possibilita uma nova fase de diálogo e evolução, com mudanças nas práticas das Cortes Superiores e, por consequência, em todo o Poder Judiciário.

8) Livro Complementar

O livro complementar traz as regras de transição entre um sistema normativo e outro e a *vacatio legis*.

CAPÍTULO II

Comentários à Instrução Normativa n. 39/2016 — TST

A IN n. 39/2016 — TST dispõe sobre as normas do Código de Processo Civil de 2015 aplicáveis e inaplicáveis ao Processo do Trabalho, de forma não exaustiva. Foi aprovada pelo Pleno do Tribunal Superior do Trabalho, em Sessão Extraordinária realizada em 15 de março de 2016, sob a Presidência do Ministro Ives Gandra da Silva Martins Filho, Presidente do Tribunal, presentes, com a presença dos Ministros Emmanoel Pereira, Vice-Presidente do Tribunal, Renato de Lacerda Paiva, Corregedor-Geral da Justiça do Trabalho, João Oreste Dalazen, Antonio José de Barros Levenhagen, João Batista Brito Pereira, Maria Cristina Irigoyen Peduzzi, Aloysio Corrêa da Veiga, Luiz Philippe Vieira de Mello Filho, Alberto Luiz Bresciani de Fontan Pereira, Maria de Assis Calsing, Dora Maria da Costa, Guilherme Augusto Caputo Bastos, Márcio Eurico Vitral Amaro, Walmir Oliveira da Costa, Maurício Godinho Delgado, Kátia Magalhães Arruda, Augusto César Leite de Carvalho, José Roberto Freire Pimenta, Delaíde Alves Miranda Arantes, Hugo Carlos Scheuermann, Alexandre de Souza Agra Belmonte, Cláudio Mascarenhas Brandão, Douglas Alencar Rodrigues, Maria Helena Mallmann e a Vice-Procuradora-Geral do Trabalho, Drª Cristina Aparecida Ribeiro Brasiliano. Foi motivada pela imperativa necessidade de o Tribunal Superior do Trabalho posicionar-se, ainda que de forma não exaustiva, sobre as normas do Código de Processo Civil de 2015 aplicáveis e inaplicáveis ao Processo do Trabalho. Conforme seus próprios "considerandos", teve como escopo de identificar apenas questões polêmicas e algumas das questões inovatórias relevantes para efeito de aferir a compatibilidade ou não de aplicação subsidiária ou supletiva ao Processo do Trabalho do Código de Processo Civil de 2015, além de ter em conta a exigência de transmitir segurança jurídica aos jurisdicionados e órgãos da Justiça do Trabalho, bem assim o cuidado de prevenir nulidades processuais em detrimento da desejável celeridade.

Para o TST, o Código de Processo Civil de 2015 não adota de forma absoluta a observância do princípio do contraditório prévio como vedação à decisão surpresa, como transparece, entre outras, das hipóteses de julgamento liminar de improcedência do pedido (art. 332, *caput* e § 1º, conjugado com a norma explícita do parágrafo único do art. 487), de tutela provisória liminar de urgência ou da evidência (parágrafo único do art. 9º) e de indeferimento liminar da petição inicial (CPC, art. 330). Por outro lado, o conteúdo da aludida garantia do contraditório há que se compatibilizar com os princípios da celeridade, da oralidade e da concentração de atos processuais no Processo do Trabalho, visto que este, por suas especificidades e pela natureza alimentar das pretensões nele deduzidas, foi concebido e estruturado para a outorga rápida e impostergável da tutela jurisdicional (CLT, art. 769).

Alguns temas foram propositalmente deixados de lado, como, por exemplo, a análise da compatibilidade da execução provisória da sentença, porquanto está *sub judice* no Tribunal Superior do Trabalho a possibilidade de imposição de multa pecuniária ao executado e de liberação de depósito em favor do exequente, na pendência de recurso, o que obsta, de momento, qualquer manifestação da Corte sobre a incidência no Processo do Trabalho das normas dos arts. 520 a 522 e § 1º do art. 523 do CPC de 2015.

A seguir, serão comentados os artigos da IN n. 39/2016 — TST, realizando-se as conexões com textos legais, jurisprudência e doutrina sobre o tema.

> Art. 1º Aplica-se o Código de Processo Civil, subsidiária e supletivamente, ao Processo do Trabalho, em caso de omissão e desde que haja compatibilidade com as normas e princípios do Direito Processual do Trabalho, na forma dos arts. 769 e 889 da CLT e do art. 15 da Lei n. 13.105, de 17.3.2015.
>
> § 1º Observar-se-á, em todo caso, o princípio da irrecorribilidade em separado das decisões interlocutórias, de conformidade com o art. 893, § 1º da CLT e Súmula n. 214 do TST.
>
> § 2º O prazo para interpor e contra-arrazoar todos os recursos trabalhistas, inclusive agravo interno e agravo regimental, é de oito dias (art. 6º da Lei n. 5.584/70 e art. 893 da CLT), exceto embargos de declaração (CLT, art. 897-A).

Comentários

A aplicabilidade subsidiária do CPC ao Processo do Trabalho está prevista no art. 769 da CLT. A IN n. 39/2016 — TST, preserva a independência do Processo do Trabalho em relação ao Processo Civil, ao referir que a aplicação das normas do Processo Civil somente ocorrerá em caso de omissão das normas processuais trabalhistas e desde que haja compatibilidade com as normas e princípios do Processo do Trabalho. Portanto, não é apenas uma aplicação automática em caso de lacuna, mas também de compatibilidade hermenêutica com os Princípios Gerais do Processo do Trabalho (celeridade, concentração, oralidade, informalidade, gratuidade, conciliação, manutenção dos efeitos da sentença e irrecorribilidade de decisões interlocutórias). Preserva-se, também a característica principal do Processo do Trabalho que é a natureza alimentar das parcelas nele postuladas, em regra.

O art. 769 da CLT dispõe:

> Art. 769. Nos casos omissos, o direito processual comum será fonte subsidiária do direito processual do trabalho, exceto naquilo em que for incompatível com as normas deste Título.

O Princípio da Irrecorribilidade imediata das decisões interlocutórias, previsto no art. 1º, § 1º da IN n. 30/2016 — TST, é uma decorrência da concentração dos atos processuais no Processo do Trabalho. Significa que as decisões interlocutórias, salvo a exceção prevista em lei, são irrecorríveis de imediato no Processo do Trabalho. O princípio da irrecorribilidade das interlocutórias é a garantia de eficácia do princípio da celeridade do Processo do Trabalho. De nada adiantaria afirmar a celeridade em função da natureza alimentar do salário, se a parte pudesse recorrer a cada decisão interlocutória. Para que a parte possa recorrer no momento oportuno, deverá laçar o protesto antipreclusivo na primeira oportunidade que tiver para se manifestar nos autos.

Está relacionado no art. 893, § 1º e art. 897, § 2º, cujo texto é o que segue:

"Art. 893. Das decisões são admissíveis os seguintes recursos: *(Redação dada pela Lei n. 861, de 13.10.1949)*

...

§ 1º Os incidentes do processo são resolvidos pelo próprio Juízo ou Tribunal, admitindo-se a apreciação do merecimento das decisões interlocutórias somente em recursos da decisão definitiva. ..."

"Art. 897. Cabe agravo, no prazo de 8 (oito) dias: *(Redação dada pela Lei n. 8.432, de 1992)*

...

b) de instrumento, dos despachos que denegarem a interposição de recursos. *(Redação dada pela Lei n. 8.432, de 1992)...*"

Como princípio recursal, relaciona-se com a Súmula n. 214 do TST:

Súmula n. 214 — TST DECISÃO INTERLOCUTÓRIA. IRRECORRIBILIDADE (nova redação) — Res. 127/2005, DJ 14, 15 e 16.3.2005 — Na Justiça do Trabalho, nos termos do art. 893, § 1º, da CLT, as decisões interlocutórias não ensejam recurso imediato, salvo nas hipóteses de decisão: a) de Tribunal Regional do Trabalho contrária à Súmula ou Orientação Jurisprudencial do Tribunal Superior do Trabalho; b) suscetível de impugnação mediante recurso para o mesmo Tribunal; c) que acolhe exceção de incompetência territorial, com a remessa dos autos para Tribunal Regional distinto daquele a que se vincula o juízo excepcionado, consoante o disposto no art. 799, § 2º, da CLT.

Com relação ao prazo para interpor e contra-arrazoar recurso, a IN n. 39/2016 — TST manteve o prazo tradicional de oito dias do Processo do Trabalho, previsto no art. 6º da Lei n. 5.584/70, que tem a seguinte redação:

Art 6º. Será de 8 (oito) dias o prazo para interpor e contra-arrazoar qualquer recurso (CLT, art. 893).

Os recursos em espécie estão nominados no art. 893, da CLT: embargos; recurso ordinário: recurso de revista; e agravo.

Art. 2º Sem prejuízo de outros, não se aplicam ao Processo do Trabalho, em razão de inexistência de omissão ou por incompatibilidade, os seguintes preceitos do Código de Processo Civil:

I — art. 63 (modificação da competência territorial e eleição de foro);

II — art. 190 e parágrafo único (negociação processual);

III — art. 219 (contagem de prazos em dias úteis);

IV — art. 334 (audiência de conciliação ou de mediação);

V — art. 335 (prazo para contestação);

VI — art. 362, III (adiamento da audiência em razão de atraso injustificado superior a 30 minutos);

VII — art. 373, §§ 3º e 4º (distribuição diversa do ônus da prova por convenção das partes);

VIII — arts. 921, §§ 4º e 5º, e 924, V (prescrição intercorrente);

IX — art. 942 e parágrafos (prosseguimento de julgamento não unânime de apelação);

X — art. 944 (notas taquigráficas para substituir acórdão);

XI — art. 1010, § 3º (desnecessidade de o juízo *a quo* exercer controle de admissibilidade na apelação);

XII — arts. 1043 e 1044 (embargos de divergência);

XIII — art. 1070 (prazo para interposição de agravo).

Comentários

a) Inciso I — art. 63 (modificação da competência territorial e eleição de foro);

No Processo do Trabalho a definição da competência territorial obedece a dispositivo específico, de natureza de ordem pública.

O art. 63 do CPC dispõe:

Art. 63. As partes podem modificar a competência em razão do valor e do território, elegendo foro onde será proposta ação oriunda de direitos e obrigações.

§ 1º A eleição de foro só produz efeito quando constar de instrumento escrito e aludir expressamente a determinado negócio jurídico.

§ 2º O foro contratual obriga os herdeiros e sucessores das partes.

§ 3º Antes da citação, a cláusula de eleição de foro, se abusiva, pode ser reputada ineficaz de ofício pelo juiz, que determinará a remessa dos autos ao juízo do foro de domicílio do réu.

§ 4º Citado, incumbe ao réu alegar a abusividade da cláusula de eleição de foro na contestação, sob pena de preclusão.

A regra colide com a previsão expressa do art. 651, da CLT, que determina ser a fixação de competência de ordem pública, e não dispositiva. O texto legal é o seguinte:

> Art. 651. A competência das Juntas de Conciliação e Julgamento é determinada pela localidade onde o empregado, reclamante ou reclamado, prestar serviços ao empregador, ainda que tenha sido contratado noutro local ou no estrangeiro. *(Vide Constituição Federal de 1988)*
>
> § 1º Quando for parte de dissídio agente ou viajante comercial, a competência será da Junta da localidade em que a empresa tenha agência ou filial e a esta o empregado esteja subordinado e, na falta, será competente a Junta da localização em que o empregado tenha domicílio ou a localidade mais próxima. *(Redação dada pela Lei n. 9.851, de 27.10.1999) (Vide Constituição Federal de 1988)*
>
> § 2º A competência das Juntas de Conciliação e Julgamento, estabelecida neste artigo, estende-se aos dissídios ocorridos em agência ou filial no estrangeiro, desde que o empregado seja brasileiro e não haja convenção internacional dispondo em contrário. *(Vide Constituição Federal de 1988)*
>
> § 3º Em se tratando de empregador que promova realização de atividades fora do lugar do contrato de trabalho, é assegurado ao empregado apresentar reclamação no foro da celebração do contrato ou no da prestação dos respectivos serviços.

Regras de competência possuem algumas características: em geral, as regras que fixam a competência no domicílio do autor, possuem caráter protetivo (um exemplo são as regras de competência para ações de interesses de menores e idosos); a regra de eleição do foro pode privilegiar a parte economicamente mais forte, que "impõe" a cláusula de eleição do foro à parte economicamente desfavorecida (por esta razão, as ações trabalhistas possuem uma regra de ordem pública, que faculta o ajuizamento da ação no local da prestação , como regra). Por este segundo motivo, o próprio § 3º, do art. 63 do CPC estabelece que o Juiz pode reputar ineficaz cláusula de eleição de foro abusiva.

b) Inciso II — art. 190 e parágrafo único (negociação processual);

Apesar da conciliação ser um dos princípios do Processo do Trabalho, a negociação de prazos de ordem pública não é com ele compatível.

O art. 190 do CPC dispõe:

> Art. 190. Versando o processo sobre direitos que admitam autocomposição, é lícito às partes plenamente capazes estipular mudanças no procedimento para ajustá-lo às especificidades da causa e convencionar sobre os seus ônus, poderes, faculdades e deveres processuais, antes ou durante o processo.
>
> Parágrafo único. De ofício ou a requerimento, o juiz controlará a validade das convenções previstas neste artigo, recusando-lhes aplicação somente nos casos de nulidade ou de inserção abusiva em contrato de adesão ou em que alguma parte se encontre em manifesta situação de vulnerabilidade.

Devido ao princípio da concentração dos atos processuais, técnica processual que significa tentar realizar o maior número possível de atos processuais na mesma oportunidade, os prazos processuais na fase de conhecimento são de ordem pública, não permitindo negociação entre as partes. Isso não quer dizer que, diante da informalidade da audiência trabalhista, as partes não possam dialogar com o juiz que a preside, no sentido de adaptar algum aspecto do calendário processual, como, por exemplo, a marcação das perícias, a data da próxima audiência (considerando uma eventual impossibilidade de comparecimento do advogado em data inicialmente sugerida pelo Juiz) e algum prazo adaptado a uma peculiaridade do processo. Prazos de vistas e cargas dos autos ficam relativizados com o advento do PJE, que permite amplo contato da parte/advogado com o conteúdo do processo, sem a antiga necessidade de levar os autos em carga.

Uma questão relevante, é a questão da possibilidade de opção entre procedimento ordinário e sumaríssimo. Entende-se que os processos cujo valor da causa é inferior a 40 salários mínimos, são necessariamente processados pelo procedimento sumaríssimo, uma vez que a redação do *caput* do art. 852-A, da CLT, não estabelece uma faculdade, mas uma obrigatoriedade. O texto legal é o seguinte:

> Art. 852-A. Os dissídios individuais cujo valor não exceda a quarenta vezes o salário mínimo vigente na data do ajuizamento da reclamação ficam submetidos ao procedimento sumaríssimo. *(Incluído pela Lei n. 9.957, de 2000)*

c) Inciso III — art. 219 (contagem de prazos em dias úteis);

A contagem dos prazos permanece a ser realizada de forma contínua no Processo do Trabalho. A novidade de contagem dos prazos em dias úteis não é aplicável em face da existência de norma especial.

O art. 219 do CPC dispõe:

> Art. 219. Na contagem de prazo em dias, estabelecido por lei ou pelo juiz, computar-se-ão somente os dias úteis.
>
> Parágrafo único. O disposto neste artigo aplica-se somente aos prazos processuais.

O art. 775 da CLT tem regra específica para a contagem dos prazos em dias corridos. O texto legal é o seguinte:

> Art. 775. Os prazos estabelecidos neste Título contam-se com exclusão do dia do começo e inclusão do dia do vencimento, e são contínuos e irreleváveis, podendo, entretanto, ser prorrogados pelo tempo estritamente necessário pelo juiz ou tribunal, ou em virtude de força maior, devidamente comprovada. *(Redação dada pelo Decreto-lei n. 8.737, de 19.1.1946)*

Diante da existência da norma especial (processual trabalhista), a norma geral (processual civil) não se aplica.

d) Inciso IV — art. 334 (audiência de conciliação ou de mediação);

O Processo do Trabalho tem diversas normas específicas sobre a audiência de conciliação e julgamento.

O art. 334 do CPC dispõe:

Art. 334. Se a petição inicial preencher os requisitos essenciais e não for o caso de improcedência liminar do pedido, o juiz designará audiência de conciliação ou de mediação com antecedência mínima de 30 (trinta) dias, devendo ser citado o réu com pelo menos 20 (vinte) dias de antecedência.

§ 1º O conciliador ou mediador, onde houver, atuará necessariamente na audiência de conciliação ou de mediação, observando o disposto neste Código, bem como as disposições da lei de organização judiciária.

§ 2º Poderá haver mais de uma sessão destinada à conciliação e à mediação, não podendo exceder a 2 (dois) meses da data de realização da primeira sessão, desde que necessárias à composição das partes.

§ 3º A intimação do autor para a audiência será feita na pessoa de seu advogado.

§ 4º A audiência não será realizada:

I — se ambas as partes manifestarem, expressamente, desinteresse na composição consensual;

II — quando não se admitir a autocomposição.

§ 5º O autor deverá indicar, na petição inicial, seu desinteresse na autocomposição, e o réu deverá fazê-lo, por petição, apresentada com 10 (dez) dias de antecedência, contados da data da audiência.

§ 6º Havendo litisconsórcio, o desinteresse na realização da audiência deve ser manifestado por todos os litisconsortes.

§ 7º A audiência de conciliação ou de mediação pode realizar-se por meio eletrônico, nos termos da lei.

§ 8º O não comparecimento injustificado do autor ou do réu à audiência de conciliação é considerado ato atentatório à dignidade da justiça e será sancionado com multa de até dois por cento da vantagem econômica pretendida ou do valor da causa, revertida em favor da União ou do Estado.

§ 9º As partes devem estar acompanhadas por seus advogados ou defensores públicos.

§ 10. A parte poderá constituir representante, por meio de procuração específica, com poderes para negociar e transigir.

§ 11. A autocomposição obtida será reduzida a termo e homologada por sentença.

§ 12. A pauta das audiências de conciliação ou de mediação será organizada de modo a respeitar o intervalo mínimo de 20 (vinte) minutos entre o início de uma e o início da seguinte.

A audiência trabalhista, pela letra da lei, é una. Tanto no procedimento ordinário (arts. 843 a 852, CLT) quanto no procedimento sumaríssimo (art. 852-E a 852-I, CLT). Somente a praxe forense trouxe o costume de biparti-la em audiência inicial e audiência de prosseguimento. Em algumas Varas do país, a audiência ainda é una. Mesmo na hipótese de o novo CPC trazer norma expressa sobre a audiência, a norma da CLT é especial em relação à norma geral. Por esse motivo, o artigo não é aplicável à Justiça do Trabalho.

A própria IN n. 39/2016 — TST, no art. 3º, III, refere que os poderes do Juiz do Trabalho devem ser exercidos em sua plenitude com relação à conciliação, que é um princípio do Processo do Trabalho (art. 764, CLT). Por esse motivo, não se aplica a norma processual civil no que diz respeito à atividade conciliadora do Juiz com o auxílio de mediadores e conciliadores. Ver os comentários no item III do art. 3º.

O Processo do Trabalho tem normas específicas sobre a conciliação judicial. No procedimento ordinário, ela deverá ser proposta na abertura da audiência (art. 846, CLT) e após as razões finais (art. 850, CLT). No procedimento sumaríssimo, poderá ser proposta a qualquer tempo (art. 852-E, CLT). Ver mais comentários sobre mediação e arbitragem no art. 14, mais adiante.

e) Inciso V — art. 335 (prazo para contestação);

O art. 335 do CPC dispõe:

> Art. 335. O réu poderá oferecer contestação, por petição, no prazo de 15 (quinze) dias, cujo termo inicial será a data:
>
> I — da audiência de conciliação ou de mediação, ou da última sessão de conciliação, quando qualquer parte não comparecer ou, comparecendo, não houver autocomposição;
>
> II — do protocolo do pedido de cancelamento da audiência de conciliação ou de mediação apresentado pelo réu, quando ocorrer a hipótese do *art. 334, § 4º, inciso I*;
>
> III — prevista no *art. 231*, de acordo com o modo como foi feita a citação, nos demais casos.
>
> § 1º No caso de litisconsórcio passivo, ocorrendo a hipótese do *art. 334, § 6º*, o termo inicial previsto no inciso II será, para cada um dos réus, a data de apresentação de seu respectivo pedido de cancelamento da audiência.
>
> § 2º Quando ocorrer a hipótese do *art. 334, § 4º, inciso II*, havendo litisconsórcio passivo e o autor desistir da ação em relação a réu ainda não citado, o prazo para resposta correrá da data de intimação da decisão que homologar a desistência.

A CLT tem norma expressa (art. 847) dispondo que a contestação deve ser feita em audiência, de forma oral, em 20 minutos, no que se refere ao procedimento ordinário. O texto legal é o seguinte:

> Art. 847. Não havendo acordo, o reclamado terá vinte minutos para aduzir sua defesa, após a leitura da reclamação, quando esta não for dispensada por ambas as partes. *(Redação dada pela Lei n. 9.022, de 5.4.1995)*

No procedimento sumaríssimo, não há previsão expressa, mas é deduzida pela sistemática da Lei n. 9.957/2000, que acrescentou os arts. 852-A a 852-I da CLT, concentrando todos os atos processuais em audiência.

Portanto, a norma do CPC que autoriza a contagem do prazo a partir da audiência não é compatível com o Processo do Trabalho.

No PJE, surgem algumas questões quanto ao fato de a defesa ser anexada ao processo antes, e somente ser liberada em audiência. Alguns Juízes autorizam a liberação antecipada, o que, *smj*, é equivocado, pois os artigos da CLT sobre a defesa ser feita em audiência, ainda permanecem em vigor.

f) Inciso VI — art. 362, III (adiamento da audiência em razão de atraso injustificado superior a 30 minutos);

O art. 362, III, do CPC, dispõe:

Art. 362. A audiência poderá ser adiada:

...

III — por atraso injustificado de seu início em tempo superior a 30 (trinta) minutos do horário marcado.

...

A CLT tem norma expressa, prevendo 15 minutos. O texto legal é o seguinte:

Art. 815. À hora marcada, o juiz ou presidente declarará aberta a audiência, sendo feita pelo secretário ou escrivão a chamada das partes, testemunhas e demais pessoas que devam comparecer. (*Vide* Leis ns. *409, de 1943* e *6.563, de 1978*)

Parágrafo único. Se, até 15 (quinze) minutos após a hora marcada, o juiz ou presidente não houver comparecido, os presentes poderão retirar-se, devendo o ocorrido constar do livro de registro das audiências.

A jurisprudência do TST é no sentido que essa tolerância se aplica somente ao atraso do Juiz, não se aplicando à parte:

245. REVELIA. ATRASO. AUDIÊNCIA *(inserida em 20.06.2001)*. Inexiste previsão legal tolerando atraso no horário de comparecimento da parte na audiência.

g) Inciso VII — art. 373, §§ 3º e 4º (distribuição diversa do ônus da prova por convenção das partes);

Pelo novo CPC, as partes podem convencionar a distribuição do ônus probatório (art. 373, §§ 3º e 4º, CPC). Direitos indisponíveis não podem ser objeto de transação (art. 841, CC). Não podem ser objeto de convenção sobre ônus de prova (art. 373, § 3º, I, CPC), não sofrem os efeitos da revelia (art. 345, II, CPC) e não podem ser confessados (art. 392, CPC).

O ônus da prova pode ser estático, dinâmico ou negociado. Desses, aplicam-se ao Processo do Trabalho os dois primeiros (estático e dinâmico) e não se aplica o terceiro (negociado), por incompatibilidade com as normas de ordem pública que informam o Processo do Trabalho. Ver comentários mais detalhados ao art. 3º, VII, da IN n. 39/2016 — TST, que trata do mesmo tema: ônus da prova.

h) Inciso VIII — arts. 921, §§ 4º e 5º, e 924, V (prescrição intercorrente);

Os arts. 921, §§ 4º e 5º e 924, V do CPC têm a seguinte redação:

Art. 921. Suspende-se a execução:

I — nas hipóteses dos *arts. 313 e 315*, no que couber;

II – no todo ou em parte, quando recebidos com efeito suspensivo os embargos à execução;

III – quando o executado não possuir bens penhoráveis;

IV – se a alienação dos bens penhorados não se realizar por falta de licitantes e o exequente, em 15 (quinze) dias, não requerer a adjudicação nem indicar outros bens penhoráveis;

V – quando concedido o parcelamento de que trata o *art. 916*.

§ 1º Na hipótese do inciso III, o juiz suspenderá a execução pelo prazo de 1 (um) ano, durante o qual se suspenderá a prescrição.

§ 2º Decorrido o prazo máximo de 1 (um) ano sem que seja localizado o executado ou que sejam encontrados bens penhoráveis, o juiz ordenará o arquivamento dos autos.

§ 3º Os autos serão desarquivados para prosseguimento da execução se a qualquer tempo forem encontrados bens penhoráveis.

§ 4º Decorrido o prazo de que trata o § 1º sem manifestação do exequente, começa a correr o prazo de prescrição intercorrente.

§ 5º O juiz, depois de ouvidas as partes, no prazo de 15 (quinze) dias, poderá, de ofício, reconhecer a prescrição de que trata o § 4º e extinguir o processo.

Art. 924. Extingue-se a execução quando:

...

V – ocorrer a prescrição intercorrente.

Na execução trabalhista, o Juiz tem a competência de prossegui-la de ofício. Este é o disposto no art. 878, da CLT:

Art. 878. A execução poderá ser promovida por qualquer interessado, ou *ex officio* pelo próprio Juiz ou Presidente ou Tribunal competente, nos termos do artigo anterior.

Parágrafo único. Quando se tratar de decisão dos Tribunais Regionais, a execução poderá ser promovida pela Procuradoria da Justiça do Trabalho.

Por ser possível que o Juiz do Trabalho prossiga de ofício com a execução é que se firmou o entendimento de que não há prescrição intercorrente na Justiça do Trabalho. Sempre estará presente o intuito de perseguir a satisfação do credor, por expressa disposição de norma de ordem pública, que protege o interesse de um crédito de natureza alimentar e uma parte que, em regra, é hipossuficiente. Como se sabe, a prescrição, no âmbito do direito privado, é uma espécie de exceção que se aplica pelo perecimento do direito de ação, após passar determinado lapso de tempo, em ações de natureza condenatória e versando sobre interesses privados.

Outro argumento é o de que a prescrição intercorrente declarada na execução violaria a coisa julgada material, que reconheceu a existência da dívida, o que afronta o art. 5º XXXVI, da Constituição, assim como a norma constitucional que disciplina a prescrição trabalhista (art. 7º, XXIX).

Esse é o posicionamento do TST, na Súmula n. 114:

Súmula n. 114 do TST — PRESCRIÇÃO INTERCORRENTE (mantida) — Res. 121/2003, DJ 19, 20 e 21.11.2003

É inaplicável na Justiça do Trabalho a prescrição intercorrente.

Por outro lado, quando uma reclamatória trabalhista for arquivada por ausência do reclamante ou desinteresse na causa, a interrupção da prescrição se dá apenas em relação aos pedidos veiculados na ação, não abrangendo pedidos não constantes da petição inicial. Quanto a estes, que não foram referidos na petição inicial, a prescrição segue seu curso normal. Esse é o teor da Súmula n. 268 do TST:

> **Súmula n. 268 do TST — PRESCRIÇÃO. INTERRUPÇÃO. AÇÃO TRABALHISTA ARQUIVADA (nova redação) — Res. 121/2003, DJ 19, 20 e 21.11.2003**
>
> A ação trabalhista, ainda que arquivada, interrompe a prescrição somente em relação aos pedidos idênticos.

A redação inicial desta súmula era diferente, não se referindo à interrupção da prescrição somente aos pedidos idênticos, mas, a partir de 2003, passou à redação atual, mais restritiva.

Ainda assim, da interpretação conjunta das Súmulas ns. 114 e 268, tem-se que a prescrição intercorrente, ou seja, aquela que recomeça a fluir quando paralisados os atos de execução ou não requeridos pela parte, não se aplica ao Processo do Trabalho.

Essa posição era reforçada pelo art. 40 da Lei n. 6.830/80, subsidiariamente aplicável ao Processo do Trabalho por força do art. 889, da CLT, que em sua redação original dispunha que a prescrição intercorrente não se aplicava aos créditos da Fazenda Pública. Entretanto, após a Lei n. 11.051/2004, o § 4º do art. 40 da Lei de Executivos Fiscais foi modificado no sentido de permitir a declaração de ofício da prescrição intercorrente se após um ano da determinação do arquivamento dos autos por impossibilidade de prosseguimento da execução, o autor não se manifestar. O texto legal é o seguinte:

> Art. 40. O Juiz suspenderá o curso da execução, enquanto não for localizado o devedor ou encontrados bens sobre os quais possa recair a penhora, e, nesses casos, não correrá o prazo de prescrição.
>
> § 1º Suspenso o curso da execução, será aberta vista dos autos ao representante judicial da Fazenda Pública.
>
> § 2º Decorrido o prazo máximo de 1 (um) ano, sem que seja localizado o devedor ou encontrados bens penhoráveis, o Juiz ordenará o arquivamento dos autos.
>
> § 3º Encontrados que sejam, a qualquer tempo, o devedor ou os bens, serão desarquivados os autos para prosseguimento da execução.
>
> § 4º Se da decisão que ordenar o arquivamento tiver decorrido o prazo prescricional, o juiz, depois de ouvida a Fazenda Pública, poderá, de ofício, reconhecer a prescrição intercorrente e decretá-la de imediato. *(Incluído pela Lei n. 11.051, de 2004)*
>
> § 5º A manifestação prévia da Fazenda Pública prevista no § 4º deste artigo será dispensada no caso de cobranças judiciais cujo valor seja inferior ao mínimo fixado por ato do Ministro de Estado da Fazenda. *(Incluído pela Lei n. 11.960, de 2009)*

O problema é que este dispositivo se aplica aos créditos que a Fazenda Pública executa contra particulares, e não a créditos de natureza privada. No Processo do Trabalho, por exemplo, não tem sentido a determinação de manifestação da fazenda pública prevista no mencionado § 4º, por se tratar de execução de crédito de natureza privada.

Por derradeiro, e para situar que a questão é motivo de grande controvérsia, o STF tem uma antiga súmula em sentido contrário, admitindo a compatibilidade da prescrição intercorrente com o Processo do Trabalho. O conteúdo é o seguinte:

> Súmula n. 327 do STF — O direito trabalhista admite a prescrição intercorrente.

Cabe ressaltar que a súmula é de 1963, portanto anterior às Constituições de 67 e 88. Em um primeiro momento, houve tentativa de compatibilizar os entendimentos aparentemente antagônicos, entre a súmula do STF e a súmula do TST. O argumento era de que a prescrição intercorrente não seria aplicada se os atos de execução dependessem do Juiz e seria aplicada se os atos de execução dependessem da parte. Entretanto, em julgados recentes, o TST reafirmou sua posição no sentido da vigência da Súmula n. 114:

> "RECURSO DE REVISTA. EXECUÇÃO. PRESCRIÇÃO INTERCORRENTE. O entendimento prevalente nesta Corte é no sentido de que a execução trabalhista, por comportar o impulso oficial (art. 878 da CLT), e pelo fato de existir a coisa julgada material, com potencial para surtir plenamente os seus efeitos jurídicos (art. 5º, XXXVI, da Constituição Federal, c/c o art. 467 do CPC), não comporta a prescrição intercorrente, ressalvada a hipótese de processo de *execução fiscal* (art. 889 da CLT e art. 1º da Lei n. 9.873/1999 c/c o art. 40, §§ 4º e 5º da Lei n. 6.830/1980). Daí decorre o entendimento extraído da Súmula n. 114 do TST. Recurso de revista conhecido e provido." TST — RR: 1880002320035180011, Rel. Augusto César Leite de Carvalho, 6ª Turma, DEJT 10.10.2014
>
> EXECUÇÃO. PRESCRIÇÃO INTERCORRENTE. INAPLICABILIDADE NA JUSTIÇA DO TRABALHO. Esta Corte uniformizadora tem firmado entendimento no sentido de que afronta o art. 7º, XXIX, da Constituição da República, por sua má aplicação, a decisão por meio da qual se extingue o direito da exequente de promover a execução, em face da incidência da prescrição intercorrente. Recurso de revista conhecido e provido. (...)" TST — RR: 2487009820015020004, Rel. Lelio Bentes Corrêa, 1ª Turma, DEJT 31.3.2015.
>
> RECURSO DE REVISTA. EXECUÇÃO. PRESCRIÇÃO INTERCORRENTE. Esta Corte firmou o entendimento de que é inaplicável a prescrição intercorrente na Justiça do Trabalho, ante a possibilidade de que a execução seja promovida por qualquer interessado, ou de ofício, pelo juiz ou presidente do tribunal competente. O prazo bienal para prescrição, previsto no art. 7º, XXIX, da Constituição Federal, refere-se ao biênio posterior à extinção do contrato de trabalho para pleitear créditos trabalhistas, e não pode ser utilizado na fase de execução em desfavor do *empregado* que ajuizou reclamação trabalhista e foi vitorioso em sua pretensão. (...)" TST — RR: 500005619975020445, Rel. Kátia Magalhães Arruda, 6ª Turma, DEJT 26.9.2014.

i) Inciso IX — art. 942 e parágrafos (prosseguimento de julgamento não unânime de apelação);

O art. 942 do CPC dispõe:

> Art. 942. Quando o resultado da apelação for não unânime, o julgamento terá prosseguimento em sessão a ser designada com a presença de outros julgadores, que serão convocados nos

termos previamente definidos no regimento interno, em número suficiente para garantir a possibilidade de inversão do resultado inicial, assegurado às partes e a eventuais terceiros o direito de sustentar oralmente suas razões perante os novos julgadores.

§ 1º Sendo possível, o prosseguimento do julgamento dar-se-á na mesma sessão, colhendo-se os votos de outros julgadores que porventura componham o órgão colegiado.

§ 2º Os julgadores que já tiverem votado poderão rever seus votos por ocasião do prosseguimento do julgamento.

§ 3º A técnica de julgamento prevista neste artigo aplica-se, igualmente, ao julgamento não unânime proferido em:

I — ação rescisória, quando o resultado for a rescisão da sentença, devendo, nesse caso, seu prosseguimento ocorrer em órgão de maior composição previsto no regimento interno;

II — agravo de instrumento, quando houver reforma da decisão que julgar parcialmente o mérito.

§ 4º Não se aplica o disposto neste artigo ao julgamento:

I — do incidente de assunção de competência e ao de resolução de demandas repetitivas;

II — da remessa necessária;

III — não unânime proferido, nos tribunais, pelo plenário ou pela corte especial.

A norma está inserida dentro do capítulo da "ordem do processo nos tribunais" e estabelece uma técnica de julgamento, que visa a substituir os antigos embargos infringentes. No Processo do Trabalho, os embargos infringentes não tinham previsão de cabimento, pois não estavam mencionados nos recursos cabíveis (art. 894, CLT). A primeira constatação, portanto, é que a técnica que substituiu o referido recurso é incompatível com o Processo do Trabalho, pois o recurso original já não existia. Por outro lado, em argumento de natureza de política judiciária, a referida técnica de recompor o quórum de julgamento em sessão seguinte, "em número suficiente para garantir a possibilidade de inversão do resultado inicial", poderá trazer enormes dificuldades operacionais, principalmente em tribunais de grande porte, pois haverá uma movimentação constante na composição das turmas e dos demais órgãos julgadores, com enorme movimentação burocrática. Os embargos a infringentes passam a ser obrigatórios, na prática.

O resultado deste enorme esforço poderá fazer com que os votos vencidos não sejam registrados, ou que os julgadores ressalvem suas posições, mas não consignem os votos vencidos, a fim de otimizar o andamento das decisões. Por fim, com a nova sistemática de unificação de jurisprudência (sistema de precedentes e recursos repetitivos), a coerência e homogeneidade das decisões dos tribunais poderá ser garantida por outros meios.

j) Inciso X — art. 944 (notas taquigráficas para substituir acórdão);

O texto do art. 944 do CPC é o seguinte:

Art. 944. Não publicado o acórdão no prazo de 30 (trinta) dias, contado da data da sessão de julgamento, as notas taquigráficas o substituirão, para todos os fins legais, independentemente de revisão.

Parágrafo único. No caso do *caput*, o presidente do tribunal lavrará, de imediato, as conclusões e a ementa e mandará publicar o acórdão.

O artigo visa claramente pressionar os tribunais para a publicação dos acórdãos, situação que ocorre com mais frequência nos tribunais superiores. A questão que surge é que a publicação de notas taquigráficas pode gerar mais problemas do que resolvê-los. Em primeiro lugar, porque notas taquigráficas de uma sessão de julgamento não contém o mesmo rigor técnico e a precisão que se encontra em um acórdão. O objetivo da lavratura do acórdão em momento posterior é exatamente aperfeiçoar uma proposta de voto com os debates ocorridos na sessão de julgamento ou adaptar a proposta original que ficou vencida no julgamento. Em segundo, a imprecisão das notas taquigráficas poderá levar à interposição de mais recursos, como, por exemplo, os embargos declaratórios, o que, em vez de acelerar, vai diminuir o ritmo de andamento do processo.

Sucessivas metas do CNJ, nos últimos anos, estão relacionadas ao prazo máximo de publicação de acórdãos. Em 2015, 92,87% dos acórdãos do TST foram publicados em até 10 dias (fonte: <http://www.tst.jus.br/noticias/-/asset_publisher/89Dk/content/tst-supera-meta-estrategica-de-agilidade-na-publicacao-de-acordaos>).

k) Inciso XI — art. 1010, § 3º (desnecessidade de o juízo *a quo* exercer controle de admissibilidade na apelação);

O art. 1010 do CPC tem a seguinte redação:

Art. 1.010. A apelação, interposta por petição dirigida ao juízo de primeiro grau, conterá:

I — os nomes e a qualificação das partes;

II — a exposição do fato e do direito;

III — as razões do pedido de reforma ou de decretação de nulidade;

IV — o pedido de nova decisão.

§ 1º O apelado será intimado para apresentar contrarrazões no prazo de 15 (quinze) dias.

§ 2º Se o apelado interpuser apelação adesiva, o juiz intimará o apelante para apresentar contrarrazões.

§ 3º Após as formalidades previstas nos §§ 1º e 2º, os autos serão remetidos ao tribunal pelo juiz, independentemente de juízo de admissibilidade.

A norma refere á apelação e claramente suprime o juízo de admissibilidade no juízo *a quo*, remetendo apenas para o juízo *ad quem*. O recurso continua a ser interposto no primeiro grau, mas a admissibilidade é feita apenas no segundo grau.

A norma é incompatível com o Processo do Trabalho, em função da interposição de recurso ser prevista expressamente na CLT, nos arts. 899 e 900, da CLT. O texto legal é o seguinte:

Art. 899. Os recursos serão interpostos por simples petição e terão efeito meramente devolutivo, salvo as exceções previstas neste Título, permitida a execução provisória até a penhora. *(Redação dada pela Lei n. 5.442, de 24.5.1968) (Vide Lei n. 7.701, de 1988)*

§ 1º Sendo a condenação de valor até 10 (dez) vezes o salário-mínimo regional, nos dissídios individuais, só será admitido o recurso inclusive o extraordinário, mediante prévio depósito da respectiva importância. Transitada em julgado a decisão recorrida, ordenar-se-á o levantamento imediato da importância de depósito, em favor da parte vencedora, por simples despacho do juiz. *(Redação dada pela Lei n. 5.442, 24.5.1968)*

§ 2º Tratando-se de condenação de valor indeterminado, o depósito corresponderá ao que for arbitrado, para efeito de custas, pela Junta ou Juízo de Direito, até o limite de 10 (dez) vezes o salário-mínimo da região. *(Redação dada pela Lei n. 5.442, 24.5.1968)*

§ 3º *(Revogado pela Lei n. 7.033, de 5.10.1982)*

§ 4º O depósito de que trata o § 1º far-se-á na conta vinculada do empregado a que se refere o *art. 2º da Lei n. 5.107, de 13 de setembro de 1966*, aplicando-se-lhe os preceitos dessa Lei observado, quanto ao respectivo levantamento, o disposto no § 1º. *(Redação dada pela Lei n. 5.442, 24.5.1968)*

§ 5º Se o empregado ainda não tiver conta vinculada aberta em seu nome, nos termos do *art. 2º da Lei n. 5.107, de 13 de setembro de 1966*, a empresa procederá à respectiva abertura, para efeito do disposto no § 2º. *(Redação dada pela Lei n. 5.442, 24.5.1968)*

§ 6º Quando o valor da condenação, ou o arbitrado para fins de custas, exceder o limite de 10 (dez) vezes o salário-mínimo da região, o depósito para fins de recursos será limitado a este valor. *(Incluído pela Lei n. 5.442, 24.5.1968)*

§ 7º No ato de interposição do agravo de instrumento, o depósito recursal corresponderá a 50% (cinquenta por cento) do valor do depósito do recurso ao qual se pretende destrancar. *(Incluído pela Lei n. 12.275, de 2010)*

§ 8º Quando o agravo de instrumento tem a finalidade de destrancar recurso de revista que se insurge contra decisão que contraria a jurisprudência uniforme do Tribunal Superior do Trabalho, consubstanciada nas suas súmulas ou em orientação jurisprudencial, não haverá obrigatoriedade de se efetuar o depósito referido no § 7º deste artigo. *(Incluído pela Lei n. 13.015, de 2014)*

Art. 900. Interposto o recurso, será notificado o recorrido para oferecer as suas razões, em prazo igual ao que tiver tido o recorrente.

Dentre as competências do Juiz Presidente da Vara do Trabalho, está a de despachar o recebimento dos recursos, nos termos do art. 659, VI, da CLT:

Art. 659. Competem privativamente aos Presidentes das Juntas, além das que lhes forem conferidas neste Título e das decorrentes de seu cargo, as seguintes atribuições: *(Vide Constituição Federal de 1988)*

...

VI — despachar os recursos interpostos pelas partes, fundamentando a decisão recorrida antes da remessa ao *Tribunal Regional*, ou submetendo-os à decisão da Junta, no caso do art. 894; *(Vide Constituição Federal de 1988)*

...

A última parte do inciso VI não foi recepcionada pela Constituição de 1988 e pela Emenda Constitucional n. 24/99, que extinguiu a representação classista na Justiça do Trabalho.

l) Inciso XII — arts. 1043 e 1044 (embargos de divergência);

O texto dos arts. 1043 e 1044 do CPC referem-se a embargos nos tribunais superiores. O texto legal, com a alteração trazida pela Lei n. 13.256/2016, é o seguinte:

Art. 1.043. É embargável o acórdão de órgão fracionário que:

I — em recurso extraordinário ou em recurso especial, divergir do julgamento de qualquer outro órgão do mesmo tribunal, sendo os acórdãos, embargado e paradigma, de mérito;

II — *(Revogado pela Lei n. 13.256, de 2016)*

III — em recurso extraordinário ou em recurso especial, divergir do julgamento de qualquer outro órgão do mesmo tribunal, sendo um acórdão de mérito e outro que não tenha conhecido do recurso, embora tenha apreciado a controvérsia;

IV — *(Revogado pela Lei n. 13.256, de 2016)*

§ 1º Poderão ser confrontadas teses jurídicas contidas em julgamentos de recursos e de ações de competência originária.

§ 2º A divergência que autoriza a interposição de embargos de divergência pode verificar-se na aplicação do direito material ou do direito processual.

§ 3º Cabem embargos de divergência quando o acórdão paradigma for da mesma turma que proferiu a decisão embargada, desde que sua composição tenha sofrido alteração em mais da metade de seus membros.

§ 4º O recorrente provará a divergência com certidão, cópia ou citação de repositório oficial ou credenciado de jurisprudência, inclusive em mídia eletrônica, onde foi publicado o acórdão divergente, ou com a reprodução de julgado disponível na rede mundial de computadores, indicando a respectiva fonte, e mencionará as circunstâncias que identificam ou assemelham os casos confrontados.

§ 5º *(Revogado pela Lei n. 13.256, de 2016)*

Art. 1.044. No recurso de embargos de divergência, será observado o procedimento estabelecido no regimento interno do respectivo tribunal superior.

§ 1º A interposição de embargos de divergência no Superior Tribunal de Justiça interrompe o prazo para interposição de recurso extraordinário por qualquer das partes.

§ 2º Se os embargos de divergência forem desprovidos ou não alterarem a conclusão do julgamento anterior, o recurso extraordinário interposto pela outra parte antes da publicação do julgamento dos embargos de divergência será processado e julgado independentemente de ratificação.

O recurso de embargos no TST tem disciplina própria, no art. 894, do TST:

Art. 894. No Tribunal Superior do Trabalho cabem embargos, no prazo de 8 (oito) dias: *(Redação dada pela Lei n. 11.496, de 2007)*

I — de decisão não unânime de julgamento que: *(Incluído pela Lei n. 11.496, de 2007)*

a) conciliar, julgar ou homologar conciliação em dissídios coletivos que excedam a competência territorial dos Tribunais Regionais do Trabalho e estender ou rever as sentenças normativas do Tribunal Superior do Trabalho, nos casos previstos em lei; e *(Incluído pela Lei n. 11.496, de 2007)*

b) *(VETADO)*

II — das decisões das Turmas que divergirem entre si ou das decisões proferidas pela Seção de Dissídios Individuais, ou contrárias a súmula ou orientação jurisprudencial do Tribunal Superior do Trabalho ou súmula vinculante do Supremo Tribunal Federal. *(Redação dada pela Lei n. 13.015, de 2014)*

Parágrafo único. *(Revogado)*. *(Incluído pela Lei n. 13.015, de 2014)*

§ 2º A divergência apta a ensejar os embargos deve ser atual, não se considerando tal a ultrapassada por súmula do Tribunal Superior do Trabalho ou do Supremo Tribunal Federal, ou superada por iterativa e notória jurisprudência do Tribunal Superior do Trabalho. *(Incluído pela Lei n. 13.015, de 2014)*

§ 3º O Ministro Relator denegará seguimento aos embargos: *(Incluído pela Lei n. 13.015, de 2014)*

I — se a decisão recorrida estiver em consonância com súmula da jurisprudência do Tribunal Superior do Trabalho ou do Supremo Tribunal Federal, ou com iterativa, notória e atual jurisprudência do Tribunal Superior do Trabalho, cumprindo-lhe indicá-la; *(Incluído pela Lei n. 13.015, de 2014)*

II — nas hipóteses de intempestividade, deserção, irregularidade de representação ou de ausência de qualquer outro pressuposto extrínseco de admissibilidade. *(Incluído pela Lei n. 13.015, de 2014)*

§ 4º Da decisão denegatória dos embargos caberá agravo, no prazo de 8 (oito) dias. *(Incluído pela Lei n. 13.015, de 2014)*

Por ter norma especial, não se aplica a norma geral prevista no CPC.

De certa maneira, a Lei n. 13.015/2014, que acrescentou parágrafos ao art. 894 da CLT, antecipou o tratamento da matéria que viria a ser dado pelo novo CPC. Disciplina as hipóteses de cabimento às decisões não unânimes em direito coletivo (inciso I) e direito individual (inciso II).

Na matéria de direito coletivo, cabem embargos contra as decisões não-unânimes que conciliarem, julgarem ou homologarem conciliações que excederem a competência territorial dos TRTs e estenderem e revisarem sentenças normativas do TST, nos casos previstos em lei.

No que tange ao direito individual, a hipótese de cabimento do recurso de embargos se refere às decisões das turmas que divergirem entre si ou das decisões proferidas pela SDI, ou sejam contrárias a Súmulas ou OJs do TST ou Súmula vinculante do STF.

Aplica-se ao Recurso de Embargos, o mesmo critério quanto à atualidade da divergência apta a ensejar o conhecimento do recurso: não pode ser aquela ultrapassada por Súmula do TST ou superada por iterativa e notória jurisprudência da própria corte.

m) Inciso XIII — art. 1070 (prazo para interposição de agravo).

O art. 1070 do CPC dispõe:

> Art. 1.070. É de 15 (quinze) dias o prazo para a interposição de qualquer agravo, previsto em lei ou em regimento interno de tribunal, contra decisão de relator ou outra decisão unipessoal proferida em tribunal.

O prazo no Processo do Trabalho é de oito dias, conforme disposto no art. 6º da Lei n. 5.584/70 e art. 893 da CLT, reafirmado pela IN n. 39/2016 — TST, no art. 1º, § 1º.

Art. 3º Sem prejuízo de outros, aplicam-se ao Processo do Trabalho, em face de omissão e compatibilidade, os preceitos do Código de Processo Civil que regulam os seguintes temas:

I — art. 76, §§ 1º e 2º (saneamento de incapacidade processual ou de irregularidade de representação);

II — art. 138 e parágrafos (amicus curiae);

III — art. 139, exceto a parte final do inciso V (poderes, deveres e responsabilidades do juiz);

IV — art. 292, V (valor pretendido na ação indenizatória, inclusive a fundada em dano moral);

V — art. 292, § 3º (correção de ofício do valor da causa);

VI — arts. 294 a 311 (tutela provisória);

VII — art. 373, §§ 1º e 2º (distribuição dinâmica do ônus da prova);

VIII — art. 485, § 7º (juízo de retratação no recurso ordinário);

IX — art. 489 (fundamentação da sentença);

X — art. 496 e parágrafos (remessa necessária);

XI — arts. 497 a 501 (tutela específica);

XII — arts. 536 a 538 (cumprimento de sentença que reconheça a exigibilidade de obrigação de fazer, de não fazer ou de entregar coisa);

XIII — arts. 789 a 796 (responsabilidade patrimonial);

XIV — art. 805 e parágrafo único (obrigação de o executado indicar outros meios mais eficazes e menos onerosos para promover a execução);

XV — art. 833, incisos e parágrafos (bens impenhoráveis); XVI — art. 835, incisos e §§ 1º e 2º (ordem preferencial de penhora);

XVII — art. 836, §§ 1º e 2º (procedimento quando não encontrados bens penhoráveis);

XVIII — art. 841, §§ 1º e 2º (intimação da penhora);

XIX — art. 854 e parágrafos (BacenJUD);

XX — art. 895 (pagamento parcelado do lanço);

XXI — art. 916 e parágrafos (parcelamento do crédito exequendo);

XXII — art. 918 e parágrafo único (rejeição liminar dos embargos à execução);

XXIII — arts. 926 a 928 (jurisprudência dos tribunais);

XXIV — art. 940 (vista regimental);

XXV — art. 947 e parágrafos (incidente de assunção de competência);

XXVI — arts. 966 a 975 (ação rescisória); XXVII — arts. 988 a 993 (reclamação);

XXVIII — arts. 1013 a 1014 (efeito devolutivo do recurso ordinário — força maior);

XXIX — art. 1021 (salvo quanto ao prazo do agravo interno).

Comentários

a) Inciso I — art. 76, §§ 1º e 2º (saneamento de incapacidade processual ou de irregularidade de representação);

O art. 76 do novo CPC trata do saneamento de incapacidade processual ou de irregularidade de representação. O texto legal é o seguinte:

Art. 76. Verificada a incapacidade processual ou a irregularidade da representação da parte, o juiz suspenderá o processo e designará prazo razoável para que seja sanado o vício.

§ 1º Descumprida a determinação, caso o processo esteja na instância originária:

I — o processo será extinto, se a providência couber ao autor;

II — o réu será considerado revel, se a providência lhe couber;

III — o terceiro será considerado revel ou excluído do processo, dependendo do polo em que se encontre.

§ 2º Descumprida a determinação em fase recursal perante tribunal de justiça, tribunal regional federal ou tribunal superior, o relator:

I — não conhecerá do recurso, se a providência couber ao recorrente;

II — determinará o desentranhamento das contrarrazões, se a providência couber ao recorrido.

A primeira parte do artigo reproduz o art. 13 do CPC/73, tendo sido acrescida a segunda parte (§ 2º), que disciplina os procedimentos na fase recursal.

A capacidade processual e a representação processual regular são pressupostos de validade do processo. A ausência acarreta a extinção do feito sem resolução do mérito (art. 485, IV, CPC). Antes de extinguir o feito, o juiz deve assinar prazo para que seja sanado o vício, não podendo extinguir o feito sem antes ter oportunizado que a parte regularize sua representação. O prazo é judicial, ou seja, cabe ao juiz designá-lo de acordo com a complexidade do caso.

Trata-se de um prazo judicial, mas que se sujeita à preclusão (§ 1º, do art. 76), sendo que as consequências, na instância originária, são: a) a extinção, se a providência couber ao autor; b) a revelia, se a providência couber ao réu; c) a revelia ou exclusão para o terceiro, conforme sua posição no processo.

Na instância recursal (§ 2º, do art. 76) as consequências são: a) o recurso não será conhecido, se a providência couber ao recorrente; b) as contrarrazões serão desentranhadas, se a providência couber ao recorrido.

O Tema tem relação com a Súmula n. 164 do TST, que foi cancelada em julho de 2016, e a Súmula n. 383, com sua nova redação:

> **Súmula n. 383 do TST — RECURSO. MANDATO. IRREGULARIDADE DE REPRESENTAÇÃO. CPC DE 2015, ARTS. 104 E 76, § 2º (nova redação em decorrência do CPC de 2015) — Res. 210/2016, DEJT divulgado em 30.6.2016 e 01 e 4.7.2016**
>
> I — É inadmissível recurso firmado por advogado sem procuração juntada aos autos até o momento da sua interposição, salvo mandato tácito. Em caráter excepcional (art. 104 do CPC de 2015), admite-se que o advogado, independentemente de intimação, exiba a procuração no prazo de 5 (cinco) dias após a interposição do recurso, prorrogável por igual período mediante despacho do juiz. Caso não a exiba, considera-se ineficaz o ato praticado e não se conhece do recurso.
>
> II — Verificada a irregularidade de representação da parte em fase recursal, em procuração ou substabelecimento já constante dos autos, o relator ou o órgão competente para julgamento do recurso designará prazo de 5 (cinco) dias para que seja sanado o vício. Descumprida a determinação, o relator não conhecerá do recurso, se a providência couber ao recorrente, ou determinará o desentranhamento das contrarrazões, se a providência couber ao recorrido (art. 76, § 2º, do CPC de 2015).

Com a nova redação da Súmula n. 383, o TST reafirma a possibilidade de interposição de recurso somente com a existência de procuração juntada aos autos até o momento de sua interposição, salvo a hipótese de mandato tácito, que é a participação do advogado que subscreve o recurso em audiência, acompanhando o seu cliente e devidamente registrado em ata. No caso de mandato tácito, o advogado teria os poderes da cláusula *ad judicia*, que inclui o direito de firmar recurso em nome da parte. No juízo *a quo*, a novidade é a permissão para que o advogado junte a procuração em até cinco dias após a interposição do recurso, em caráter excepcional e independentemente de intimação, prorrogável por igual período mediante despacho do juiz (inciso I da Súmula n. 383). No juízo *ad quem*, somente se a procuração ou substabelecimento já estiverem nos autos, o Relator determinará a abertura do prazo de 5 dias para que seja sanado o vício. Presume-se que mediante intimação da parte. Descumprida a determinação, se a providência couber ao recorrente, o recurso não será conhecido. Se couber ao recorrido, as contrarrazões serão desentranhadas.

Portanto, são abrandados os efeitos da antiga Súmula n. 114, agora revogada, mas ainda não é permitido juntar nova procuração no juízo *ad quem*, por parte do advogado que subscreveu o recurso sem procuração nos autos. No juízo *a quo*, poderá fazê-lo dentro de cinco dias após o recurso, desde que de maneira espontânea, sem intimação.

b) Inciso II — art. 138 e parágrafos (*amicus curiae*);

O art. 138 do CPC, que dispõe sobre a figura da intervenção de terceiros denominada *amicus curiae*, tem a seguinte redação:

> Art. 138. O juiz ou o relator, considerando a relevância da matéria, a especificidade do tema objeto da demanda ou a repercussão social da controvérsia, poderá, por decisão irrecorrível, de ofício ou a requerimento das partes ou de quem pretenda manifestar-se, solicitar ou admitir a participação de pessoa natural ou jurídica, órgão ou entidade especializada, com representatividade adequada, no prazo de 15 (quinze) dias de sua intimação.
>
> § 1º A intervenção de que trata o *caput* não implica alteração de competência nem autoriza a interposição de recursos, ressalvadas a oposição de embargos de declaração e a hipótese do § 3º.
>
> § 2º Caberá ao juiz ou ao relator, na decisão que solicitar ou admitir a intervenção, definir os poderes do *amicus curiae*.
>
> § 3º O *amicus curiae* pode recorrer da decisão que julgar o incidente de resolução de demandas repetitivas.

O *amicus curiae* ou "amigo do tribunal" atua em causas de relevância social, repercussão geral ou caso o juiz necessite de apoio técnico. Pode ser pessoa natural ou jurídica. Não é parte no processo. Não recebe honorários. Não defende seu interesse direto. Seu interesse é institucional. É uma figura do direito norte-americano, em que ocorre por convenção das partes ou por determinação da corte. No Brasil, foi adotada a segunda hipótese.

A questão principal é saber qual é a natureza jurídica do *amicus curiae*. É uma intervenção de terceiro anômala ou um colaborador da corte para questões técnicas. Mas nem sempre é fácil identificar a isenção do *amicus curiae*. Em uma sociedade democrática, é natural que existam interesses distintos em questões relevantes e que vão firmar um determinado precedente judicial. Por isso, também na figura do *amicus curiae* deve haver o equilíbrio entre os intervenientes, de forma a garantir a pluralidade de opiniões.

No Processo do Trabalho, há uma recente referência a este instituto na Lei n. 13.015/2014, nos casos de repercussão geral no recurso de revista (art. 896 — C, § 8º, CLT).

O prazo para manifestação é de 15 dias.

Não há um momento processual específico para a intervenção do *amicus curiae*. No STF (ADI 4071/DF), esta intervenção pode ocorrer até a liberação do processo, pelo relator, para inclusão em pauta.

c) Inciso III — art. 139, exceto a parte final do inciso V (poderes, deveres e responsabilidades do juiz);

O CPC dispõe sobre os poderes, deveres e responsabilidades do Juiz no art. 139, cujo texto é o seguinte:

Art. 139. O juiz dirigirá o processo conforme as disposições deste Código, incumbindo-lhe:

I — assegurar às partes igualdade de tratamento;

II — velar pela duração razoável do processo;

III — prevenir ou reprimir qualquer ato contrário à dignidade da justiça e indeferir postulações meramente protelatórias;

IV — determinar todas as medidas indutivas, coercitivas, mandamentais ou sub-rogatórias necessárias para assegurar o cumprimento de ordem judicial, inclusive nas ações que tenham por objeto prestação pecuniária;

V — promover, a qualquer tempo, a autocomposição, preferencialmente com auxílio de conciliadores e mediadores judiciais;

VI — dilatar os prazos processuais e alterar a ordem de produção dos meios de prova, adequando-os às necessidades do conflito de modo a conferir maior efetividade à tutela do direito;

VII — exercer o poder de polícia, requisitando, quando necessário, força policial, além da segurança interna dos fóruns e tribunais;

VIII — determinar, a qualquer tempo, o comparecimento pessoal das partes, para inquiri-las sobre os fatos da causa, hipótese em que não incidirá a pena de confesso;

IX — determinar o suprimento de pressupostos processuais e o saneamento de outros vícios processuais;

X — quando se deparar com diversas demandas individuais repetitivas, oficiar o Ministério Público, a Defensoria Pública e, na medida do possível, outros legitimados a que se referem o *art. 5º da Lei n. 7.347, de 24 de julho de 1985*, e o *art. 82 da Lei n. 8.078, de 11 de setembro de 1990*, para, se for o caso, promover a propositura da ação coletiva respectiva.

Parágrafo único. A dilação de prazos prevista no inciso VI somente pode ser determinada antes de encerrado o prazo regular.

O Poder Judiciário Brasileiro é subdividido em Judiciário Federal (Justiça Federal, Justiça Militar, Justiça Eleitoral e Justiça do Trabalho) e Judiciário Estadual (art. 92, CF). O CNJ (EC n. 45/04) não é órgão jurisdicional (art. 103, CF), pois trata de matéria administrativa e disciplinar. A jurisdição extraordinária é desempenhada pelo STJ, TST (controle de legalidade e unificação de jurisprudência) e STF (matéria constitucional).

Os tribunais gozam de autonomia administrativa e financeira. São eles que elaboram suas propostas orçamentárias, dentro dos limites estipulados com os demais poderes na LDO (art. 99, CF). Também devem escolher seus dirigentes, organizar os serviços de suas secretarias e dos juízos a eles vinculados e prover os cargos de juiz de carreira e os necessários à administração da justiça (art. 96, CF).

A atuação do Juiz deve obedecer aos seguintes requisitos: a) Jurisdicionalidade — atuar investido do poder da Jurisdição; b) competência — cumprir suas atividades dentro da fração de poder que a lei lhe designa; c) imparcialidade — ter posição de terceiro em relação às partes interessadas; d) independência — decidir sem subordinação jurídica, vinculando-se exclusivamente ao ordenamento jurídico; e) processualidade — dirigir o processo com observância ao devido processo legal.

As garantias da magistratura estão no art. 95 da Constituição: a) vitaliciedade — não podem perder o cargo senão por processo judicial (ver arts. 25, 26 e 27 da LOMAN — Lei Complementar n. 35/79); b) inamovibilidade — não podem ser removidos compulsoriamente, a não ser por interesse público, reconhecido por voto da maioria do respectivo tribunal ou do CNJ (95, III e 93, VIII, CF e arts. 30 e 31 da LOMAN); c) irredutibilidade de subsídio (art. 95, CF e art. 32 da LOMAN).

Outras prerrogativas do magistrado estão no art. 33, da LOMAN:

Art. 33. São prerrogativas do magistrado:

I — ser ouvido como testemunha em dia, hora e local previamente ajustados com a autoridade ou Juiz de instância igual ou inferior;

II — não ser preso senão por ordem escrita do Tribunal ou do órgão especial competente para o julgamento, salvo em flagrante de crime inafiançável, caso em que a autoridade fará imediata comunicação e apresentação do magistrado ao Presidente do Tribunal a que esteja vinculado *(Vetado)*;

III — ser recolhido a prisão especial, ou a sala especial de Estado-Maior, por ordem e à disposição do Tribunal ou do órgão especial competente, quando sujeito a prisão antes do julgamento final;

IV — não estar sujeito a notificação ou a intimação para comparecimento, salvo se expedida por autoridade judicial;

V — portar arma de defesa pessoal.

Parágrafo único. Quando, no curso de investigação, houver indício da prática de crime por parte do magistrado, a autoridade policial, civil ou militar, remeterá os respectivos autos ao Tribunal ou órgão especial competente para o julgamento, a fim de que prossiga na investigação.

As vedações à atividade do magistrado são: a) exercício de outro cargo ou função, ainda que em disponibilidade, salvo uma de magistério (art. 95, I, CF); b) receber, a qualquer título ou pretexto, custas ou participação em processo (art. 95, II, CF); c) dedicar-se à atividade político-partidária (art. 95, III, CF); d) receber, a qualquer título ou pretexto, auxílios ou contribuições de pessoas físicas, entidades públicas ou privadas, ressalvadas as exceções previstas em lei (art. 95, IV, CF); e) exercer a advocacia no juízo ou tribunal do qual se afastou, antes de decorridos três anos do afastamento do cargo por aposentadoria ou exoneração (art. 95, V, CF).

Outros deveres do magistrado, ver arts. 35 e 36 da LOMAN. Penalidades, ver arts. 40 a 48 da LOMAN.

A responsabilidade civil do Magistrado está no art. 143 do CPC e no art. 49 da LOMAN. O texto do art. 143 do CPC é o seguinte:

Art. 143. O juiz responderá, civil e regressivamente, por perdas e danos quando:

I — no exercício de suas funções, proceder com dolo ou fraude;

II — recusar, omitir ou retardar, sem justo motivo, providência que deva ordenar de ofício ou a requerimento da parte.

Parágrafo único. As hipóteses previstas no inciso II somente serão verificadas depois que a parte requerer ao juiz que determine a providência e o requerimento não for apreciado no prazo de 10 (dez) dias.

O texto da LOMAN é o seguinte:

Art. 49. Responderá por perdas e danos o magistrado, quando:

I — no exercício de suas funções, proceder com dolo ou fraude;

II — recusar, omitir ou retardar, sem justo motivo, providência que deva ordenar o ofício, ou a requerimento das partes.

Parágrafo único. Reputar-se-ão verificadas as hipóteses previstas no inciso II somente depois que a parte, por intermédio do Escrivão, requerer ao magistrado que determine a providência, e este não lhe atender o pedido dentro de dez dias.

Há necessidade de dolo ou fraude. A responsabilidade do estado é objetiva (art. 37, § 6º, CF). O Estado tem direito de regresso contra o magistrado por dolo ou fraude. O CPC de 73 exigia prévia intimação. O novo CPC não traz expressa esta necessidade, o que dificulta saber quando começa a inconformidade da parte.

A sentença injusta, mas de boa-fé, não proporciona indenização.

No Processo do Trabalho, os deveres do juiz estão nos art. 653 a 659 da CLT.

O art. 139, do CPC, dispõe sobre a direção do processo, o tratamento isonômico, imposição de sanções, conciliação e demandas repetitivas.

Fiscalizar e controlar a sequência dos atos procedimentais e a relação processual entre as partes é o dever do magistrado na condução do processo. Deve ser exercido sempre com base nas normas jurídicas e no bom senso.

As partes devem ser tratadas de forma isonômica, mas o tratamento isonômico pode ter modulações, pois o juiz deve observar certas normas especiais para litigantes hipossuficientes ou em situações especiais (idosos, curador especial, defensor dativo, consumidor, entre outros). Essa perspectiva é particularmente importante no Processo do Trabalho, pois uma das partes, em regra, é hipossuficiente.

A duração razoável do processo (inciso II) tem assento constitucional (art. 5º, LXXVIII, CF).

O Juiz tem poderes de impor multas (má-fé e desrespeito às decisões judiciais — art. 82 e 77, do CPC) poderes de polícia (art. 78, CPC), como cassar a palavra e mandar riscar dos autos expressões injuriosas (inciso III), bem como para a efetivação de decisões judiciais (inciso IV).

Deve propor a conciliação de forma obrigatória (inciso V). Depois da resposta do réu, a qualquer tempo. Os conciliadores e mediadores ganharam disciplina expressa nos arts. 165 a 175 do CPC. No Processo do Trabalho, a IN n. 39/2016 — TST, afirma que se aplica todo o conteúdo do art. 139 do CPC, a exceção da última parte deste inciso V, porquanto a conciliação deve ser presidida pelo Juiz do Trabalho, e não com o auxílio de conciliadores e mediadores.

A dilação dos prazos (inciso VI) somente se refere aos prazos dilatórios ou judiciais. Os prazos peremptórios não podem ser dilatados pelo juiz (art. 222, CPC). Os prazos peremptórios não podem ser dilatados, sob pena de insegurança jurídica.

Com relação à alteração da ordem da oitiva de testemunhas (inciso VI) a previsão visa dar ao juiz maiores possibilidades de evitar ameaças ou possibilidades de suborno ou fraude. Trata-se de um poder de adequação ao caso concreto. Está dentro de um conceito mais amplo de flexibilidade de procedimento, como, por exemplo, o art. 190, CPC, que permite às partes estipular o procedimento, em se tratando de direitos disponíveis. No Processo do Trabalho, embora não seja possível a negociação do procedimento, pois o art. 2º, II, da IN n. 39/2016 — TST expressamente repele esta possibilidade, a possibilidade de alteração na ordem da oitiva das partes e das testemunhas está inserida no contexto de oralidade e informalidade, princípios que informam a jurisdição trabalhista.

O poder de polícia (inciso VII) pode ser interno ou externo. Refere-se à segurança do serviço judiciário, para o exercício da atividade jurisdicional. Relaciona-se com o art. 360, do CPC, que é mais específico para a audiência. O art. 816 da CLT é específico para os poderes do Juiz nas audiências, dispondo que pode ser ordenado que se retirem as pessoas que as perturbarem.

O comparecimento das partes sem confissão (inciso VIII) está relacionado com o princípio da cooperação. Alguns cuidados devem ser tomados, como por exemplo, a não quebra do princípio isonômico e a não realização de procedimentos inúteis ou desnecessários.

O saneamento (inciso IX) é uma responsabilidade do juiz para não deixar que ocorram nulidades e zelar pelos pressupostos processuais. Relaciona-se com o art. 317 do CPC. No Processo do Trabalho, o saneamento processual ocorre em audiência, em face da oralidade, ou a qualquer tempo, em razão da atividade saneadora do Juiz ser permanente.

Diante de demandas repetitivas (inciso X), o Juiz, o deve oficiar ao MP, a Defensoria Pública e outros legitimados em matéria de direitos coletivos. O artigo do CPC que previa a possibilidade de o próprio juiz converter em demanda coletiva, foi vetado.

d) Inciso IV — art. 292, V (valor pretendido na ação indenizatória, inclusive a fundada em dano moral);

O CPC dispõe sobre o valor da causa nos arts. 291 e 292. O texto legal é o seguinte:

> Art. 291. A toda causa será atribuído valor certo, ainda que não tenha conteúdo econômico imediatamente aferível.
>
> Art. 292. O valor da causa constará da petição inicial ou da reconvenção e será:
>
> I — na ação de cobrança de dívida, a soma monetariamente corrigida do principal, dos juros de mora vencidos e de outras penalidades, se houver, até a data de propositura da ação;
>
> II — na ação que tiver por objeto a existência, a validade, o cumprimento, a modificação, a resolução, a resilição ou a rescisão de ato jurídico, o valor do ato ou o de sua parte controvertida;
>
> III — na ação de alimentos, a soma de 12 (doze) prestações mensais pedidas pelo autor;
>
> IV — na ação de divisão, de demarcação e de reivindicação, o valor de avaliação da área ou do bem objeto do pedido;
>
> V — na ação indenizatória, inclusive a fundada em dano moral, o valor pretendido;
>
> VI — na ação em que há cumulação de pedidos, a quantia correspondente à soma dos valores de todos eles;
>
> VII — na ação em que os pedidos são alternativos, o de maior valor;
>
> VIII — na ação em que houver pedido subsidiário, o valor do pedido principal.
>
> § 1º Quando se pedirem prestações vencidas e vincendas, considerar-se-á o valor de umas e outras.
>
> § 2º O valor das prestações vincendas será igual a uma prestação anual, se a obrigação for por tempo indeterminado ou por tempo superior a 1 (um) ano, e, se por tempo inferior, será igual à soma das prestações.
>
> § 3º O juiz corrigirá, de ofício e por arbitramento, o valor da causa quando verificar que não corresponde ao conteúdo patrimonial em discussão ou ao proveito econômico perseguido pelo autor, caso em que se procederá ao recolhimento das custas correspondentes.

A atribuição do valor da causa é obrigatória no Processo Civil. É requisito essencial da Petição inicial (art. 291 e 319, V, CPC). O Processo do Trabalho não tem regra coercitiva sobre o tema, pois o art. 2º da Lei n. 5.584/70 apenas refere os poderes do Juiz na sua fixação, se o valor for indeterminado no pedido.

O valor da causa não corresponde necessariamente ao valor do objeto material ou imaterial em jogo no processo. Toda a demanda tem de ter valor da causa.

No Processo Civil, a finalidade do valor da causa relaciona-se com diversas consequências: a) critério de determinação de competência; b) parâmetro de fixação de procedimento; c) base de cálculo para custas e taxas judiciárias, preparo (art. 1007, CPC); d) parâmetro para honorários advocatícios de sucumbência (art. 85, CPC); e) fixação de multa de má-fé (art. 81, CPC); f) parâmetro para multa por oposição de embargos protelatórios (art. 1026, § 2º); g) influi no rito do arrolamento (art. 664, CPC). Quando compatíveis, essas consequências também ocorrerão no Processo do Trabalho.

A Lei n. 5.584/70, art. 2º, disciplina o tema no Processo do Trabalho:

> Art 2º Nos dissídios individuais, proposta a conciliação, e não havendo acordo, o Presidente, da Junta ou o Juiz, antes de passar à instrução da causa, fixar-lhe-á o valor para a determinação da alçada, se este for indeterminado no pedido.
>
> § 1º Em audiência, ao aduzir razões finais, poderá qualquer das partes, impugnar o valor fixado e, se o Juiz o mantiver, pedir revisão da decisão, no prazo de 48 (quarenta e oito) horas, ao Presidente do Tribunal Regional.
>
> § 2º O pedido de revisão, que não terá efeito suspensivo deverá ser instruído com a petição inicial e a Ata da Audiência, em cópia autenticada pela Secretaria da Junta, e será julgado em 48 (quarenta e oito) horas, a partir do seu recebimento pelo Presidente do Tribunal Regional.
>
> § 3º Quando o valor fixado para a causa, na forma deste artigo, não exceder de 2 (duas) vezes o salário-mínimo vigente na sede do Juízo, será dispensável o resumo dos depoimentos, devendo constar da Ata a conclusão da Junta quanto à matéria de fato.
>
> § 4º Salvo se versarem sobre matéria constitucional, nenhum recurso caberá das sentenças proferidas nos dissídios da alçada a que se refere o parágrafo anterior, considerado, para esse fim, o valor do salário mínimo à data do ajuizamento da ação. (Redação dada pela Lei n. 7.402, de 1985)

A compatibilidade do art. 291 do CPC encontra dificuldade com o *jus postulandi* do Processo do Trabalho. A parte, podendo postular sem a necessidade de advogado, teria dificuldade em conhecer o dispositivo legal que obriga a fixação do valor da causa. Por essa razão é que o art. 2º da Lei n. 5.584/70 deixa essa faculdade ao Juiz.

Com relação ao valor pretendido a título de indenização de dano moral, postulação muito comum nos processos trabalhistas, a compatibilidade do CPC visa a um melhor dimensionamento da lide e, de uma certa maneira, a limitar abusos cometidos.

e) Inciso V — art. 292, § 3º (correção de ofício do valor da causa);

O § 3º, do art. 292 do CPC, permite que o Juiz corrija de ofício e por arbitramento, o valor da causa. Será possível quando o valor não corresponder ao conteúdo patrimonial em discussão ou ao proveito econômico perseguido pelo autor. O texto legal é o seguinte:

> Art. 292. ...
>
> § 3º O juiz corrigirá, de ofício e por arbitramento, o valor da causa quando verificar que não corresponde ao conteúdo patrimonial em discussão ou ao proveito econômico perseguido pelo autor, caso em que se procederá ao recolhimento das custas correspondentes.

Ao regulamentar no sentido da compatibilidade deste dispositivo do novo CPC, o TST teve de cancelar a OJ n. 155, SDI-II, em 20.4.2016, que dispunha em sentido oposto e não permitia a modificação de ofício do valor da causa em ações rescisórias e Mandado de Segurança. O texto era o seguinte:

> **OJ n. 155. AÇÃO RESCISÓRIA E MANDADO DE SEGURANÇA. VALOR ATRIBUÍDO À CAUSA NA INICIAL. MAJORAÇÃO DE OFÍCIO. INVIABILIDADE. (cancelada)** — Res; 206/2016, DEJT divulgado em 18, 19 e 20.04.2016. Atribuído o valor da causa na inicial da ação rescisória ou do mandado de segurança e não havendo impugnação, nos termos do art. 261 do CPC, é defeso ao Juízo majorá-lo de ofício, ante a ausência de amparo legal. Inaplicável, na hipótese, a Orientação Jurisprudencial da SBDI-2 n. 147 e o art. 2º, II, da Instrução Normativa n. 31 do TST.

f) Inciso VI — arts. 294 a 311 (tutela provisória);

Todo o Livro V do novo CPC, que trata da Tutela Provisória (antigo Processo Cautelar e antecipação de tutela do CPC de 73) é considerado compatível com o Processo do Trabalho, segundo dispõe a IN n. 39/2016 — TST. Incluem-se na Tutela Provisória, a Tutela de Urgência e a Tutela de Evidência. Esse é o conteúdo tratado pelos arts. 294 a 311.

O art. 294 do CPC dispõe:

> Art. 294. A tutela provisória pode fundamentar-se em urgência ou evidência.
>
> Parágrafo único. A tutela provisória de urgência, cautelar ou antecipada, pode ser concedida em caráter antecedente ou incidental.

No Estado Democrático de Direito, o objetivo da Jurisdição não é apenas realizar a vontade concreta da lei, mas prestar tutela ao direito material envolvido e garantir a sua efetividade (Humberto Theodoro Júnior).

Todo o processo tem um ônus temporal (Giuseppe Chiovenda). De uma certa maneira, a pendência de um processo gera um ônus para a sociedade.

A tutela principal corresponde ao provimento que compõe o conflito de direito material de forma exauriente e definitiva. Pode ser tutela de conhecimento ou de execução. Em geral, existe uma lesão pretérita que se discute alguma forma de reparação. Para tanto, é preciso "recuperar" os dados do passado por intermédio dos meios de prova, dimensioná-los (fixar o suporte fático da norma) e aplicar a consequência jurídica prevista na própria norma, em geral uma sanção. Essa é a forma comum de manejo do ordenamento jurídico com relação às demandas que lhe são apresentadas.

Mas há tutelas em que é necessária uma reposta temporal mais rápida do que o normal. É uma questão de gradação de resposta jurisdicional, ante uma probabilidade. O dano ainda não está consumado, mas a probabilidade de acontecer é muito grande, e isso exige uma resposta jurisdicional, não de reparação, mas de tutela.

É uma tutela diferenciada em relação à tutela definitiva, porque seu objetivo é provisório ou conservativo de uma situação, para impedir que ela se modifique para pior. Por isso, as normas jurídicas, em casos especiais, permitem que se antecipem algumas medidas que, na prática, antecipam resultados materiais, em algumas vezes até de natureza satisfativa.

O novo CPC eliminou os procedimentos cautelares específicos. Tratava-se de uma tendência do Direito Processual Brasileiro e que, na prática, dá maior mobilidade e poderes de cautela para o Juiz e para as partes.

Também eliminou a Ação Cautelar como uma ação apartada do processo principal. As tutelas provisórias são tratadas no novo CPC como incidentes processuais, que pode ser suscitado na petição inicial ou em petição avulsa (art. 294, parágrafo único).

Dentro das Tutelas Provisórias, o novo CPC subdivide em Tutela de Urgência e Tutela de Evidência. As tutelas de urgência estão relacionadas ao perigo de dano e sua relação com o tempo de duração do processo (*periculum in mora*). Geram medidas cautelares, de natureza conservativa ou medidas antecipatórias, de natureza satisfativa.

A tutela de evidência tem como objetivo não evitar um dano, mas combater uma injustiça suportada pela parte que, mesmo com a evidência de seu direito material, está privada da respectiva fruição, diante da resistência abusiva do adversário. Não se confunde com o julgamento antecipado da lide.

A conexão entre as tutelas de urgência e de evidência é o *fumus boni iuris*.

O que justifica a concessão de liminares é a densidade maior ou menor com que se manifesta o *fumus boni iuris* ou o *periculum in mora*. É uma questão de proporcionalidade.

O novo CPC acolheu a doutrina da fungibilidade das ações cautelares com os procedimentos de antecipação de tutela, que entrou no Processo Civil a partir da Lei n. 10.444/2002. Assim, as medidas cautelares (conservativas) e as medidas antecipatórias (satisfativas) são duas espécies de um mesmo gênero, a tutela de urgência.

No Processo do Trabalho, não há tratamento geral para as tutelas provisórias. Aplica-se subsidiariamente o CPC, por força do art. 769, CLT. Existe apenas a previsão de concessão de medidas liminares para o Juiz, no caso de transferência do empregado (art. 659, IX, CLT) ou de reintegração de dirigente sindical (art. 659, X, CLT).

Quanto às custas, o tema é tratado no art. 295:

> Art. 295. A tutela provisória requerida em caráter incidental independe do pagamento de custas.

Ainda que se trate de um pedido em separado, não é necessário recolher custas. No CPC/73 precisava pagar custas se fosse em ação cautelar própria, ainda que incidental.

O pedido é feito em petição simples.

A temporalidade das medidas é disciplinada pelo art. 296, cujo texto legal é o seguinte:

> Art. 296. A tutela provisória conserva sua eficácia na pendência do processo, mas pode, a qualquer tempo, ser revogada ou modificada.
>
> Parágrafo único. Salvo decisão judicial em contrário, a tutela provisória conservará a eficácia durante o período de suspensão do processo.

Esse artigo mostra a diferença entre o sistema atual e a antecipação de tutela prevista no art. 273 do CPC/73.

Relaciona-se com o art. 302, CPC, no que diz respeito à responsabilidade do requerente por dano causado pela tutela provisória.

O poder de tutela geral do Juiz está no art. 297:

> Art. 297. O juiz poderá determinar as medidas que considerar adequadas para efetivação da tutela provisória.
>
> Parágrafo único. A efetivação da tutela provisória observará as normas referentes ao cumprimento provisório da sentença, no que couber.

Estende-se às tutelas de urgência e de evidência. Não tem forma pré-definida, podendo o Juiz determinar aquelas que melhor se adequarem ao caso concreto e aos interesses em litígio. O art. 301 do CPC traz apenas exemplos de tutelas de urgência.

A fundamentação da decisão que concede, nega, modifica ou revoga a tutela provisória deve ser fundamentada, nos termos do art. 298:

> Art. 298. Na decisão que conceder, negar, modificar ou revogar a tutela provisória, o juiz motivará seu convencimento de modo claro e preciso.

Trata-se de uma decisão interlocutória fundamentada de modo claro e preciso. O novo CPC, embebido da intenção de buscar decisões fundamentadas, conforme os princípios da proibição de decisão-surpresa (arts. 9º e 10) e fundamentação exauriente (art. 489, § 1º), refere os adjetivos "claro" e "preciso", na intenção de reforçar e adaptar esta visão também para as decisões proferidas em sede de Tutela Provisória. Relaciona-se com o dever geral de fundamentação (art. 93, IX, CF).

A competência para as decisões de Tutela Provisória está no art. 299:

> Art. 299. A tutela provisória será requerida ao juízo da causa e, quando antecedente, ao juízo competente para conhecer do pedido principal.
>
> Parágrafo único. Ressalvada disposição especial, na ação de competência originária de tribunal e nos recursos a tutela provisória será requerida ao órgão jurisdicional competente para apreciar o mérito.

O Juiz competente para conhecer a tutela antecedente é o competente para conhecer a causa principal. Nos tribunais, é o juízo *ad quem*.

Especificamente, com relação à tutela de urgência, os requisitos para a sua concessão encontram-se no art. 300, cujo texto é o seguinte:

> Art. 300. A tutela de urgência será concedida quando houver elementos que evidenciem a probabilidade do direito e o perigo de dano ou o risco ao resultado útil do processo.
>
> § 1º Para a concessão da tutela de urgência, o juiz pode, conforme o caso, exigir caução real ou fidejussória idônea para ressarcir os danos que a outra parte possa vir a sofrer, podendo a caução ser dispensada se a parte economicamente hipossuficiente não puder oferecê-la.
>
> § 2º A tutela de urgência pode ser concedida liminarmente ou após justificação prévia.
>
> § 3º A tutela de urgência de natureza antecipada não será concedida quando houver perigo de irreversibilidade dos efeitos da decisão.

Os requisitos para a concessão da tutela de urgência são: a) perigo de dano decorrente da demora da prestação jurisdicional e verossimilhança do direito (*periculum in mora* e *fumus boni iuris*); b) ou risco ao resultado útil do processo.

Perigo de dano decorrente da demora da prestação jurisdicional refere-se a situação fática ou seja, situação concreta. Verossimilhança do direito alegado refere-se a um raciocínio jurídico em abstrato que seja plausível com o direito alegado.

O juiz deve verificar a presença dos dois requisitos ou estar convencido de que há risco para o resultado útil do processo. Esse último requisito relaciona-se com o interesse de agir, previsto como condição da ação.

Em geral, a tutela de urgência pode ser: a) medida para assegurar bens; b) medida para assegurar pessoas; c) medida para assegurar provas.

A caução (ou contracautela) é uma forma de garantir a efetiva indenização por eventuais prejuízos que venham a ser apurados com a concessão da tutela de urgência. Se a parte for hipossuficiente, a caução pode ser dispensada.

A liminar é a antecipação de alguns ou de todos os efeitos da cautelar pretendida. A antecipação de todos os efeitos caracteriza as liminares satisfativas totais. A medida liminar constitui sempre uma antecipação dos efeitos práticos da sentença (art. 300, § 2º, CPC).

Caso o juiz não se convença da presença dos requisitos para a concessão de uma liminar, pode determinação uma audiência prévia para justificação. Se houver receio de que o réu, ao tomar conhecimento, possa tornar sem efeito os efeitos da medida liminar, o juiz pode deferi-la sem ouvir a parte contrária.

A irreversibilidade é uma questão polêmica. O novo CPC estabelece (art. 300, § 3º) que a tutela de urgência de natureza antecipada não será concedida se houver receio de irreversibilidade na medida. Esta irreversibilidade é de fato. Se for irreversibilidade jurídica não há problema, pois resolver-se-ia em perdas e danos. O problema é quando tiver caráter satisfativo.

Em Mandado de Segurança, são proibidas as concessões de liminares em alguns temas, conforme art. 7º, § 2º, da Lei n. 12.016/2009 (compensação de créditos tributários; entrega de mercadorias e bens provenientes do exterior; reclassificação ou equiparação de servidores públicos; concessão de aumentos ou extensão de vantagens; pagamento de qualquer natureza).

O art. 301 enuncia algumas medidas que podem tornar eficaz a tutela de urgência, mas sua enumeração não é exaustiva, em respeito ao amplo poder de cautela concedido ao Juiz pelo art. 297 antes mencionado. O texto legal é o seguinte:

> Art. 301. A tutela de urgência de natureza cautelar pode ser efetivada mediante arresto, sequestro, arrolamento de bens, registro de protesto contra alienação de bem e qualquer outra medida idônea para asseguração do direito.

Se a parte, com a obtenção da tutela de urgência, causar algum tipo de dano, ante a sua possível revisão por decisão posterior, deverá indenizar o prejuízo que causou. Este é o sentido do art. 302 do CPC:

> Art. 302. Independentemente da reparação por dano processual, a parte responde pelo prejuízo que a efetivação da tutela de urgência causar à parte adversa, se:
>
> I — a sentença lhe for desfavorável;
>
> II — obtida liminarmente a tutela em caráter antecedente, não fornecer os meios necessários para a citação do requerido no prazo de 5 (cinco) dias;
>
> III — ocorrer a cessação da eficácia da medida em qualquer hipótese legal;
>
> IV — o juiz acolher a alegação de decadência ou prescrição da pretensão do autor.
>
> Parágrafo único. A indenização será liquidada nos autos em que a medida tiver sido concedida, sempre que possível.

A responsabilidade pela efetivação da tutela de urgência é objetiva e será apurada nos mesmos autos em que a medida tiver sido concedida, sempre que possível.

A tutela antecipada ou a tutela cautelar poderão ser requeridas em caráter antecedente. O procedimento da tutela antecipada requerida em caráter antecedente está no art. 303, cujo texto é o seguinte:

> Art. 303. Nos casos em que a urgência for contemporânea à propositura da ação, a petição inicial pode limitar-se ao requerimento da tutela antecipada e à indicação do pedido de tutela final, com a exposição da lide, do direito que se busca realizar e do perigo de dano ou do risco ao resultado útil do processo.

§ 1º Concedida a tutela antecipada a que se refere o *caput* deste artigo:

I — o autor deverá aditar a petição inicial, com a complementação de sua argumentação, a juntada de novos documentos e a confirmação do pedido de tutela final, em 15 (quinze) dias ou em outro prazo maior que o juiz fixar;

II — o réu será citado e intimado para a audiência de conciliação ou de mediação na forma do art. 334;

III — não havendo autocomposição, o prazo para contestação será contado na forma do art. 335.

§ 2º Não realizado o aditamento a que se refere o inciso I do § 1º deste artigo, o processo será extinto sem resolução do mérito.

§ 3º O aditamento a que se refere o inciso I do § 1º deste artigo dar-se-á nos mesmos autos, sem incidência de novas custas processuais.

§ 4º Na petição inicial a que se refere o *caput* deste artigo, o autor terá de indicar o valor da causa, que deve levar em consideração o pedido de tutela final.

§ 5º O autor indicará na petição inicial, ainda, que pretende valer-se do benefício previsto no *caput* deste artigo.

§ 6º Caso entenda que não há elementos para a concessão de tutela antecipada, o órgão jurisdicional determinará a emenda da petição inicial em até 5 (cinco) dias, sob pena de ser indeferida e de o processo ser extinto sem resolução de mérito.

Aplica-se ao caso de a urgência ser contemporânea à propositura da ação.

O prazo para o aditamento (§ 1º, inciso I), é judicial pois o próprio texto permite a sua ampliação por parte do Juiz. A regra da contestação, por meio da marcação de audiência de conciliação e mediação, na forma e no prazo do art. 334 do CPC, não se aplica ao Processo do Trabalho. A IN n. 39/2016-TST, dispõe claramente que os arts. 334 e 335, do novo CPC, não são compatíveis com o Processo do Trabalho (art. 2º, IV e V). Assim, a contestação será em audiência, na forma do art. 841 da CLT.

É obrigatório o aditamento, ainda que seja simples ratificação dos termos da inicial, sob pena de extinção (§ 2º). Ocorrerá nos mesmos autos, sem incidência de custas (§ 3º), o que já é a regra do Processo do Trabalho.

A indicação do valor da causa também é obrigatória (§ 5º).

Se não for concedida a tutela antecipada, o prazo para emenda é de 5 dias (§ 6º), o que pode gerar uma situação de certa quebra de isonomia, uma vez que o prazo para aditamento, em caso de deferimento, é de 15 dias. Talvez fosse mais prático e isonômico, dar o mesmo prazo para ambas as situações.

A tutela antecipada pode se estabilizar, nos termos do art. 304:

> Art. 304. A tutela antecipada, concedida nos termos do art. 303, torna-se estável se da decisão que a conceder não for interposto o respectivo recurso.

§ 1º No caso previsto no *caput*, o processo será extinto.

§ 2º Qualquer das partes poderá demandar a outra com o intuito de rever, reformar ou invalidar a tutela antecipada estabilizada nos termos do *caput*.

§ 3º A tutela antecipada conservará seus efeitos enquanto não revista, reformada ou invalidada por decisão de mérito proferida na ação de que trata o § 2º.

§ 4º Qualquer das partes poderá requerer o desarquivamento dos autos em que foi concedida a medida, para instruir a petição inicial da ação a que se refere o § 2º, prevento o juízo em que a tutela antecipada foi concedida.

§ 5º O direito de rever, reformar ou invalidar a tutela antecipada, previsto no § 2º deste artigo, extingue-se após 2 (dois) anos, contados da ciência da decisão que extinguiu o processo, nos termos do § 1º.

§ 6º A decisão que concede a tutela não fará coisa julgada, mas a estabilidade dos respectivos efeitos só será afastada por decisão que a revir, reformar ou invalidar, proferida em ação ajuizada por uma das partes, nos termos do § 2º deste artigo.

Só tem sentido aplicar este artigo se a ação contiver apenas um pedido de natureza satisfativa. Somente se aplica se for tutela antecedente. Se for tutela incidente, não se estabiliza.

O prazo de dois anos, previsto no § 5º, tem natureza decadencial.

O procedimento da tutela cautelar requerida em caráter antecedente está no art. 305:

Art. 305. A petição inicial da ação que visa à prestação de tutela cautelar em caráter antecedente indicará a lide e seu fundamento, a exposição sumária do direito que se objetiva assegurar e o perigo de dano ou o risco ao resultado útil do processo.

Parágrafo único. Caso entenda que o pedido a que se refere o *caput* tem natureza antecipada, o juiz observará o disposto no art. 303.

O artigo traz os requisitos da petição inicial, que são a exposição da lide e seu fundamento, a exposição sumária do direito que se objetiva assegurar e o perigo de dano ou o risco ao resultado útil do processo.

É possível a fungibilidade das tutelas de urgência, conservativas e satisfativas. Não é pelo rótulo, mas pelo pedido de tutela formulado que se deve admitir, ou não, o processamento do pedido. Na hipótese de pedido satisfativo, utiliza-se o art. 303, CPC.

O procedimento da citação do réu e a possibilidade de decisão se o pedido não for contestado está nos arts. 306 e 307:

Art. 306. O réu será citado para, no prazo de 5 (cinco) dias, contestar o pedido e indicar as provas que pretende produzir.

Art. 307. Não sendo contestado o pedido, os fatos alegados pelo autor presumir-se-ão aceitos pelo réu como ocorridos, caso em que o juiz decidirá dentro de 5 (cinco) dias.

Parágrafo único. Contestado o pedido no prazo legal, observar-se-á o procedimento comum.

Havendo contestação, observa-se o art. 308 e depois intima-se para a audiência, na forma do art. 841, da CLT, uma vez que o art. 334, do CPC não é compatível com o Processo do Trabalho (art. 2º, IV, IN n. 39/2016-TST).

Sendo revel, aplicam-se os efeitos do art. 341, CPC.

Uma vez efetivada a tutela cautelar, o autor deve formular o pedido principal em 30 dias, com os requisitos do art. 308, cujo texto é o que segue:

> Art. 308. Efetivada a tutela cautelar, o pedido principal terá de ser formulado pelo autor no prazo de 30 (trinta) dias, caso em que será apresentado nos mesmos autos em que deduzido o pedido de tutela cautelar, não dependendo do adiantamento de novas custas processuais.
>
> § 1º O pedido principal pode ser formulado conjuntamente com o pedido de tutela cautelar.
>
> § 2º A causa de pedir poderá ser aditada no momento de formulação do pedido principal.
>
> § 3º Apresentado o pedido principal, as partes serão intimadas para a audiência de conciliação ou de mediação, na forma do art. 334, por seus advogados ou pessoalmente, sem necessidade de nova citação do réu.
>
> § 4º Não havendo autocomposição, o prazo para contestação será contado na forma do art. 335.

O pedido principal é apresentado nos mesmos autos, independe de custas e pode ser formulado conjuntamente com o pedido de tutela cautelar (*caput* e § 1º). Também poderá ser aditada, na mesma oportunidade, a causa de pedir (§ 2º).

Como não se aplica o art. 334 do CPC ao Processo do Trabalho (IN n. 39/2016-TST, art. 2º, IV), a intimação será para a audiência prevista no art. 841, da CLT. Também não há contagem de prazo na forma do art. 335 do CPC, pois este dispositivo também não é aplicável ao Processo do Trabalho (IN n. 39/2016 — TST, art. 2º, V). A conciliação, comparecimento das partes, contestação e demais procedimentos serão em audiência, conforme os arts. 843 a 851, da CLT.

O prazo de 30 dias é decadencial. É contado a partir da efetivação da medida, e não da decisão.

As hipóteses de perda de eficácia da tutela concedida em caráter antecedente estão previstas no art. 309:

> Art. 309. Cessa a eficácia da tutela concedida em caráter antecedente, se:
>
> I — o autor não deduzir o pedido principal no prazo legal;
>
> II — não for efetivada dentro de 30 (trinta) dias;
>
> III — o juiz julgar improcedente o pedido principal formulado pelo autor ou extinguir o processo sem resolução de mérito.
>
> Parágrafo único. Se por qualquer motivo cessar a eficácia da tutela cautelar, é vedado à parte renovar o pedido, salvo sob novo fundamento.

Ocorrerão quando o autor não deduzir seu pedido principal no prazo legal (inciso I), quando não for efetivada a medida em 30 dias (inciso II) ou quando o

Juiz julgar improcedente o pedido principal formulado pelo autor ou extinguir o processo sem resolução de mérito (inciso III). O inciso II se refere à medidas que a parte requerente deve tomar e não o faz.

A parte pode formular novamente o pedido no processo principal, inobstante tenha tido indeferida a sua pretensão de tutela cautelar. Assim dispõe o art. 310:

> Art. 310. O indeferimento da tutela cautelar não obsta a que a parte formule o pedido principal, nem influi no julgamento desse, salvo se o motivo do indeferimento for o reconhecimento de decadência ou de prescrição.

Se o pedido for indeferido por decadência ou prescrição, importa em solução de mérito (art. 487, II, CPC).

Por último, a tutela de evidência.

A tutela de evidência necessita da verossimilhança do direto alegado, mas não necessita do risco de dano. É utilizada para um direito por demais "óbvio". Em certa medida, assemelha-se a um dos casos da antiga antecipação de tutela, mas com ela não se confunde. As hipóteses estão previstas no art. 311, cujo texto é o que segue:

> Art. 311. A tutela da evidência será concedida, independentemente da demonstração de perigo de dano ou de risco ao resultado útil do processo, quando:
>
> I – ficar caracterizado o abuso do direito de defesa ou o manifesto propósito protelatório da parte;
>
> II – as alegações de fato puderem ser comprovadas apenas documentalmente e houver tese firmada em julgamento de casos repetitivos ou em súmula vinculante;
>
> III – se tratar de pedido reipersecutório fundado em prova documental adequada do contrato de depósito, caso em que será decretada a ordem de entrega do objeto custodiado, sob cominação de multa;
>
> IV – a petição inicial for instruída com prova documental suficiente dos fatos constitutivos do direito do autor, a que o réu não oponha prova capaz de gerar dúvida razoável.
>
> Parágrafo único. Nas hipóteses dos incisos II e III, o juiz poderá decidir liminarmente.

Pode ser concedida em caráter liminar, nas hipóteses II e III. Pode ser concedida em caráter incidental, satisfativa ou conservativa. É plenamente compatível com o Processo do Trabalho, inclusive com relação aos pedidos reipersecutórios, ainda que estes não sejam comuns nas lides trabalhistas.

g) Inciso VII – art. 373, §§ 1º e 2º (distribuição dinâmica do ônus da prova);

O CPC disciplina o ônus da prova no art. 373, que tem a seguinte redação:

> Art. 373. O ônus da prova incumbe:
>
> I – ao autor, quanto ao fato constitutivo de seu direito;
>
> II – ao réu, quanto à existência de fato impeditivo, modificativo ou extintivo do direito do autor.

§ 1º Nos casos previstos em lei ou diante de peculiaridades da causa relacionadas à impossibilidade ou à excessiva dificuldade de cumprir o encargo nos termos do *caput* ou à maior facilidade de obtenção da prova do fato contrário, poderá o juiz atribuir o ônus da prova de modo diverso, desde que o faça por decisão fundamentada, caso em que deverá dar à parte a oportunidade de se desincumbir do ônus que lhe foi atribuído.

§ 2º A decisão prevista no § 1º deste artigo não pode gerar situação em que a desincumbência do encargo pela parte seja impossível ou excessivamente difícil.

§ 3º A distribuição diversa do ônus da prova também pode ocorrer por convenção das partes, salvo quando:

I — recair sobre direito indisponível da parte;

II — tornar excessivamente difícil a uma parte o exercício do direito.

§ 4º A convenção de que trata o § 3º pode ser celebrada antes ou durante o processo.

Ônus da prova refere-se à atividade processual determinada pela lei sobre o encargo de provar certo fato. Tem um aspecto objetivo, a prova dos fatos em si, e um aspecto subjetivo, a valorização da prova. Está relacionado com o direito material.

A lesão a um direito debatida em juízo conecta-se com a fonte da obrigação que, violada, faz nascer o direito subjetivo invocado pela parte. Assim, as obrigações podem derivar de contrato, responsabilidade civil (dever geral de não causar dano a outrem) ou diretamente da lei. Muitas inversões de ônus da prova estão no Direito Material.

Não se confunde ônus da prova (distribuição dos encargos de provar) com iniciativa para a prova (partes, juiz ou terceiros).

A regra geral é a distribuição legal do ônus da prova. A exceção é a inversão desse ônus pelo juiz. O Juiz deve contribuir para a atividade probatória preservando o contraditório e o equilíbrio, preservando sua imparcialidade. A relação entre juiz e partes é uma relação pública e não tem a mesma natureza que a relação ou interesses que movem as partes. As regras de ônus de prova são predominantemente regras de julgamento.

O ônus da prova pode ser estático, dinâmico ou negociado. A IN n. 39/2016-TST entende serem compatíveis com o Processo do Trabalho os dois primeiros (art. 3º, VII) e incompatível distribuição diversa do ônus da prova por convenção das partes distribuição diversa do ônus da prova por convenção das partes, o também denominado o ônus negociado (art. 2º, VII).

O ônus estático da prova (art. 373, I e II, CPC). As obrigações decorrentes de contrato pressupõem a existência do próprio contrato. Este é o fato constitutivo básico. Nas obrigações decorrentes de ato ilícito, deve-se provar a conduta ilícita, sendo este o fato constitutivo básico. Obrigações decorrentes de lei pressupõem a prova do enquadramento fático à norma para que se possa pedir os seus efeitos.

Esses são os fatos constitutivos básicos cujo ônus probatório a atribuído àquele que vem a juízo pedir o seu reconhecimento.

Fatos modificativos, extintivos e impeditivos são ônus do réu. Nos contratos, por exemplo, a extinção da obrigação se dá pelo cumprimento. Em obrigações de dar, aquele que a cumpre, deve guardar recibo, porque esta é a prova do fato extintivo da obrigação. Em reponsabilidade civil pode haver ressarcimento espontâneo do credor. A prescrição também é outro exemplo de fato extintivo. Um fato modificativo seria a novação de uma obrigação contratual. Um fato impeditivo seria a exceção de contrato não cumprido ou a projeção do princípio da boa-fé, *venire contra factum proprium* (incongruência com a própria conduta).

No Processo do Trabalho, as regras de ônus da prova estão basicamente no direito material. As obrigações de guardar recibo (art. 464, CLT), por exemplo, são regras que estão no capítulo que trata da remuneração e salário. As obrigações de registro de horário (art. 74, CLT) estão no capítulo da duração de trabalho, entre outros exemplos. Assim, são provas de fatos extintivos da obrigação (adimplemento) que se encontram reguladas pelo direito material. A norma de ônus da prova no Processo do Trabalho (art. 818, CLT) é uma reprodução de um antigo texto encontrado nas *Institutas* de Justiniano, com origem em Paulo: "a prova das alegações incumbe à parte que as fizer" (Digesto, XXII, 3,2).

O ônus dinâmico da prova (art. 373, § 1º). A parte terá de fazer a prova aquele que estiver em melhores condições de fazê-lo. Está relacionado ao princípio da boa-fé. É necessário que a dificuldade em provar encontre respaldo em alguma circunstância do processo ou na condição das partes em relação ao contrato ou situação jurídica entre ambos (direito dos consumidores, por exemplo). A decisão que distribui de forma diferente o ônus da prova deve ser fundamentado.

O CDC adota esta regra (art. 6º, VIII e art. 38).

A parte que suporta o redirecionamento da carga probatória não está obrigada a provar o fato constitutivo do adversário. Deve provar fato determinado que deve ser esclarecido a mando do Juiz (art. 373, § 2º, CPC).

A prova redirecionada deve ser possível e a redistribuição não pode representar surpresa para a parte (art. 373, § 1º e § 2º, CPC).

A redistribuição não deve ser aplicada tão somente na sentença. Deve ocorrer na atividade saneadora. Isso ocorre para possibilitar o contraditório sobre a decisão. A parte deve ter a oportunidade de se desincumbir do ônus que lhe foi imposto (art. 373, *caput, in fine*).

No Processo Civil, cabe recurso de Agravo de Instrumento contra a decisão que dinamiza o ônus da prova (art. 1.015, XI, CPC). No Processo do Trabalho, a decisão é irrecorrível, pois constitui decisão interlocutória. A parte lançará seu protesto antipreclusivo e discutirá novamente a questão quando da interposição do recurso ordinário.

Sobre o ônus da prova em relação ao horário de trabalho, ver Súmula n. 338, TST.

> Súmula n. 338 – TST – JORNADA DE TRABALHO. REGISTRO. ÔNUS DA PROVA (incorporadas as Orientações Jurisprudenciais ns. 234 e 306 da SBDI-1) – Res. 129/2005, DJ 20, 22 e 25.4.2005.
>
> I – É ônus do empregador que conta com mais de 10 (dez) empregados o registro da jornada de trabalho na forma do art. 74, § 2º, da CLT. A não-apresentação injustificada dos controles de freqüência gera presunção relativa de veracidade da jornada de trabalho, a qual pode ser elidida por prova em contrário. (ex-Súmula n. 338 – alterada pela Res. 121/2003, DJ 21.11.2003)
>
> II – A presunção de veracidade da jornada de trabalho, ainda que prevista em instrumento normativo, pode ser elidida por prova em contrário. (ex-OJ n. 234 da SBDI-1 – inserida em 20.6.2001)
>
> III – Os cartões de ponto que demonstram horários de entrada e saída uniformes são inválidos como meio de prova, invertendo-se o ônus da prova, relativo às horas extras, que passa a ser do empregador, prevalecendo a jornada da inicial se dele não se desincumbir. (ex-OJ n. 306 da SBDI-1- DJ 11.8.2003)

Sobre a prova do final do contrato, ver Súmula n. 212, TST:

> Súmula n. 212 – TST DESPEDIMENTO. ÔNUS DA PROVA (mantida) – Res. 121/2003, DJ 19, 20 e 21.11.2003
>
> O ônus de provar o término do contrato de trabalho, quando negados a prestação de serviço e o despedimento, é do empregador, pois o princípio da continuidade da relação de emprego constitui presunção favorável ao empregado.

Sobre a prova oral fragmentada das horas extras, ver OJ n. 233, SDI-I, TST:

> HORAS EXTRAS. COMPROVAÇÃO DE PARTE DO PERÍODO ALEGADO (nova redação) – DJ 20.04.2005
>
> A decisão que defere horas extras com base em prova oral ou documental não ficará limitada ao tempo por ela abrangido, desde que o julgador fique convencido de que o procedimento questionado superou aquele período.

Sobre abandono de emprego, ver Súmula n. 32 do TST:

> ABANDONO DE EMPREGO (nova redação) – Res. 121/2003, DJ 19, 20 e 21.11.2003
>
> Presume-se o abandono de emprego se o trabalhador não retornar ao serviço no prazo de 30 (trinta) dias após a cessação do benefício previdenciário nem justificar o motivo de não o fazer.

h) Inciso VIII – art. 485, § 7º (juízo de retratação no recurso ordinário);

O art. 485 trata da extinção do feito sem resolução do mérito. Entende-se que todo o dispositivo é compatível com o Processo do Trabalho. Esse posicionamento era predominante com o CPC/73, que previa a mesma sistemática no antigo art. 267. A IN n. 39/2016 — TST, apenas explicita uma peculiaridade do dispositivo legal.

Nas hipóteses de julgamento da causa sem resolução de mérito, é facultado ao Juiz exercer a possibilidade de retratação. Este é o texto do art. 485, do CPC:

> Art. 485. O juiz não resolverá o mérito quando:
>
> I — indeferir a petição inicial;
>
> II — o processo ficar parado durante mais de 1 (um) ano por negligência das partes;
>
> III — por não promover os atos e as diligências que lhe incumbir, o autor abandonar a causa por mais de 30 (trinta) dias;
>
> IV — verificar a ausência de pressupostos de constituição e de desenvolvimento válido e regular do processo;
>
> V — reconhecer a existência de perempção, de litispendência ou de coisa julgada;
>
> VI — verificar ausência de legitimidade ou de interesse processual;
>
> VII — acolher a alegação de existência de convenção de arbitragem ou quando o juízo arbitral reconhecer sua competência;
>
> VIII — homologar a desistência da ação;
>
> IX — em caso de morte da parte, a ação for considerada intransmissível por disposição legal; e
>
> X — nos demais casos prescritos neste Código.
>
> § 1º Nas hipóteses descritas nos incisos II e III, a parte será intimada pessoalmente para suprir a falta no prazo de 5 (cinco) dias.
>
> § 2º No caso do § 1º, quanto ao inciso II, as partes pagarão proporcionalmente as custas, e, quanto ao inciso III, o autor será condenado ao pagamento das despesas e dos honorários de advogado.
>
> § 3º O juiz conhecerá de ofício da matéria constante dos incisos IV, V, VI e IX, em qualquer tempo e grau de jurisdição, enquanto não ocorrer o trânsito em julgado.
>
> § 4º Oferecida a contestação, o autor não poderá, sem o consentimento do réu, desistir da ação.
>
> § 5º A desistência da ação pode ser apresentada até a sentença.
>
> § 6º Oferecida a contestação, a extinção do processo por abandono da causa pelo autor depende de requerimento do réu.
>
> § 7º Interposta a apelação em qualquer dos casos de que tratam os incisos deste artigo, o juiz terá 5 (cinco) dias para retratar-se.

Este artigo inicia a fase decisória do procedimento. O processo é o encadeamento de atos processuais, cuja atividade se desenvolve em dois sentidos: exame dos fatos demonstrados pelas partes; exame do direito como vontade abstrata da lei.

A sentença, segundo Pontes de Miranda, é emitida como prestação do Estado, em virtude da obrigação assumida na relação jurídico-processual (processo), quando a parte ou as partes vierem a juízo, isto é, exercerem a pretensão à tutela jurídica".

A sentença terminativa sem resolução de mérito é aquela que não aprecia o fundo do litígio. Sobre ela se forma apenas preclusão temporal. Nesse caso, é impossível rediscutir a lide nos termos em que foi proposta.

A sentença sem resolução de mérito é uma terminologia trazida a partir da Lei n. 11.232/05. Na realidade, o termo Resolução tem significado jurídico específico o Direito Civil, caracterizando a hipótese de término contratual por inadimplemento.

A sentença sem resolução de mérito pode ser objeto de recurso de Apelação (art. 1009, CPC) no Processo Civil e Recurso Ordinário no Processo do Trabalho (art. 895, CLT). Caso o Juiz decida sobre algumas das matérias elencadas no art. 485, sem encerrar a fase cognitiva do processo de conhecimento comum ou do processo de execução, o ato não será sentença, mas decisão interlocutória (art. 203, § 2º, CPC). Conforme o caso, o recurso será de Agravo (art. 1015, CPC) ou será matéria de preliminar em apelação (1009, § 1º, CPC). No Processo do Trabalho, sempre será objeto de matéria preliminar em Recurso Ordinário, porque as decisões interlocutórias são irrecorríveis, salvo as exceções previstas na Súmula n. 214 do TST.

As novidades do CPC são a substituição da expressão "extinção do processo" por ausência de resolução de mérito. Também foi excluída a condição da ação da possibilidade jurídica do pedido, como já havia sido feita em outros artigos e passou a ser reconhecida a possibilidade de reconhecimento do juízo arbitral (inciso VII). Sobre este tema, ver art. 3º, da Lei de Arbitragem. Este dispositivo, particularmente, é incompatível com o Processo do Trabalho, em face da indisponibilidade dos direitos trabalhistas.

O juiz pode conhecer de ofício as seguintes matérias: ausência de pressupostos de desenvolvimento válido e regular do processo (IV); perempção, litispendência e coisa julgada (V); ausência de legitimidade e interesse processual (VI); e morte da parte em ação intransmissível por disposição legal (IX).

Nas hipóteses de extinção por inércia das partes por mais de um ano (II) e inércia do autor por mais de trinta dias (III), antes de prolatar a sentença sem resolução do mérito, o Juiz deve intimar a parte (§ 1º).

A extinção do feito por abandono da causa requer pedido do réu (§ 6º) e vai no sentido da Súmula n. 240 do STJ.

O artigo também refere expressamente a questão da desistência da ação. A regra geral é de que o autor pode desistir da ação até a contestação, sem a anuência do réu. Depois, somente com a concordância do réu. Isso ocorre porque o réu também possui o direito de ação e pode estar interessado no conteúdo da prestação jurisdicional. O CPC esclarece que a desistência da ação pode ocorrer até a prolação da sentença (antes da prolação). O STJ admitia a desistência da ação por parte do autor mesmo após a declaração de revelia, sem anuência do réu.

Depois de prolatada a sentença, caberia ao autor e réu, na hipótese de não terem mais interesse no conteúdo da prestação jurisdicional, renunciarem ao direito. Entretanto, surge o problema dos interesses de terceiros e das questões de ordem pública, que estão relacionadas com a lide.

No Processo do Trabalho há dois temas frequentes, relacionados a esta questão: os honorários advocatícios e as contribuições previdenciárias incidentes.

Com relação aos honorários advocatícios, parcela acessória, a questão aparece quando o Tribunal Regional tem posição diferente do TST, em relação à Súmula n. 219. O TST, pela súmula citada, tem uma interpretação restritiva da hipótese de cabimento de honorários advocatícios na Justiça do Trabalho, restringindo à hipótese de Assistência Judiciária (Lei n. 5.584/70).

> **Súmula n. 219 — TST — HONORÁRIOS ADVOCATÍCIOS. CABIMENTO (alterada a redação do item I e acrescidos os itens IV a VI em decorrência do CPC de 2015) — Res. 204/2016, DEJT divulgado em 17, 18 e 21.3.2016**
>
> I — Na Justiça do Trabalho, a condenação ao pagamento de honorários advocatícios não decorre pura e simplesmente da sucumbência, devendo a parte, concomitantemente: a) estar assistida por sindicato da categoria profissional; b) comprovar a percepção de salário inferior ao dobro do salário mínimo ou encontrar-se em situação econômica que não lhe permita demandar sem prejuízo do próprio sustento ou da respectiva família. (art. 14, § 1º, da Lei n. 5.584/1970). *(ex-OJ n. 305 da SBDI-I)*.
>
> II — É cabível a condenação ao pagamento de honorários advocatícios em ação rescisória no processo trabalhista.
>
> III — São devidos os honorários advocatícios nas causas em que o ente sindical figure como substituto processual e nas lides que não derivem da relação de emprego.
>
> IV — Na ação rescisória e nas lides que não derivem de relação de emprego, a responsabilidade pelo pagamento dos honorários advocatícios da sucumbência submete-se à disciplina do Código de Processo Civil (arts. 85, 86, 87 e 90).
>
> V — Em caso de assistência judiciária sindical ou de substituição processual sindical, excetuados os processos em que a Fazenda Pública for parte, os honorários advocatícios são devidos entre o mínimo de dez e o máximo de vinte por cento sobre o valor da condenação, do proveito econômico obtido ou, não sendo possível mensurá-lo, sobre o valor atualizado da causa (CPC de 2015, art. 85, § 2º).
>
> VI — Nas causas em que a Fazenda Pública for parte, aplicar-se-ão os percentuais específicos de honorários advocatícios contemplados no Código de Processo Civil.

Entretanto, alguns TRTs podem ter posição mais abrangente, estendendo o direito para aqueles que se enquadram na hipótese mais ampla da Lei n. 1.060/50 (um exemplo dessa posição é a Súmula n. 61 do TRT da 4ª Região, que tem o seguinte teor:

> HONORÁRIOS ASSISTENCIAIS — Atendidos os requisitos da Lei n. 1.060/50, são devidos os honorários de assistência judiciária gratuita, ainda que o advogado da parte não esteja credenciado pelo sindicato representante da categoria profissional. (Resolução Administrativa n. 13/2015 Disponibilizada no DEJT dias 2, 3 e 5 de junho de 2015, considerada publicada dias 3, 5 e 8 de junho de 2015)

Ocorre que, por força da divergência jurisprudencial entre o Tribunal Regional e o TST, a divergência em uma matéria acessória (honorários), com potencial de aparecer em grande número de processos, acaba por viabilizar a subida de recursos de revista por força do art. 896, "a", da CLT e da antiga redação da Súmula n. 285, do TST, que permitia a análise de todos os demais itens do recurso quando um deles for conhecido. Dependendo do caso, o próprio advogado renunciava aos honorários que lhe foram deferidos pelo Regional, com base na sua súmula regional, a fim de que não se viabilize o recurso de revista da outra parte. Se não tomar esta medida extrema, pode correr o risco de ver o recurso de revista ser admitido e reformar a sentença em outros itens que, a princípio, teriam jurisprudência mais estável.

A situação tende a perder o impacto com o advento da nova redação da Súmula n. 285, que determina a análise de admissibilidade do Recurso de Revista item por item e com a IN n. 40/2016 — TST.

Nessa hipótese específica, de acordo com o novo CPC, somente caberia renúncia ao direito, na forma do § 5º do artigo comentado.

A outra hipótese comum no Processo do Trabalho diz respeito às contribuições previdenciárias incidentes nas decisões da Justiça do Trabalho, por força da competência que lhe foi atribuída pelo art. 876, da CLT:

> Art. 876. As decisões passadas em julgado ou das quais não tenha havido recurso com efeito suspensivo; os acordos, quando não cumpridos; os termos de ajuste de conduta firmados perante o Ministério Público do Trabalho e os termos de conciliação firmados perante as Comissões de Conciliação Prévia serão executada pela forma estabelecida neste Capítulo. *(Redação dada pela Lei n. 9.958, de 12.1.2000)*
>
> Parágrafo único. Serão executadas *ex officio* as contribuições sociais devidas em decorrência de decisão proferida pelos Juízes e Tribunais do Trabalho, resultantes de condenação ou homologação de acordo, inclusive sobre os salários pagos durante o período contratual reconhecido. *(Redação dada pela Lei n. 11.457, de 2007)*

Pode ocorrer de as partes realizarem acordo na execução do feito, depois de transitada em julgada a decisão, reduzindo os valores que estão sendo liquidados ou executados. O problema é que, se os valores do principal diminuem, pode diminuir o valor a ser cobrado pelo INSS a título de contribuições previdenciárias, tendo em vista que esse valor tem como base de cálculo as parcelas de natureza trabalhista e se constitui em um percentual que incide sobre o principal. Assim, em tese, pode o INSS ter interesse contrário ao acordo que foi celebrado nos autos, por diminuir o valor arrecadado. Surgia a polêmica se as partes tinham o direito de celebrar o acordo na execução ou isso constituiria em renúncia ao direito e se essa renúncia afetava o direito de natureza reflexa da incidência da contribuição previdenciária. A questão foi resolvida pelo art. 43, § 5º, da Lei n. 8.212/91, com a redação atual:

> Art. 43. Nas ações trabalhistas de que resultar o pagamento de direitos sujeitos à incidência de contribuição previdenciária, o juiz, sob pena de responsabilidade, determinará o imediato recolhimento das importâncias devidas à Seguridade Social. *(Redação dada pela Lei n. 8.620, de 5.1.93)*
>
> § 1º Nas sentenças judiciais ou nos acordos homologados em que não figurarem, discriminadamente, as parcelas legais relativas às contribuições sociais, estas incidirão sobre o valor total apurado em liquidação de sentença ou sobre o valor do acordo homologado. *(Incluído pela Lei n. 11.941, de 2009)*
>
> § 2º Considera-se ocorrido o fato gerador das contribuições sociais na data da prestação do serviço. *(Incluído pela Lei n. 11.941, de 2009)*
>
> § 3º As contribuições sociais serão apuradas mês a mês, com referência ao período da prestação de serviços, mediante a aplicação de alíquotas, limites máximos do salário-de-contribuição e acréscimos legais moratórios vigentes relativamente a cada uma das competências abrangidas, devendo o recolhimento ser efetuado no mesmo prazo em que devam ser pagos os créditos encontrados em liquidação de sentença ou em acordo homologado, sendo que nesse último caso o recolhimento será feito em tantas parcelas quantas as previstas no acordo, nas mesmas datas em que sejam exigíveis e proporcionalmente a cada uma delas. *(Incluído pela Lei n. 11.941, de 2009)*
>
> § 4º No caso de reconhecimento judicial da prestação de serviços em condições que permitam a aposentadoria especial após 15 (quinze), 20 (vinte) ou 25 (vinte e cinco) anos de contribuição, serão devidos os acréscimos de contribuição de que trata o § 6º do art. 57 da Lei n. 8.213, de 24 de julho de 1991. *(Incluído pela Lei n. 11.941, de 2009)*
>
> § 5º *Na hipótese de acordo celebrado após ter sido proferida decisão de mérito, a contribuição será calculada com base no valor do acordo.* *(Incluído pela Lei n. 11.941, de 2009)* (grifado)
>
> § 6º Aplica-se o disposto neste artigo aos valores devidos ou pagos nas Comissões de Conciliação Prévia de que trata a Lei n. 9.958, de 12 de janeiro de 2000. *(Incluído pela Lei n. 11.941, de 2009)*

i) Inciso IX — art. 489 (fundamentação da sentença);

A aplicação do Direito exige a sua concreção, ou seja, a adequação do conteúdo normativo genérico e abstrato a uma determinada situação de fato concreta. O Juiz deve fundamentar a sentença tendo em vista este objetivo. Mas este também é um dever da parte, que não pode formar um rol infinito de alegações vazias, inviabilizando a prestação jurisdicional com pedidos e argumentos inúteis ou irrelevantes.

O relatório é a narração descritiva dos principais pontos do processo. Tem natureza de síntese.

A fundamentação é a apreciação dos fatos e normas aplicáveis, com as respectivas ponderações e juízos de valor. Tem natureza de análise.

O dispositivo é o comando daquilo que foi decidido. Tem natureza novamente de síntese, relacionada ao resultado.

O art. 489 do CPC assim disciplina a matéria:

Art. 489. São elementos essenciais da sentença:

I — o relatório, que conterá os nomes das partes, a identificação do caso, com a suma do pedido e da contestação, e o registro das principais ocorrências havidas no andamento do processo;

II — os fundamentos, em que o juiz analisará as questões de fato e de direito;

III — o dispositivo, em que o juiz resolverá as questões principais que as partes lhe submeterem.

§ 1º Não se considera fundamentada qualquer decisão judicial, seja ela interlocutória, sentença ou acórdão, que:

I — se limitar à indicação, à reprodução ou à paráfrase de ato normativo, sem explicar sua relação com a causa ou a questão decidida;

II — empregar conceitos jurídicos indeterminados, sem explicar o motivo concreto de sua incidência no caso;

III — invocar motivos que se prestariam a justificar qualquer outra decisão;

IV — não enfrentar todos os argumentos deduzidos no processo capazes de, em tese, infirmar a conclusão adotada pelo julgador;

V — se limitar a invocar precedente ou enunciado de súmula, sem identificar seus fundamentos determinantes nem demonstrar que o caso sob julgamento se ajusta àqueles fundamentos;

VI — deixar de seguir enunciado de súmula, jurisprudência ou precedente invocado pela parte, sem demonstrar a existência de distinção no caso em julgamento ou a superação do entendimento.

§ 2º No caso de colisão entre normas, o juiz deve justificar o objeto e os critérios gerais da ponderação efetuada, enunciando as razões que autorizam a interferência na norma afastada e as premissas fáticas que fundamentam a conclusão.

§ 3º A decisão judicial deve ser interpretada a partir da conjugação de todos os seus elementos e em conformidade com o princípio da boa-fé.

É nítida a intenção de especificar e forçar uma melhor fundamentação das sentenças, desenvolvendo o conteúdo do art. 93, IX, da Constituição.

Não há uma sequência obrigatória entre análise de argumentos de fato e de direito. Eles podem se intercalar no decorrer da argumentação. Entretanto, em nosso sistema jurídico, de natureza romano-germânica, uma norma jurídica é composta de uma previsão genérica e abstrata de uma relação de fato, à qual se atribui uma consequência jurídica, por meio de uma regra de imputação (Kelsen). Assim, em geral, a fundamentação começará pela compreensão da situação de fato e, uma vez que esteja delineada, buscar-se-á o direito aplicável. Isso decorre porque a aplicação da norma não é diferente de um processo subsuntivo lógico, em que há uma premissa maior (previsão genérica e abstrata), à qual se encaixa uma premissa menor (caso concreto), imputando a consequência jurídica (conclusão).

A grande questão trazida pelo novo CPC são as hipóteses de sentença não-fundamentada trazidas no § 1º do artigo comentado.

A motivação da sentença deve se relacionar com o fato submetido a juízo, ser completa e coerente. O Juiz pode dispensar a fundamentação de alguns argumentos lançados, se o argumento utilizado for prejudicial ou já contiver os outros argumentos lançados. Deve respeitar também o art. 10 do CPC, evitando o argumento-surpresa (ver comentários ao art. 4º da IN n. 39/2016 — TST).

A circunstância de paráfrases, análise de conceitos jurídicos indeterminados, aplicação de Súmulas ou motivos genéricos encontrarão os velhos e conhecidos problemas de hermenêutica no exercício da prestação jurisdicional. Por exemplo, o caso pode ser tão singelo que se restrinja à aplicação literal da lei ou de uma Súmula. Nem sempre a fundamentação longa e exaustiva é necessária. Além disso, onde uma parte vê uma certeza cristalina, a outra vê uma série de dúvidas.

O certo que sempre é positiva a iniciativa de melhor fundamentação das decisões judiciais, porquanto o cidadão tem o direito de saber os motivos pelos quais ganhou ou perdeu a demanda. A garantia de fundamentação é um princípio constitucional e uma expressão de racionalidade do Direito (art. 93, IX, CF).

O dispositivo é a conclusão da sentença. Sentença sem dispositivo é mais do que nula, ato inexistente.

O dispositivo pode ser direto, quando especifica a condenação imposta ou a declaração judicial a que se destina; ou indireto, quando se reporta aos "termos do pedido".

A sentença deve ser interpretada como um todo em si mesmo e coerente, e não a partir de fatos e trechos isolados. Trata-se de um ato de vontade e inteligência. Deve ser interpretada no sentido da conjugação de todos os seus elementos, buscando-se sempre a intenção do Julgador. Isso somente será atingido se houver harmonia entre sua leitura e o objeto do processo, todos os seus atos e as questões suscitadas no seu decorrer. Tudo isso em conformidade com o princípio da boa-fé.

j) Inciso X — art. 496 e parágrafos (remessa necessária);

O motivo da existência da remessa necessária é uma maior segurança em relação às decisões envolvendo a Administração Pública. Não necessariamente a decisão de segundo grau é melhor em conteúdo do que a decisão de primeiro grau, mas o sistema opta por preferir uma reanálise do caso. O CPC assim dispõe sobre o tema:

Art. 496. Está sujeita ao duplo grau de jurisdição, não produzindo efeito senão depois de confirmada pelo tribunal, a sentença:

I — proferida contra a União, os Estados, o Distrito Federal, os Municípios e suas respectivas autarquias e fundações de direito público;

II — que julgar procedentes, no todo ou em parte, os embargos à execução fiscal.

§ 1º Nos casos previstos neste artigo, não interposta a apelação no prazo legal, o juiz ordenará a remessa dos autos ao tribunal, e, se não o fizer, o presidente do respectivo tribunal avocá-los-á.

§ 2º Em qualquer dos casos referidos no § 1º, o tribunal julgará a remessa necessária.

§ 3º Não se aplica o disposto neste artigo quando a condenação ou o proveito econômico obtido na causa for de valor certo e líquido inferior a:

I — 1.000 (mil) salários-mínimos para a União e as respectivas autarquias e fundações de direito público;

II — 500 (quinhentos) salários-mínimos para os Estados, o Distrito Federal, as respectivas autarquias e fundações de direito público e os Municípios que constituam capitais dos Estados;

III — 100 (cem) salários-mínimos para todos os demais Municípios e respectivas autarquias e fundações de direito público.

§ 4º Também não se aplica o disposto neste artigo quando a sentença estiver fundada em:

I — súmula de tribunal superior;

II — acórdão proferido pelo Supremo Tribunal Federal ou pelo Superior Tribunal de Justiça em julgamento de recursos repetitivos;

III — entendimento firmado em incidente de resolução de demandas repetitivas ou de assunção de competência;

IV — entendimento coincidente com orientação vinculante firmada no âmbito administrativo do próprio ente público, consolidada em manifestação, parecer ou súmula administrativa.

São adotados critérios para as exceções de natureza pecuniária (§ 3º) e de natureza de segurança jurídica e política judiciária (§ 4º).

Não se inserem na remessa necessária as sentenças contra as empresas públicas e sociedades de economia mista. Há exceções jurisprudências no que se refere à empresas públicas com capital 100% do ente público.

A remessa necessária é uma condição de eficácia da sentença. Somente se aplica às sentenças de mérito. O Juiz deve fazê-la de ofício ou, se não o fizer, o Presidente do tribunal pode avocar o processo (§ 1º).

Não pode agravar a situação do ente público, sob pena de caracterizar *reformatio in pejus*. Pelo novo CPC, foi eliminada a remessa necessária quando o ente público houver recorrido. Nesse caso, o Tribunal examinará o recurso voluntário da Administração Pública.

O processo que, enquadrando-se na hipótese legal, não tem observada a remessa necessária, não transita em julgado. Nesse sentido, ver Súmula n. 423, STF, com a seguinte redação:

> Súmula n. 423 — STF — Não transita em julgado a sentença por haver omitido o recurso *ex officio*, que se considera interposto *ex lege*.

O julgamento da remessa necessária segue as mesmas regras do Recurso Ordinário.

A Súmula n. 303 do TST consolida o entendimento sobre a matéria no âmbito do Processo do trabalho:

> **Súmula n. 303 do TST — FAZENDA PÚBLICA. DUPLO GRAU DE JURISDIÇÃO (incorporadas as Orientações Jurisprudenciais ns. 71, 72 e 73 da SBDI-1) — Res. 129/2005, DJ 20, 22 e 25.4.2005**
>
> I — Em dissídio individual, está sujeita ao duplo grau de jurisdição, mesmo na vigência da CF/1988, decisão contrária à Fazenda Pública, salvo:
>
> a) quando a condenação não ultrapassar o valor correspondente a 60 (sessenta) salários mínimos;
>
> b) quando a decisão estiver em consonância com decisão plenária do Supremo Tribunal Federal ou com súmula ou orientação jurisprudencial do Tribunal Superior do Trabalho. *(ex-Súmula n. 303 — alterada pela Res. 121/2003, DJ 21.11.2003 — Lei n. 10.352, de 26.12.2001)*
>
> II — Em ação rescisória, a decisão proferida pelo juízo de primeiro grau está sujeita ao duplo grau de jurisdição obrigatório quando desfavorável ao ente público, exceto nas hipóteses das alíneas "a" e "b" do inciso anterior. *(ex-OJ n. 71 da SBDI-1 — inserida em 3.6.1996)*
>
> III — Em mandado de segurança, somente cabe remessa *"ex officio"* se, na relação processual, figurar pessoa jurídica de direito público como parte prejudicada pela concessão da ordem. Tal situação não ocorre na hipótese de figurar no feito como impetrante e terceiro interessado pessoa de direito privado, ressalvada a hipótese de matéria administrativa. *(ex-OJs ns. 72 e 73 da SBDI-1 — inseridas, respectivamente, em 25.11.1996 e 3.6.1996)*

Os limites pecuniários referidos na Súmula n. 303 devem ser interpretados com a nova redação do art. 496 do CPC.

A AGU pode editar Súmula ou instrução normativa prevendo a não interposição de recursos em determinados casos, por oportunidade e conveniência da Administração Pública (MP 2.180-35/01, art. 12).

k) Inciso XI — arts. 497 a 501 (tutela específica);

Os arts. 497 a 501 do CPC tratam das hipóteses de tutelas específicas, como fazer ou não fazer, entrega de coisa, perdas e danos e emissão de declaração de vontade.

Sobre as prestações de fazer ou não fazer, dispõe o art. 497 do CPC:

> Art. 497. Na ação que tenha por objeto a prestação de fazer ou de não fazer, o juiz, se procedente o pedido, concederá a tutela específica ou determinará providências que assegurem a obtenção de tutela pelo resultado prático equivalente.

Parágrafo único. Para a concessão da tutela específica destinada a inibir a prática, a reiteração ou a continuação de um ilícito, ou a sua remoção, é irrelevante a demonstração da ocorrência de dano ou da existência de culpa ou dolo.

A tutela dos direitos é dada pela norma de direito material. O mesmo direito pode ter diferentes forma de proteção. O processo é uma forma de proteger o direito. O juiz deve preferir a tutela específica pedida pelo autor, mas também garantir o resultado prático equivalente, ainda que por outros meios. O objetivo da tutela específica é proporcionar à parte a fruição da situação jurídica final que seria obtida caso a parte contrária tivesse colaborado espontaneamente para a realização do direito material.

O adimplemento, assim como a constituição da obrigação, pode ser um encadeamento de atos. Pode ser total ou parcial e ainda imperfeito. Várias obrigações podem estar conjugadas para caracterizar o adimplemento. A parte pode pedir o seu cumprimento por diversas formas.

As tutelas podem ser contra o ilícito, contra o dano e contra o inadimplemento. A tutela específica do adimplemento requer apenas o não-cumprimento, e não o dano.

A tutela inibitória é destinada às obrigações de fazer e não-fazer. Seu objetivo é impedir, e não ressarcir. Gera sentenças mandamentais e executivas.

As obrigações de fazer e a resolução por perdas e danos está nos arts. 247 a 249 do CC.

Art. 247. Incorre na obrigação de indenizar perdas e danos o devedor que recusar a prestação a ele só imposta, ou só por ele exeqüível.

Art. 248. Se a prestação do fato tornar-se impossível sem culpa do devedor, resolver-se-á a obrigação; se por culpa dele, responderá por perdas e danos.

Art. 249. Se o fato puder ser executado por terceiro, será livre ao credor mandá-lo executar à custa do devedor, havendo recusa ou mora deste, sem prejuízo da indenização cabível.

Parágrafo único. Em caso de urgência, pode o credor, independentemente de autorização judicial, executar ou mandar executar o fato, sendo depois ressarcido.

Para as relações de consumo, a tutela inibitória é mais específica e a ordem de cumprimento das obrigações é preferencial. Nesse sentido, ver o art. 84:

Art. 84. Na ação que tenha por objeto o cumprimento da obrigação de fazer ou não fazer, o juiz concederá a tutela específica da obrigação ou determinará providências que assegurem o resultado prático equivalente ao do adimplemento.

§ 1º A conversão da obrigação em perdas e danos somente será admissível se por elas optar o autor ou se impossível a tutela específica ou a obtenção do resultado prático correspondente.

§ 2º A indenização por perdas e danos se fará sem prejuízo da multa (art. 287, do Código de Processo Civil).

§ 3º Sendo relevante o fundamento da demanda e havendo justificado receio de ineficácia do provimento final, é lícito ao juiz conceder a tutela liminarmente ou após justificação prévia, citado o réu.

§ 4º O juiz poderá, na hipótese do § 3º ou na sentença, impor multa diária ao réu, independentemente de pedido do autor, se for suficiente ou compatível com a obrigação, fixando prazo razoável para o cumprimento do preceito.

§ 5º Para a tutela específica ou para a obtenção do resultado prático equivalente, poderá o juiz determinar as medidas necessárias, tais como busca e apreensão, remoção de coisas e pessoas, desfazimento de obra, impedimento de atividade nociva, além de requisição de força policial.

Como a tutela inibitória tem caráter preventivo, a arguição de culpa e dolo tem de ser relativizada, preferindo-se a análise objetiva da violação do direito em potencial. Também pode ser requerida a tutela de remoção de ilícito (parágrafo único).

No que diz respeito à entrega de coisa, o art. 498 do CPC assim disciplina o tema:

Art. 498. Na ação que tenha por objeto a entrega de coisa, o juiz, ao conceder a tutela específica, fixará o prazo para o cumprimento da obrigação.

Parágrafo único. Tratando-se de entrega de coisa determinada pelo gênero e pela quantidade, o autor individualizá-la-á na petição inicial, se lhe couber a escolha, ou, se a escolha couber ao réu, este a entregará individualizada, no prazo fixado pelo juiz.

A norma prevê a tutela do direito à coisa. Engloba: a) tutela do adimplemento contratual de entrega de coisa; b) tutela do adimplemento específico de entrega de coisa em substituição à coisa defeituosa que acarretou adimplemento imperfeito; c) tutela reivindicatória; d) tutela de imissão na posse; e) tutela de reintegração de posse (art. 560 a 566, CPC); f) tutela de recuperação de coisa dependente de desconstituição do negócio; g) tutela ressarcitória na forma específica mediante entrega de coisa.

Pode haver necessidade de individuação da coisa (parágrafo único). Nesse sentido, guarda relação com o art. 252, CC, que dispõe sobre as obrigações alternativas, prestações periódicas e outros temas:

Art. 252. Nas obrigações alternativas, a escolha cabe ao devedor, se outra coisa não se estipulou.

§ 1º Não pode o devedor obrigar o credor a receber parte em uma prestação e parte em outra.

§ 2º Quando a obrigação for de prestações periódicas, a faculdade de opção poderá ser exercida em cada período.

§ 3º No caso de pluralidade de optantes, não havendo acordo unânime entre eles, decidirá o juiz, findo o prazo por este assinado para a deliberação.

§ 4º Se o título deferir a opção a terceiro, e este não quiser, ou não puder exercê-la, caberá ao juiz a escolha se não houver acordo entre as partes.

Com relação às obrigações de dar coisa certa, ver arts. 233 a 242, CC. Obrigação de dar coisa incerta, ver arts. 243 a 246, CC. Obrigações alternativas, ver arts. 252 a 256, CC.

A conversão em perdas e danos sempre será a opção quando não for possível a tutela específica ou a requerimento do autor. O texto do art. 499 do CPC é o seguinte:

> Art. 499. A obrigação somente será convertida em perdas e danos se o autor o requerer ou se impossível a tutela específica ou a obtenção de tutela pelo resultado prático equivalente.

A preferência é o cumprimento da obrigação tal como foi especificamente constituída. O autor pode preferir as perdas e danos como última opção. Também pode haver impossibilidade material de cumprimento da obrigação específica. A conversão da tutela específica pelo equivalente monetário deve ser requerida pelo autor.

Relaciona-se este tema com a questão econômica da moeda ser meio comum de troca e suas três funções: função de troca, função de reserva e função especulativa. Como a moeda facilita as trocas, ela acaba substituindo a troca de um bem pelo outro o que, em termos econômicos, seria o cumprimento específico da obrigação, tal como originalmente pactuada. Porém, como a moeda substitui abstratamente o valor do bem em si, por uma representação aceita por todos, ela acaba se convertendo no parâmetro subsidiário de cumprimento das obrigações. Ou seja, se não cumprida na forma específica, troca de bem por bem, ela pode ser cumprida na forma genérica, bem por moeda. Com o desenvolvimento dos mercados, a moeda acaba se impondo, pela sua comodidade, como o parâmetro dominante das trocas.

No Processo do Trabalho, são comuns as ações de reintegração no emprego (tutela específica) que podem ser convertidas em indenização (conversão pelo equivalente monetário). Um exemplo é a Súmula n. 244, II, TST, sobre a reintegração da empregada gestante:

> Súmula n. 244 do TST — GESTANTE. ESTABILIDADE PROVISÓRIA *(redação do item III alterada na sessão do Tribunal Pleno realizada em 14.9.2012)* — Res. 185/2012, DEJT divulgado em 25, 26 e 27.9.2012
>
> ...
>
> II — A garantia de emprego à gestante só autoriza a reintegração se esta se der durante o período de estabilidade. Do contrário, a garantia restringe-se aos salários e demais direitos correspondentes ao período de estabilidade.
>
> ...

É possível cumular a indenização por perdas e danos com a multa por descumprimento da obrigação específica. Assim dispõe o art. 500 do CPC:

> Art. 500. A indenização por perdas e danos dar-se-á sem prejuízo da multa fixada periodicamente para compelir o réu ao cumprimento específico da obrigação.

É possível a cumulação da indenização com a multa por descumprimento da obrigação específica. Na execução, a multa está prevista no art. 814, CPC. No cumprimento da sentença, a multa está regulada nos arts. 536 e 537 do CPC, podendo ser modificada no caso de tornar-se insuficiente ou excessiva.

No Processo Civil, sobre a prévia intimação do devedor como condição para a imposição de multa, ver Súmula n. 410, STJ.

Quando for postulada uma declaração de vontade, uma vez transitada em julgado a decisão, esta declaração será substituída pela própria decisão, autorizando todas as consequências daí decorrentes. Esse é o sentido do art. 501 do CPC, cujo texto é o seguinte:

> Art. 501. Na ação que tenha por objeto a emissão de declaração de vontade, a sentença que julgar procedente o pedido, uma vez transitada em julgado, produzirá todos os efeitos da declaração não emitida.

A vontade, por si só, não produz efeitos jurídicos. Somente quando declarada conforme ao Direito é que produzirá efeitos. Se a parte, compelida por decisão judicial, não o fizer, a declaração judicial supre o conteúdo da vontade que se deixou de declarar. Trata-se do direito subjetivo da parte vencedora à prestação da declaração de vontade.

Trata-se de uma sentença executiva. Não depende mais de uma declaração subsequente. Entende-se que é uma sentença com carga declaratória e também constitutiva.

l) Inciso XII — arts. 536 a 538 (cumprimento de sentença que reconheça a exigibilidade de obrigação de fazer, de não fazer ou de entregar coisa);

A Parte Especial, Livro I, Título II, do novo CPC, trata do cumprimento da sentença.

Divide-se em normas gerais (arts. 513 a 519); cumprimento de sentença que reconheça obrigação de pagar quantia certa (definitivo ou provisório — arts. 520 a 527); alimentos (arts. 528 a 533); pagamentos pela fazenda Pública (arts. 534 e 535); e cumprimento de obrigações de fazer, não-fazer e entrega de coisa (arts. 536 a 538).

Na parte inicial da IN n. 39/2016 — TST, nos "considerandos" ou motivos para a regulamentação proposta, é informado que a matéria do cumprimento das obrigações de pagar quantia certa, seja definitivo ou provisório (arts. 520 a 523, CPC) está *sub judice* naquela corte e, por este motivo, de momento, não será objeto de regulamentação. São polêmicas as discussões sobre temas relacionados a este capítulo como, por exemplo, a imposição de multa pecuniária ao executado e a liberação de depósito em favor do exequente na pendência de recurso.

Dessa forma, a corte superior trabalhista optou por fazer constar na IN n. 39/2016 — TST, apenas a compatibilidade com o Processo do Trabalho das normas relativas ao cumprimento da sentença que determine obrigações de fazer, não-fazer ou entrega de coisa.

O primeiro artigo compatível com o Processo do Trabalho é o art. 536, que trata da tutela específica ou a obtenção da tutela pelo resultado prático equivalente, cuja redação é a que segue:

> Art. 536. No cumprimento de sentença que reconheça a exigibilidade de obrigação de fazer ou de não fazer, o juiz poderá, de ofício ou a requerimento, para a efetivação da tutela específica ou a obtenção de tutela pelo resultado prático equivalente, determinar as medidas necessárias à satisfação do exequente.
>
> § 1º Para atender ao disposto no *caput*, o juiz poderá determinar, entre outras medidas, a imposição de multa, a busca e apreensão, a remoção de pessoas e coisas, o desfazimento de obras e o impedimento de atividade nociva, podendo, caso necessário, requisitar o auxílio de força policial.
>
> § 2º O mandado de busca e apreensão de pessoas e coisas será cumprido por 2 (dois) oficiais de justiça, observando-se o disposto no *art. 846, §§ 1º a 4º*, se houver necessidade de arrombamento.
>
> § 3º O executado incidirá nas penas de litigância de má-fé quando injustificadamente descumprir a ordem judicial, sem prejuízo de sua responsabilização por crime de desobediência.
>
> § 4º No cumprimento de sentença que reconheça a exigibilidade de obrigação de fazer ou de não fazer, aplica-se o *art. 525*, no que couber.
>
> § 5º O disposto neste artigo aplica-se, no que couber, ao cumprimento de sentença que reconheça deveres de fazer e de não fazer de natureza não obrigacional.

Para a parte, o resultado da prestação jurisdicional deve ser o mais próximo possível daquilo que seria obtido pelo direito material, na hipótese de que não fosse descumprido. Esta é a regra: a prestação jurisdicional deve ser prestada na forma mais próxima possível do direito material violado. Somente se isto não for possível é que a obrigação se resolve em perdas e danos. O "resultado prático equivalente" ocorre quando a prestação é cumprida por terceiros, a mando do Juiz. Podem ser utilizadas técnicas de indução, coerção ou sub-rogação.

No caso concreto, o Juiz apreciará o pedido da parte e a relação com seu interesse de agir, conjugando fatores de viabilidade, praticidade e onerosidade.

As medidas apontadas de imposição de multa, busca e apreensão, remoção de pessoas e coisas, desfazimento de obras e impedimento de atividade nociva (§ 1º), são exemplificativas. Portanto, nada impede que a parte postule ou o Juiz determine outras medidas necessárias para a efetivação da tutela específica, inclusive a utilização de força policial.

Aplica-se subsidiariamente o art. 846, §§ 1º a 4º, do CPC, em caso de busca e apreensão de pessoas e coisas. O mandado será cumprido por dois oficiais de justiça que lavrarão auto, assinado por duas testemunhas e poderão estar acompanhados de força policial (§§ 1º e 2º). O auto da ocorrência será lavrado em duas vias e uma delas será encaminhada à autoridade policial a quem couber a apuração criminal de eventual delito de desobediência (art. 330, CP) ou resistência (art. 329, CP). Neste auto de infração é que deve constar o rol de testemunhas e sua respectiva qualificação (§ 4º).

O descumprimento das determinações decorrentes o art. 536 do CPC pode caracterizar litigância de má-fé, fora das hipóteses previstas no art. 80 do CPC, cumulando com a penalidade prevista no art. 81 do CPC.

As medidas de efetivação da tutela específica podem ser utilizadas contra a Fazenda Pública.

No caso de obrigação de fazer, aplica-se o art. 525 do CPC, no que couber (§ 4º), ou seja, admite impugnação. A matéria está limitada àquela que poderia ser alegada na impugnação ao cumprimento da sentença que condena a prestação pecuniária e que tenha relação com obrigações de fazer e não-fazer. Outra questão importante é o efeito suspensivo, porquanto como se tratam de medidas de natureza indutivas e coercitivas, se concedido o efeito suspensivo a eficácia do cumprimento da sentença se esvai.

A disciplina da multa a ser aplicada está no art. 537, cuja redação é a seguinte:

Art. 537. A multa independe de requerimento da parte e poderá ser aplicada na fase de conhecimento, em tutela provisória ou na sentença, ou na fase de execução, desde que seja suficiente e compatível com a obrigação e que se determine prazo razoável para cumprimento do preceito.

§ 1º O juiz poderá, de ofício ou a requerimento, modificar o valor ou a periodicidade da multa vincenda ou excluí-la, caso verifique que:

I — se tornou insuficiente ou excessiva;

II — o obrigado demonstrou cumprimento parcial superveniente da obrigação ou justa causa para o descumprimento.

§ 2º O valor da multa será devido ao exequente.

§ 3º A decisão que fixa a multa é passível de cumprimento provisório, devendo ser depositada em juízo, permitido o levantamento do valor após o trânsito em julgado da sentença favorável à parte. *(Redação dada pela Lei n. 13.256, de 2016)*

§ 4º A multa será devida desde o dia em que se configurar o descumprimento da decisão e incidirá enquanto não for cumprida a decisão que a tiver cominado.

§ 5º O disposto neste artigo aplica-se, no que couber, ao cumprimento de sentença que reconheça deveres de fazer e de não fazer de natureza não obrigacional.

A multa de que trata este artigo é a pena pecuniária pelo descumprimento das obrigações de fazer ou não-fazer (*astreintes*). Pode ser fixada de ofício pelo juiz ou a requerimento da parte, em qualquer fase do processo (conhecimento, sentença, tutela provisória ou execução). Tem como requisitos: a) ser suficiente e compatível com a obrigação; e b) deve ser determinado prazo razoável para o cumprimento do preceito.

Em alguns casos, o valor da multa pode se tornar excessivo ou insuficiente, retirando da penalidade o caráter de proporcionalidade. Nessa hipótese, o Juiz poderá modificar o valor ou a periodicidade da multa vincenda, adequando-a à realidade. A multa será devida desde o dia em que se configurar o descumprimento e incidirá enquanto não for cumprida a decisão que a tiver cominado. A periodicidade será aquela fixada na decisão. O critério tradicional na jurisprudência é a multa diária, mas não há obrigação legal de que assim o seja.

Constitui tema controverso se a multa pelo descumprimento das obrigações de fazer ou não-fazer deve obedecer ao limite previsto no art. 412 do Código Civil (art. 920 do CC/1916), que estabelece que o valor da cominação imposta na cláusula penal não pode exceder o da obrigação principal. A limitação diz respeito à clausula penal de origem contratual, e não processual. O novo CPC optou por uma formulação mais aberta, sem estabelecer nenhuma limitação, permitindo que o Juiz faça a adequação ao caso concreto. Ou seja, no plano processual, a multa por descumprimento de obrigação de fazer ou não-fazer não está limitada ao valor da obrigação principal, podendo o Juiz, no caso concreto, ultrapassá-la, desde que o valor não se torne excessivo e perca sua função coercitiva/indutiva do cumprimento da obrigação.

A multa reverte ao exequente e é passível de cumprimento provisório, sendo permitido seu levantamento após o trânsito em julgado (§§ 2º e 3º). A redação atual do § 3º foi dada pela Lei n. 13.256/2016. A redação original também permitia o levantamento da multa nas hipóteses de pendência de agravo fundado nos incisos II ou III do art. 1.042 do CPC.

A decisão que comina *astreintes* não preclui.

O tema ainda está relacionado com a prisão civil. No caso do descumprimento de obrigação de fazer ou não-fazer, o devedor é passível de ser enquadrado nos crimes de desobediência (art. 330, CP) ou resistência (art. 329, CP). A prisão será por flagrante delito.

A disciplina do cumprimento de sentença que reconheça a exigibilidade de obrigação de entregar coisa está no art. 538 do CPC, também considerado compatível com o Processo do Trabalho:

> Art. 538. Não cumprida a obrigação de entregar coisa no prazo estabelecido na sentença, será expedido mandado de busca e apreensão ou de imissão na posse em favor do credor, conforme se tratar de coisa móvel ou imóvel.
>
> § 1º A existência de benfeitorias deve ser alegada na fase de conhecimento, em contestação, de forma discriminada e com atribuição, sempre que possível e justificadamente, do respectivo valor.
>
> § 2º O direito de retenção por benfeitorias deve ser exercido na contestação, na fase de conhecimento.

> § 3º Aplicam-se ao procedimento previsto neste artigo, no que couber, as disposições sobre o cumprimento de obrigação de fazer ou de não fazer.

A tutela inibitória também se aplica para as obrigações de entrega de coisa, e não apenas para as obrigações de fazer ou não-fazer. Eventuais coisas móveis que fiquem em poder do empregado ou do empregador, conforme o caso, poderão ser objeto de pedido com objeto definido. Em face do novo CPC, provavelmente a Súmula n. 500 do STF deverá ser modificada ("Não cabe a ação cominatória para compelir-se o réu a cumprir obrigação de dar"), porquanto a tutela inibitória aplica-se a todo o tipo de obrigações.

m) Inciso XIII — arts. 789 a 796 (responsabilidade patrimonial);

Um dos pilares do direito privado moderno é o de que o cumprimento das obrigações não pode ultrapassar as forças do patrimônio do devedor. A origem deste princípio encontra-se na *Lex Poetelia-Papiria* (326 a.C.), no Direito Romano.

Não há prisão por dívidas, salvo exceção prevista em lei, no art. 528, § 3º, CPC — prisão administrativa por não pagamento de prestação alimentar. Mas os bens do devedor respondem pelas dívidas que ele contrair e poderão ser expropriados para satisfazer o credor, na forma da lei.

O princípio de responsabilidade patrimonial está previsto no Código Civil, art. 391, cujo texto legal é o seguinte:

> Art. 391. Pelo inadimplemento das obrigações respondem todos os bens do devedor.

Este princípio, formulado de maneira mais ampla no art. 789 do CPC, é subsidiariamente aplicável ao Processo do Trabalho e ao Direito do Trabalho, por ser este último um ramo do direito privado. Nas dívidas de natureza trabalhista, os bens presentes e futuros do devedor é que respondem pelo adimplemento de suas obrigações. O texto legal é o seguinte:

> Art. 789. O devedor responde com todos os seus bens presentes e futuros para o cumprimento de suas obrigações, salvo as restrições estabelecidas em lei.

As regras que limitam a penhorabilidade dos bens (impenhorabilidade) estão nas leis, mais especificamente no art. 833 e 834 do CPC e na lei n. 8.009/90 (impenhorabilidade do imóvel familiar). O objeto da execução são todos os bens do devedor, ainda que não lhes pertencerem no momento em que se obrigou.

O princípio de responsabilidade patrimonial é aplicável tanto no cumprimento da sentença (execução por título judicial) quanto na execução baseada em títulos extrajudiciais.

Bens de terceiros podem ser objeto de execução em casos de sucessão, contratos, matrimônio ou união estável, fraude de execução, fraude contra credores e desconsideração de personalidade jurídica. A previsão legal está no art. 790 do CPC:

Art. 790. São sujeitos à execução os bens:

I — do sucessor a título singular, tratando-se de execução fundada em direito real ou obrigação reipersecutória;

II — do sócio, nos termos da lei;

III — do devedor, ainda que em poder de terceiros;

IV — do cônjuge ou companheiro, nos casos em que seus bens próprios ou de sua meação respondem pela dívida;

V — alienados ou gravados com ônus real em fraude à execução;

VI — cuja alienação ou gravação com ônus real tenha sido anulada em razão do reconhecimento, em ação autônoma, de fraude contra credores;

VII — do responsável, nos casos de desconsideração da personalidade jurídica.

As hipóteses de responsabilidade primária, ou seja, quando a responsabilidade patrimonial recai sobre quem se imputa o débito, estão nos incisos I (sucessão), III (devedor), V (fraude de execução), VI (fraude contra credores).

A Legislação dispõe sobre a responsabilidade primária do sucessor no Direito de sucessões (art. 1784, art. 1791, art. 1792 e arts. 1804 a 1813, CC) e estes dispositivos se relacionam com o art. 796, CPC. Também é objeto de previsão legal a responsabilidade do devedor, no princípio de responsabilidade patrimonial (art. 391, CC), a fraude de execução (art. 792, CPC) e a fraude contra credores (art. 158 e art. 171, II, CC). Com relação à dívida pública, a previsão de responsabilidade primária está no art. 185 do CTN.

A responsabilidade secundária, quando se imputa a responsabilidade a quem não tem o débito, está nos incisos II (sócios em relação à sociedade, nos termos da lei), IV (cônjuge ou companheiro), VII (desconsideração da personalidade jurídica).

A lei disciplina expressamente as hipóteses específicas deste tipo de responsabilidade. Por exemplo, a responsabilidade dos sócios está nas normas relativas ao Direito de Sociedade (art. 1003 e 1022 a 1027, CC), a responsabilidade do cônjuge ou companheiro está nas normas de Direito de Família (art. 1511 e arts. 1639 a 1693 do Código Civil) e a desconsideração da personalidade jurídica (art. 50, CC, para as relações civis em geral e art. 28 do CDC, para as relações de consumo). Em se tratando de normas processuais, o incidente de desconsideração de personalidade jurídica está previsto nos arts. 133 a 137 do CPC, subsidiariamente aplicável ao Processo do Trabalho, conforme IN n. 39/2016 — TST, art. 6º.

O direito de sequela significa que a tutela jurisdicional vai até a posse do bem. Em outras palavras, o credor tem o direito de perseguir o bem em Juízo até que seja integrado ao seu patrimônio, onde quer que se encontre, ainda que em poder de terceiros (inciso III).

Se a penhora recair em bem do sócio, este deverá ser intimado a fim de que possa se manifestar sobre o ato de constrição judicial (art. 790, II, CPC). Se o bem se encontrar em poder de terceiros, também deverá ser intimado para apresentar sua inconformidade (art. 790, III, V, VI e VII, CPC). O recurso, no Processo do Trabalho, será de Embargos à Execução (art. 884, CLT), para o devedor e sócio, seja em condição regular, seja por constar no título executivo por desconsideração da personalidade jurídica. Para o cônjuge, o recurso será de Embargos de Terceiro, acaso não tenha sido diretamente beneficiado pela prestação de serviços. Do contrário em caso de ter recebido diretamente a prestação, também deverá opor Embargos à Execução. Terceiros possuidores de bens submetidos à execução, deverão apresentar Embargos de Terceiro.

Sobre direitos de superfície, inserido dentro do capítulo de responsabilidade patrimonial, e subsidiariamente aplicável ao Processo do Trabalho, dispõe o art. 791, do CPC

> Art. 791. Se a execução tiver por objeto obrigação de que seja sujeito passivo o proprietário de terreno submetido ao regime do direito de superfície, ou o superficiário, responderá pela dívida, exclusivamente, o direito real do qual é titular o executado, recaindo a penhora ou outros atos de constrição exclusivamente sobre o terreno, no primeiro caso, ou sobre a construção ou a plantação, no segundo caso.
>
> § 1º Os atos de constrição a que se refere o *caput* serão averbados separadamente na matrícula do imóvel, com a identificação do executado, do valor do crédito e do objeto sobre o qual recai o gravame, devendo o oficial destacar o bem que responde pela dívida, se o terreno, a construção ou a plantação, de modo a assegurar a publicidade da responsabilidade patrimonial de cada um deles pelas dívidas e pelas obrigações que a eles estão vinculadas.
>
> § 2º Aplica-se, no que couber, o disposto neste artigo à enfiteuse, à concessão de uso especial para fins de moradia e à concessão de direito real de uso.

O direito de superfície está previsto no art. 1.369, CC no sentido de que o proprietário pode conceder a outrem o direito de construir ou de plantar em seu terreno, por tempo determinado, mediante escritura pública devidamente registrada no Cartório de Registro de Imóveis. O direito de superfície não autoriza obra no subsolo, salvo se for inerente ao objeto da concessão. Também está disciplinado pela Lei n. 10.257/2001, art. 21 a 24.

A responsabilidade do superficiário pelos encargos e tributos está no art. 1.371, CC.

No Processo do Trabalho, o art. 791 do CPC tem relação com a penhora de imóveis e a existência de terceiros que exerçam direito de superfície sobre o imóvel, sendo importante a averbação em separado dos atos de constrição (§ 1º), a fim de dirimir dúvidas com relação à propriedade e ao direito de superfície, dirimindo dúvidas com relação à responsabilidade patrimonial.

A fraude de execução vem disciplinada pelo art. 792 do CPC, que assim dispõe:

Art. 792. A alienação ou a oneração de bem é considerada fraude à execução:

I — quando sobre o bem pender ação fundada em direito real ou com pretensão reipersecutória, desde que a pendência do processo tenha sido averbada no respectivo registro público, se houver;

II — quando tiver sido averbada, no registro do bem, a pendência do processo de execução, na forma do art. 828;

III — quando tiver sido averbado, no registro do bem, hipoteca judiciária ou outro ato de constrição judicial originário do processo onde foi arguida a fraude;

IV — quando, ao tempo da alienação ou da oneração, tramitava contra o devedor ação capaz de reduzi-lo à insolvência;

V — nos demais casos expressos em lei.

§ 1º A alienação em fraude à execução é ineficaz em relação ao exequente.

§ 2º No caso de aquisição de bem não sujeito a registro, o terceiro adquirente tem o ônus de provar que adotou as cautelas necessárias para a aquisição, mediante a exibição das certidões pertinentes, obtidas no domicílio do vendedor e no local onde se encontra o bem.

§ 3º Nos casos de desconsideração da personalidade jurídica, a fraude à execução verifica-se a partir da citação da parte cuja personalidade se pretende desconsiderar.

§ 4º Antes de declarar a fraude à execução, o juiz deverá intimar o terceiro adquirente, que, se quiser, poderá opor embargos de terceiro, no prazo de 15 (quinze) dias.

É necessário distinguir fraude contra credores de fraude à execução.

A fraude contra credores (art. 158 a 165, CC), é um vício do negócio jurídico. Juntamente com a Simulação, faz parte dos vícios sociais, ou seja, envolve terceiros. O devedor dilapida seu patrimônio, colocando em risco a garantia que ele representa para o cumprimento das suas obrigações. O prejudicado é o credor-terceiro, que não participa do negócio em fraude contra credores e tem seu adimplemento prejudicado. A consequência de ser praticada a fraude contra credores é a anulabilidade do negócio jurídico (arts. 158 e 159, CC), o que deve ser feito por ação pauliana. Se anulado o negócio jurídico, o bem volta ao patrimônio do devedor para responder pela obrigação (art. 790, VI, CPC). Ao adquirente dos bens do devedor insolvente cabe a possibilidade de salvar o negócio, se ainda não houver pago o preço, depositando-o em juízo pelo valor corrente, com a citação de todos os interessados (art. 160, CC). As disposições relativas à fraude contra credores do Código Civil são:

Art. 158. Os negócios de transmissão gratuita de bens ou remissão de dívida, se os praticar o devedor já insolvente, ou por eles reduzido à insolvência, ainda quando o ignore, poderão ser anulados pelos credores quirografários, como lesivos dos seus direitos.

§ 1º Igual direito assiste aos credores cuja garantia se tornar insuficiente.

§ 2º Só os credores que já o eram ao tempo daqueles atos podem pleitear a anulação deles.

Art. 159. Serão igualmente anuláveis os contratos onerosos do devedor insolvente, quando a insolvência for notória, ou houver motivo para ser conhecida do outro contratante.

Art. 160. Se o adquirente dos bens do devedor insolvente ainda não tiver pago o preço e este for, aproximadamente, o corrente, desobrigar-se-á depositando-o em juízo, com a citação de todos os interessados.

Parágrafo único. Se inferior, o adquirente, para conservar os bens, poderá depositar o preço que lhes corresponda ao valor real.

Art. 161. A ação, nos casos dos *arts. 158 e 159,* poderá ser intentada contra o devedor insolvente, a pessoa que com ele celebrou a estipulação considerada fraudulenta, ou terceiros adquirentes que hajam procedido de má-fé.

Art. 162. O credor quirografário, que receber do devedor insolvente o pagamento da dívida ainda não vencida, ficará obrigado a repor, em proveito do acervo sobre que se tenha de efetuar o concurso de credores, aquilo que recebeu.

Art. 163. Presumem-se fraudatórias dos direitos dos outros credores as garantias de dívidas que o devedor insolvente tiver dado a algum credor.

Art. 164. Presumem-se, porém, de boa-fé e valem os negócios ordinários indispensáveis à manutenção de estabelecimento mercantil, rural, ou industrial, ou à subsistência do devedor e de sua família.

Art. 165. Anulados os negócios fraudulentos, a vantagem resultante reverterá em proveito do acervo sobre que se tenha de efetuar o concurso de credores.

Parágrafo único. Se esses negócios tinham por único objeto atribuir direitos preferenciais, mediante hipoteca, penhor ou anticrese, sua invalidade importará somente na anulação da preferência ajustada.

A fraude à execução é considerada ato atentatório à dignidade da justiça (art. 774, I, CPC) e ilícito penal (art. 179, CP, ação penal privada). Na fraude à execução, o prejudicado é o Estado-juiz. O negócio jurídico é válido entre as partes, mas ineficaz em relação à execução (art. 790, V, CPC). Não há necessidade de ação autônoma, pois o incidente é resolvido no próprio processo em que foi levantado. A presunção de fraude se verifica entre as partes. Uma das formas de evitar a presunção é a averbação da ação (art. 928, CPC) e a hipoteca judiciária (art. 792, III, CPC).

Os três primeiros incisos do art. 792 referem-se a hipóteses que têm como parâmetro a averbação do registro. A presunção de fraude à execução surge quando; a) sobre o bem pender ação fundada em direito real ou com pretensão reipersecutória, desde que a pendência do processo tenha sido averbada no respectivo registro público, se houver; b) quando tiver sido averbada, no registro do bem, a pendência do processo de execução, na forma do art. 828 do CPC; e c) quando tiver sido averbado, no registro do bem, hipoteca judiciária ou outro ato de constrição judicial originário do processo em que foi arguida a fraude.

A questão mais complexa está art. 792, IV, do CPC, que refere à presunção de fraude à execução quando, ao tempo da alienação ou da oneração, tramitava contra o devedor ação capaz de reduzi-lo à insolvência. Isso porque, no caso concreto, é possível existir uma ação contra o devedor cujo processo de conhecimento seja longo, sem nenhum tipo de fraude, e que este venha a se desfazer de seu patrimônio sem nenhum tipo de má-fé. Com o passar do tempo, porém, em virtudes de fatores econômicos alheios à sua vontade, este devedor venha a ser reduzido à insolvência. O terceiro adquirente de boa-fé não tem condições de prever essas nuances da vida real e terá seu bem como objeto de constrição judicial. Por esse motivo, alguma jurisprudência considera necessária a averbação da sentença por parte do credor, para fins de caracterizar a fraude à execução e com vistas à alegação de terceiros adquirentes de boa-fé. Nesse sentido é o art. 828 do CPC, cujo texto é o seguinte:

> Art. 828. O exequente poderá obter certidão de que a execução foi admitida pelo juiz, com identificação das partes e do valor da causa, para fins de averbação no registro de imóveis, de veículos ou de outros bens sujeitos a penhora, arresto ou indisponibilidade.
>
> § 1º No prazo de 10 (dez) dias de sua concretização, o exequente deverá comunicar ao juízo as averbações efetivadas.
>
> § 2º Formalizada penhora sobre bens suficientes para cobrir o valor da dívida, o exequente providenciará, no prazo de 10 (dez) dias, o cancelamento das averbações relativas àqueles não penhorados.
>
> § 3º O juiz determinará o cancelamento das averbações, de ofício ou a requerimento, caso o exequente não o faça no prazo.
>
> § 4º Presume-se em fraude à execução a alienação ou a oneração de bens efetuada após a averbação.
>
> § 5º O exequente que promover averbação manifestamente indevida ou não cancelar as averbações nos termos do § 2º indenizará a parte contrária, processando-se o incidente em autos apartados.

Ressalte-se que a averbação prevista no art. 828 do CPC, pode ser feita com simples certidão fornecida pelo cartório em que tramitar a ação, e poderá ser averbada, não só no registro de imóveis, mas, também, em registro de veículos ou de outros bens sujeitos a tal modalidade.

O parâmetro de real existência de uma ação capaz de reduzir o devedor à insolvência, tem relação com a litispendência, pois o demandado deve ter sido citado validamente a respeito do processo em curso (art. 240, CPC). Somente com a citação válida é que existe processo em curso capaz de se enquadrar na previsão do art. 792. IV, CPC.

Não há necessidade de provar de que a ação movida contra o devedor teve a intenção de fraudar o direito do credor do processo que se executa. Ela é um dado objetivo, cujo marco está previsto nas hipóteses do art. 792, IV, CPC. Entretanto, a Súmula n. 375 do STJ dispõe que "o reconhecimento da fraude de execução depende do registro de penhora do bem do bem alienado ou da prova de má-fé do terceiro adquirente". O intuito é proteger o adquirente do boa-fé.

A fraude à execução pode ser alegada na contestação da ação de embargos de terceiros. Uma vez reconhecida, terá como consequência a improcedência dos embargos.

O direito de sequela do bem relativamente a terceiro está no art. 109, § 3º, CPC.

No caso de bens não sujeitos à registro (art. 792, § 2º, CPC), a questão remete à prova no caso concreto. O adquirente tem de provar que tomou as cautelas necessárias para a aquisição. Bens não sujeitos a registro, em princípio, têm menor valor comercial, ou, pelo menos, não se exige formalidade na sua transferência. O registro é uma formalidade exigida exatamente porque o bem tem maior valor, como, por exemplo, o bem imóvel, ou por algum interesse de política pública, como, por exemplo, os automóveis.

O marco para caracterizar a fraude, no caso de desconsideração personalidade jurídica (art. 792, § 3º, CPC), é a data da citação da parte cuja personalidade se pretende desconsiderar. O incidente de desconsideração de personalidade jurídica está previsto nos arts. 133 a 137 do CPC. Estes artigos são considerados aplicáveis ao Processo do Trabalho, conforme o art. 6º da IN 39/2016 — TST.

A fraude à execução com relação aos créditos da Fazenda Nacional está prevista no art. 185 do CTN, art. 185. Segundo este dispositivo legal, presume-se fraudulenta a alienação ou a oneração de bens ou rendas, ou seu começo, por sujeito passivo em débito para com a Fazenda Pública por crédito regularmente inscrito como dívida ativa em fase de execução, salvo se o devedor houver reservado bens ou rendas suficientes ao total pagamento da dívida em execução.

O direito de retenção também está disciplinado no capítulo da responsabilidade patrimonial e, da mesma forma, é considerado compatível com o Processo do trabalho. A previsão legal está no art. 793 do CPC, cujo texto é o seguinte:

> Art. 793. O exequente que estiver, por direito de retenção, na posse de coisa pertencente ao devedor não poderá promover a execução sobre outros bens senão depois de excutida a coisa que se achar em seu poder.

Se a penhora recair em coisa retida pelo próprio exequente, deverá indicar tal situação na forma do art. 829, § 2º do CPC. Por este motivo, a ordem de preferência de penhora indicada no art. 835 do CPC poderá ser modificada.

O direito de retenção, de forma ampla, tem sua previsão no art. 319, CC, que tem a seguinte redação:

> Art. 319. O devedor que paga tem direito a quitação regular, e pode reter o pagamento, enquanto não lhe seja dada.

Para o credor pignoratício existe disposição especial relativa ao direito de retenção (art. 1.433, II, CC). Também o locatário tem direito de retenção sobre benfeitorias (art. 35, Lei 8.245/91). Outras hipóteses são previstas em lei: a) depositário (art. 694, CC); b) mandatário (art. 644, CC); c) transportador (art. 751 e 644, CC); d) endossatário pignoratício (art. 918 e 1.433, II, CC); e) possuidor boa-fé e benfeitorias (art. 1.219, CC).

O executado pode alegar que o exequente se encontra na posse dos bens, na chamada *exceptio excussionis realis*. Nova penhora somente será possível depois de executada a coisa retida.

Se o fiador for o executado, ele tem o direito de exigir que primeiro sejam excutidos os bens do devedor, desde que os indique no processo. Assim dispõe o art. 794 do CPC, considerado aplicável ao Processo do Trabalho:

> Art. 794. O fiador, quando executado, tem o direito de exigir que primeiro sejam executados os bens do devedor situados na mesma comarca, livres e desembargados, indicando-os pormenorizadamente à penhora.
>
> § 1º Os bens do fiador ficarão sujeitos à execução se os do devedor, situados na mesma comarca que os seus, forem insuficientes à satisfação do direito do credor.
>
> § 2º O fiador que pagar a dívida poderá executar o afiançado nos autos do mesmo processo.
>
> § 3º O disposto no *caput* não se aplica se o fiador houver renunciado ao benefício de ordem.

Trata-se do benefício de ordem do fiador. As disposições gerais sobre interpretação da fiança e responsabilidade do fiador estão nos arts. 818 a 826, CC. Nestes artigos, além da definição da fiança (art. 818, CC), estão previstos os parâmetros de que a fiança dar-se-á por escrito, e não admite interpretação extensiva (art. 819, CC) e que se pode estipular a fiança, ainda que sem consentimento do devedor ou contra a sua vontade (art. 820, CC). As dívidas futuras podem ser objeto de fiança; mas o fiador, neste caso, não será demandado senão depois que se fizer certa e líquida a obrigação do principal devedor (art. 821, CC) e, não sendo limitada, a fiança compreenderá todos os acessórios da dívida principal, inclusive as despesas judiciais, desde a citação do fiador (art. 822, CC). A fiança pode ser de valor inferior ao da obrigação principal e contraída em condições menos onerosas, e, quando exceder o valor da dívida, ou for mais onerosa que ela, não valerá senão até ao limite da obrigação afiançada (art. 823, CC) e as obrigações nulas não são suscetíveis de fiança, exceto se a nulidade resultar apenas de incapacidade pessoal do devedor (art. 824, CC), apenas não abrangendo o caso de mútuo feito a menor. Sobre a aceitação do fiador indicado, a lei prevê que, quando alguém houver de oferecer fiador, o credor não pode ser obrigado a aceitá-lo se não for pessoa idônea, domiciliada no município onde tenha de prestar a fiança, e não possua bens suficientes para cumprir a obrigação (art. 825, CC). Por último, se o fiador se tornar insolvente ou incapaz, poderá o credor exigir que seja substituído (art. 826, CC).

A fiança do garantidor subsidiário (art. 827, CC) prevê o benefício de ordem. A fiança do garantidor solidário (art. 828, II, CC) é sem benefício de ordem.

O benefício de execução dos bens da sociedade em relação aos bens do sócio está previsto no art. 795, CPC, que tem o seguinte teor:

> Art. 795. Os bens particulares dos sócios não respondem pelas dívidas da sociedade, senão nos casos previstos em lei.

§ 1º O sócio réu, quando responsável pelo pagamento da dívida da sociedade, tem o direito de exigir que primeiro sejam excutidos os bens da sociedade.

§ 2º Incumbe ao sócio que alegar o benefício do § 1º nomear quantos bens da sociedade situados na mesma comarca, livres e desembargados, bastem para pagar o débito.

§ 3º O sócio que pagar a dívida poderá executar a sociedade nos autos do mesmo processo.

§ 4º Para a desconsideração da personalidade jurídica é obrigatória a observância do incidente previsto neste Código.

A regra geral é de que os bens da sociedade não se confundem com os bens do sócio. Um exemplo é o art. 1052, CC, relativo à sociedade limitada. Mas o ordenamento jurídico prevê sanções quando o uso da sociedade se dá de forma abusiva, em desvio de finalidade ou confusão patrimonial. O redirecionamento da execução deve ser aferido a partir das regras de direito material. A possibilidade de desconsideração da personalidade jurídica está no art. 50, CC. No direito dos consumidores, a regra está no art. 28 do CDC. O texto do Código Civil é o seguinte:

> Art. 50. Em caso de abuso da personalidade jurídica, caracterizado pelo desvio de finalidade, ou pela confusão patrimonial, pode o juiz decidir, a requerimento da parte, ou do Ministério Público quando lhe couber intervir no processo, que os efeitos de certas e determinadas relações de obrigações sejam estendidos aos bens particulares dos administradores ou sócios da pessoa jurídica.

As sociedades, no direito brasileiro, devem ser formadas segundo as formalidades previstas em lei e têm *numerus clausus*, ou seja, não é permitido formar sociedade que não seja dentro daquelas hipóteses previstas em lei. O Código Civil, no que tange às sociedades limitadas, permite que esta assuma algumas formas semelhantes à Sociedade Anônima, mas sempre dentro das hipóteses e dos limites previstos em lei. Os tipos societários são: a) nome coletivo (art. 1.039, CC); b) simples (art. 1.023, CC); c) comum (art. 990, CC); d) conta de participação (art. 991, CC); e) comandita simples (art. 1045, CC); f) comandita por ações; g) sociedades anônimas (Lei n. 6.404/76); h) sociedade limitada (art. 1052, CC), aí incluídas as cooperativas (art. 1095, CC). A Lei também permite a sociedade de advogados (art. 17, Lei n. 8.906/94).

As questões relativas ao incidente de desconsideração da personalidade jurídica serão tratadas nos comentários ao art. 6º da IN n. 39/2016 — TST, que trata da compatibilidade dos arts. 133 a 137 do CPC.

O último dispositivo relativo à responsabilidade patrimonial e considerado compatível com o Processo do Trabalho trata da responsabilidade do espólio em relação às dividas do falecido. O texto legal é o seguinte:

> Art. 796. O espólio responde pelas dívidas do falecido, mas, feita a partilha, cada herdeiro responde por elas dentro das forças da herança e na proporção da parte que lhe coube.

A regra geral é a de que as obrigações são transmissíveis *mortis causa*, salvo as obrigações personalíssimas. O art. 792 do CPC relaciona-se com os dispositivos do Código Civil que disciplinam a transmissão de bens na herança.

Aberta a sucessão, a herança transmite-se aos herdeiros legítimos e testamentários (art. 1784, CC). A herança defere-se como um todo unitário, ainda que vários sejam os herdeiros, mas, até a partilha, o direito dos co-herdeiros, quanto à propriedade e posse da herança, será indivisível, e regular-se-á pelas normas relativas ao condomínio (art. 1791, CC). O herdeiro não responde por encargos superiores às forças da herança; incumbe-lhe, porém, a prova do excesso, salvo se houver inventário que a escuse, demostrando o valor dos bens herdados (art. 1792, CC). A herança responde pelo pagamento das dívidas do falecido; mas, feita a partilha, só respondem os herdeiros, cada qual em proporção da parte que na herança lhe coube (art. 1997, CC).

Bens gravados com cláusula de inalienabilidade ou impenhorabilidade respondem pelas dívidas do falecido. O Código Civil dispõe que a cláusula de inalienabilidade protege o bem do falecido contra as dívidas dos herdeiros, mas não quanto às dívidas do próprio autor da herança. Portanto, não impede a execução contra o espólio, cujo patrimônio é a garantia da satisfação de seus credores. Somente depois de pagas as eventuais dívidas do espólio é que incidirão as cláusulas de inalienabilidade e impenhorabilidade.

n) Inciso XIV — art. 805 e parágrafo único (obrigação de o executado indicar outros meios mais eficazes e menos onerosos para promover a execução);

Muitos artigos do CPC sobre as disposições gerais da execução são plenamente compatíveis com o Processo do Trabalho, embora não estejam expressamente referidos na IN n. 39/2016 — TST. Por exemplo, o princípio geral de que a execução se realiza no interesse do exequente que adquire, pela penhora, o direito de preferência pelos bens penhorados (art. 797, CPC). A ressalva está no caso de insolvência do devedor, que corre pelo concurso universal.

Também se aplicam as regras que determinam a intimação de terceiros na penhora (art. 799, CPC) ou de ineficácia da alienação se não intimados os terceiros (art. 804, CPC). Do mesmo modo, a regra sobre obrigações alternativas (art. 800, CPC) ou a regra sobre a emenda da inicial da execução, quando promovida pelo credor (art. 801, CPC). Em todos estes casos, não há disposição expressa na CLT ou na Lei de execução Fiscal, que é subsidiariamente aplicável à execução trabalhista por força do art. 889 da CLT.

Existe a possibilidade de execução de título extrajudicial no Processo do Trabalho, que são: a) os termos de ajuste de conduta firmados perante o MPT (art. 876, CLT); b) acordos não cumpridos celebrados perante comissões de conciliação prévia (art. 876, CLT); c) cheque e nota promissória associados inequivocamente a dívidas trabalhistas (art. 13, IN n. 39/2016 — TST). Por este motivo, são compatíveis com o Processo do Trabalho as disposições sobre a nulidade da execução fundada em título executivo extrajudicial que não corresponder a obrigação certa, líquida e exigível, ou quando o executado não for regularmente citado ou quando a execução for instaurada antes da verificação de condição ou termo (art. 803, CPC).

A norma expressamente referida pela IN n. 39/2016 — TST é o art. 805, CPC, que trata da execução menos gravosa, cujo texto é o seguinte:

> Art. 805. Quando por vários meios o exequente puder promover a execução, o juiz mandará que se faça pelo modo menos gravoso para o executado.
>
> Parágrafo único. Ao executado que alegar ser a medida executiva mais gravosa incumbe indicar outros meios mais eficazes e menos onerosos, sob pena de manutenção dos atos executivos já determinados.

A execução ocorre no interesse do credor, e ele tem o direito de indicar a espécie de execução de sua preferência, quando por mais de um modo puder ser realizada (art. 798, II, a, CPC). Mas isso não significa que não existam limitações. O princípio da execução menos gravosa está relacionado com a própria utilidade do processo e seus reflexos econômicos. Não faz sentido buscar-se a satisfação do credor por um meio mais oneroso ao devedor, quando existem outras vias que satisfaçam o interesse de igual forma. Agir dessa forma seria contraproducente em termos morais, causando excessivo dano, e em termos econômicos, pela questão de valor. A contrapartida do credor, entretanto, é a de que o executado, quando indicar forma de execução menos gravosa, deverá indicar expressamente os outros meios mais eficazes ou menos onerosos, sob pena de manutenção dos atos executivos já determinados (art. 805, parágrafo único, CPC).

No Processo do Trabalho existe a discussão sobre a execução mais eficiente (art. 888, CLT) em contraposição à execução menos gravosa. Isso ocorre porque o art. 888, § 1º, da CLT, determina que os bens sejam vendidos na primeira oportunidade, pelo maior lance. Portanto, segundo este entendimento, não haveria preço vil e, por consequência, não haveria necessidade de um segundo leilão, onde fosse autorizada a venda pelo maior lance.

Ocorre que este raciocínio não subsiste diante de uma interpretação sistemática das normas da CLT e das normas processuais que lhe são subsidiariamente aplicáveis. O princípio de vedação ao preço vil não está afastado do Processo de Execução na seara trabalhista. Repulsa ao bom senso e ao próprio resultado útil do processo a ideia de que os bens possam ser alienados por qualquer valor. Na execução trabalhista, o Juiz pode agir de ofício e, como se dá em exercício de jurisdição, deve zelar pelo equilíbrio e proporcionalidade dos meios executivos. Mesmo devendo ser vendidos na primeira oportunidade, como dispõe o § 1º do art. 888 da CLT, isso não quer dizer que tenham de ser vendidos a qualquer preço. Apenas simplifica a forma de marcação dos leilões, mas não repele a ideia de preço vil. Cabe lembrar que, segundo o novo CPC, considera-se preço vil aquele que não corresponde a 50% do valor da avaliação (art. 891, parágrafo único, CPC) e, em se tratando de bem imóvel de incapaz, abaixo de 80% do valor da avaliação (art. 896, CPC). Portanto, é uma falsa controvérsia. O art. 888, § 1º, da CLT, apenas determina que os bens levados a leilão pelo melhor preço, mas isso não significa que precisam ser vendidos por preço vil. Cabe ao executado demonstrar o meio menos gravoso, como demonstração de boa-fé processual. No silêncio, a execução continuará pelo meio indicado pelo exequente.

o) Inciso XV — art. 833, incisos e parágrafos (bens impenhoráveis);

A execução trabalhista, da mesma forma que a execução em geral, é regida pelo princípio de limitação expropriatória, ou princípio da suficiência e utilidade. Este é o sentido da expressão contida no art. 883 da CLT e no art. 831 do CPC, quando refere que a penhora deverá recair sobre "tantos bens quantos bastem" para o pagamento do principal atualizado, dos juros, das custas e dos honorários advocatícios. O artigo mencionado da CLT não refere os honorários advocatícios, mas a redação do CPC inclui esta parcela acessória.

A penhora é um meio coercitivo que limita o poder de disposição dos bens apreendidos e implica a sub-rogação pelo Estado, do poder de dispor. Também direciona a execução pela execução dos bens constritos, para satisfazer o interesse do credor. Outra característica é a de que a penhora individualiza o bem que será objeto de execução e o protege ao colocá-lo fora de comércio e submetido às regras de responsabilidade civil por sua guarda e depósito. Por último, institui o direito de preferência do credor.

Como regra, todos os bens do devedor respondem por suas dívidas presentes e futuras, segundo o princípio de responsabilidade patrimonial (art. 789, CPC), mas a lei determina que alguns bens são impenhoráveis ou inalienáveis (art. 832, CPC).

Vários são os motivos que levam à impenhorabilidade de um bem. O primeiro deles é o motivo humanitário e o respeito às mínimas condições de sobrevivência com dignidade do devedor (art. 1º, III, CF). Dentre estes, estão a impenhorabilidade dos móveis, pertences, vestuários e utilidades domésticas, salvo se de elevado valor. Também se enquadram neste motivo os salários, soldos, vencimentos, proventos de aposentadoria, caderneta de poupança, entre outros. Outra causa é a proteção ao exercício da profissão, o andamento de obras, o seguro de vida. Ainda existem motivos políticos, como a impenhorabilidade dos fundos partidários. Todas estas hipóteses estão mencionadas no art. 833, CPC, cujo texto é o seguinte:

> Art. 833. São impenhoráveis:
>
> I — os bens inalienáveis e os declarados, por ato voluntário, não sujeitos à execução;
>
> II — os móveis, os pertences e as utilidades domésticas que guarnecem a residência do executado, salvo os de elevado valor ou os que ultrapassem as necessidades comuns correspondentes a um médio padrão de vida;
>
> III — os vestuários, bem como os pertences de uso pessoal do executado, salvo se de elevado valor;

IV — os vencimentos, os subsídios, os soldos, os salários, as remunerações, os proventos de aposentadoria, as pensões, os pecúlios e os montepios, bem como as quantias recebidas por liberalidade de terceiro e destinadas ao sustento do devedor e de sua família, os ganhos de trabalhador autônomo e os honorários de profissional liberal, ressalvado o § 2º;

V — os livros, as máquinas, as ferramentas, os utensílios, os instrumentos ou outros bens móveis necessários ou úteis ao exercício da profissão do executado;

VI — o seguro de vida;

VII — os materiais necessários para obras em andamento, salvo se essas forem penhoradas;

VIII — a pequena propriedade rural, assim definida em lei, desde que trabalhada pela família;

IX — os recursos públicos recebidos por instituições privadas para aplicação compulsória em educação, saúde ou assistência social;

X — a quantia depositada em caderneta de poupança, até o limite de 40 (quarenta) salários-mínimos;

XI — os recursos públicos do fundo partidário recebidos por partido político, nos termos da lei;

XII — os créditos oriundos de alienação de unidades imobiliárias, sob regime de incorporação imobiliária, vinculados à execução da obra.

§ 1º A impenhorabilidade não é oponível à execução de dívida relativa ao próprio bem, inclusive àquela contraída para sua aquisição.

§ 2º O disposto nos incisos IV e X do *caput* não se aplica à hipótese de penhora para pagamento de prestação alimentícia, independentemente de sua origem, bem como às importâncias excedentes a 50 (cinquenta) salários-mínimos mensais, devendo a constrição observar o disposto no art. 528, § 8º, e no art. 529, § 3º.

§ 3º Incluem-se na impenhorabilidade prevista no inciso V do *caput* os equipamentos, os implementos e as máquinas agrícolas pertencentes a pessoa física ou a empresa individual produtora rural, exceto quando tais bens tenham sido objeto de financiamento e estejam vinculados em garantia a negócio jurídico ou quando respondam por dívida de natureza alimentar, trabalhista ou previdenciária.

Ainda que a execução se processe no interesse do credor, e isso é particularmente importante no Processo do Trabalho em face da natureza alimentar do crédito executado, existem certas limitações expropriatórias abarcadas pelos institutos da impenhorabilidade e inalienabilidade. A natureza alimentar do crédito trabalhista, porém, pode trazer matizes à impenhorabilidade como, por exemplo, a possibilidade de penhora de salário nos limites da lei (art. 833, § 2º e arts. 528, § 8º e 529, § 3º, CPC).

A inalienabilidade (art. 833, I, CPC) relaciona-se com o bem de família. A instituição do bem de família está regulamentada pelos arts. 1711 a 1722 do Código Civil e na Lei n. 8.009/90. É importante ressaltar que a Lei Complementar n. 150/2015, revogou o art. 3º, I, da Lei n. 8.009/90, que previa a possibilidade de ser penhorado o bem de família para o pagamento dos créditos dos empregados domésticos da própria residência. A incomunicabilidade relaciona-se com os bens dos cônjuges (art. 1.668, IV, CC). A cláusula de inalienabilidade, impenhorabilidade ou incomunicabilidade nos testamentos está disciplinada nos arts. 1848 e 1911 do mesmo diploma legal. As hipóteses de impenhorabilidade e inalienabilidade são típicas, ou seja, só ocorrem com previsão legal. Cláusulas de inalienabilidade devem ser levadas a registro (art. 260 a 265, Lei n. 6.015/73 — Lei dos Registros Públicos).

Frutos e rendimentos podem ser penhorados (art. 839, CPC), norma que, embora não prevista na IN n. 39/2016 — TST, é subsidiariamente aplicável ao Processo do Trabalho, por não existir disposição expressa na CLT neste mesmo sentido.

Embora não previstas na IN n. 39/2016 — TST, são compatíveis com o Processo do Trabalho, por inexistência de norma específica na CLT: a) penhora de créditos (arts. 855 a 860, CPC); b) penhora de quotas sociais dos sócios (art. 861, CPC); c) penhora de empresa, de outros estabelecimentos e de semoventes (arts. 862 a 865, CPC); d) penhora de percentual de faturamento da empresa (art. 866, CPC); e e) penhora de frutos e rendimentos de coisa móvel ou imóvel (arts. 867 a 869, CPC).

A jurisprudência sobre penhorabilidade de bens no Processo do Trabalho é imensa, em face da casuística. Vagas na garagem não são consideradas bem de família, desde que a matrícula seja independente.

Móveis, vestuários e pertenças não são penhoráveis, salvo se de elevado valor (art. 833, incisos II e III, CPC). A definição do que seja "elevado valor" deverá ser fundamentada no caso concreto. Comissões de leiloeiros são impenhoráveis.

Os vencimentos, os subsídios, os soldos, os salários, as remunerações, os proventos de aposentadoria, as pensões, os pecúlios e os montepios, bem como as quantias recebidas por liberalidade de terceiro e destinadas ao sustento do devedor e de sua família, os ganhos de trabalhador autônomo e os honorários de profissional liberal são impenhoráveis (art. 833, IV, CPC). Existe uma ressalva a esta impenhorabilidade que consiste na circunstância de que não se aplica esta espécie de impenhorabilidade à hipótese de penhora para pagamento de prestação alimentícia, independentemente de sua origem, bem como às importâncias excedentes a 50 (cinquenta) salários-mínimos mensais. A constrição, neste caso, deve observar que o exequente pode optar por promover o cumprimento da sentença ou decisão desde logo, nos termos do disposto no Livro, Título II, Capítulo III, CPC, caso em que não será admissível a prisão do executado, e, recaindo a penhora em dinheiro, a concessão de efeito suspensivo à impugnação não obsta a que o exequente levante mensalmente a importância da prestação (art. 528, § 8º, CPC). Também deverá observar que, sem prejuízo do pagamento dos alimentos vincendos, o débito objeto de execução pode ser descontado dos rendimentos ou rendas do executado, de forma parcelada, nos termos do *caput* do art. 529, do CPC, contanto que, somado à parcela devida, não ultrapasse cinquenta por cento de seus ganhos líquidos (art. 529, § 3º, CPC).

Os livros, as máquinas, as ferramentas, os utensílios, os instrumentos ou outros bens móveis necessários ou úteis ao exercício da profissão do executado não são penhoráveis (art. 833, V, CPC). A intenção é permitir que o devedor proveja o seu sustento e de sua família com um mínimo de dignidade. Nestes instrumentos de trabalho inclui-se o computador para uso pessoal. Automóvel de representante comercial é impenhorável. Bens úteis e necessários para desenvolvimento de pequenas empresas são impenhoráveis. Existe recente decisão do STF sobre a natureza alimentar dos honorários advocatícios, o que leva à impenhorabilidade prevista no art. 833, IV, com a exceção do § 2º, em relação às prestações alimentícias.

O seguro de vida é impenhorável (art. 833, VI, CPC) em função do capital estipulado não se sujeitar às dívidas do segurado, nem se considera na herança, para todos os efeitos de direito (art. 794, CC). Presume-se sua natureza alimentar.

Os materiais necessários para obras em andamento são impenhoráveis, salvo se essas forem penhoradas (art. 833, VII, CPC). Trata-se de uma espécie de impenhorabilidade por destinação. Se os materiais não estão relacionados com a obra, passam a ser penhoráveis.

Para que a pequena propriedade rural (art. 5º, XXVI, CF) seja considerada impenhorável (art. 833, VIII, CPC), deve ser trabalhada pela família, a fim de prover o seu sustento. A prova deverá ser feita no caso concreto.

Recursos públicos com destinação social ou partidária são impenhoráveis. São, assim, entendidos os recursos públicos recebidos por instituições privadas para aplicação compulsória em educação, saúde ou assistência social e os recursos públicos do fundo partidário recebidos por partido político, nos termos da lei (art. 833, IX e XI, CPC). O fundo partidário é um Fundo Especial de Assistência Financeira aos Partidos Políticos, que tenham seu estatuto registrado no Tribunal Superior Eleitoral e prestação de contas regular perante a Justiça Eleitoral, constituído por recursos públicos e particulares conforme previsto no art. 38 da Lei n. 9.096/95: a) multas e penalidades pecuniárias aplicadas nos termos do Código Eleitoral e leis conexas; b) recursos financeiros que lhe forem destinados por lei, em caráter permanente ou eventual; c) doações de pessoa física ou jurídica, efetuadas por intermédio de depósitos bancários diretamente na conta do Fundo Partidário; d) dotações orçamentárias da União em valor nunca inferior, cada ano, ao número de eleitores inscritos em 31 de dezembro do ano anterior ao da proposta orçamentária, multiplicados por trinta e cinco centavos de real, em valores de agosto de 1995.

Em função da sua natureza social, o que lhe traz uma série de garantias quanto à sua liquidez, a caderneta de poupança também é impenhorável até o limite de 40 salários mínimos. Havendo mais de uma aplicação em poupança, será considerado o valor de todas as aplicações (art. 833, X, CPC). Se a penhora recair sobre o total das aplicações na poupança, o executado pode utilizar a via do Mandado de Segurança para liberar os valores até o limite de 40 salários mínimos.

A última hipótese de impenhorabilidade prevista no art. 833 do CPC refere-se aos créditos oriundos de alienação de unidades imobiliárias, sob regime de incorporação imobiliária, vinculados à execução da obra (art. 833, XII, CPC). Relaciona-se com a disciplina legal do patrimônio de afetação de incorporação imobiliárias, prevista na Lei n. 10.931/2004 e com a Lei dos condomínios, Lei n.4.591/64, arts. 31-A a 31-F.

Quando o executado não tiver bens penhoráveis, a execução será suspensa (art. 921, III, CPC).

Podem ser penhorados, à falta de outros bens, os frutos e os rendimentos dos bens inalienáveis (art. 834, CPC).

p) XVI — art. 835, incisos e §§ 1º e 2º (ordem preferencial de penhora);

Não existe previsão, na CLT, a respeito da ordem preferencial de penhora. Originalmente, por força do art. 889 da CLT, remetia-se a ordem de penhora ao art. 9º, II, da Lei n. 6.830/80. Mas a IN n. 39/2016 — TST, adotou a regra subsidiária do art. 835 do CPC que, em princípio, parece mais favorável ao exequente. O § 3º não é compatível com o Processo do Trabalho, pois o crédito trabalhista é privilegiado em relação ao crédito fundado em direito real.

Embora o art. 835 do CPC, estabeleça uma técnica de ordem ou graus de penhora, a redação do § 1º, permite a flexibilização desta ordem, a critério do Juiz. A decisão deve ser fundamentada. O texto legal é o seguinte:

Art. 835. A penhora observará, preferencialmente, a seguinte ordem:

I — dinheiro, em espécie ou em depósito ou aplicação em instituição financeira;

II — títulos da dívida pública da União, dos Estados e do Distrito Federal com cotação em mercado;

III — títulos e valores mobiliários com cotação em mercado;

IV — veículos de via terrestre;

V — bens imóveis;

VI — bens móveis em geral;

VII — semoventes;

VIII — navios e aeronaves;

IX — ações e quotas de sociedades simples e empresárias;

X — percentual do faturamento de empresa devedora;

XI — pedras e metais preciosos;

XII — direitos aquisitivos derivados de promessa de compra e venda e de alienação fiduciária em garantia;

XIII — outros direitos.

§ 1º É prioritária a penhora em dinheiro, podendo o juiz, nas demais hipóteses, alterar a ordem prevista no *caput* de acordo com as circunstâncias do caso concreto.

§ 2º Para fins de substituição da penhora, equiparam-se a dinheiro a fiança bancária e o seguro garantia judicial, desde que em valor não inferior ao do débito constante da inicial, acrescido de trinta por cento.

§ 3º Na execução de crédito com garantia real, a penhora recairá sobre a coisa dada em garantia, e, se a coisa pertencer a terceiro garantidor, este também será intimado da penhora.

O rol previsto no artigo não é fechado. A prioridade é dada para o dinheiro, em função da sua liquidez absoluta. Existe a possibilidade de alteração pelo juiz (§ 1º) conforme as circunstâncias do caso e, de uma certa forma, do interesse do próprio credor, pois a regra de hermenêutica é de que a ordem é estabelecida em seu favor. A parte poderá requerer a substituição da penhora se esta não obedecer a ordem (art. 848, I, CPC).

No Processo do Trabalho, a Súmula n. 417, TST, dispõe sobre a ordem de preferência em execução definitiva e provisória. O texto é o seguinte:

Súmula n. 417 do TST — MANDADO DE SEGURANÇA. PENHORA EM DINHEIRO (alterado o item I, atualizado o item II e cancelado o item III, modulando-se os efeitos da presente redação de forma a atingir unicamente as penhoras em dinheiro em execução provisória efetivadas a partir de 18.3.2016, data de vigência do CPC de 2015) — Res. 212/2016, DEJT divulgado em 20, 21 e 22.9.2016

I — Não fere direito líquido e certo do impetrante o ato judicial que determina penhora em dinheiro do executado para garantir crédito exequendo, pois é prioritária e obedece à gradação prevista no art. 835 do CPC de 2015 (art. 655 do CPC de 1973).

II — Havendo discordância do credor, em execução definitiva, não tem o executado direito líquido e certo a que os valores penhorados em dinheiro fiquem depositados no próprio banco, ainda que atenda aos requisitos do art. 840, I, do CPC de 2015 (art. 666, I, do CPC de 1973). *(ex-OJ n. 61 da SBDI-2 — inserida em 20.9.2000)*

A Súmula foi atualizada, para se adaptar ao novo CPC (arts. 835, 840 e 805, respectivamente).

Para fins de substituição da penhora, equiparam-se a dinheiro a fiança bancária e o seguro garantia judicial, desde que em valor não inferior ao do débito constante da inicial, acrescido de trinta por cento. A fiança bancária está regulada pela Circular Normativa n. 29/66 do Banco Central do Brasil. Trata-se de uma espécie de fiança pela qual o Banco, na condição de fiador, assume o compromisso de saldar as dívidas de seus clientes (afiançado. A fiança está prevista nos arts. 818 a 839 do Código Civil. Equipara-se ao seguro garantia judicial. Ambos, por serem contratos acessórios, e não operações de crédito, não sofrem a incidência do IOF. Para que sejam aceitos como garantia da execução, têm de ser acrescidos em 30%. O § 2º do art. 835 do CPC, é fruto de longas batalhas jurisprudenciais na Justiça do Trabalho, tendo em vista a aplicação subsidiária da Lei n. 6.830/80, que prevê a possibilidade de o executado oferecer como garantia a fiança bancária (art. 9º, II). Como se sabe, a Lei de Executivos Fiscais é subsidiariamente aplicável ao Processo do trabalho por força do art. 889, da CLT. A Jurisprudência do TST terminou por aceitar tal meio de garantia, conforme a OJ n. 59, SBDI – II, TST, já adaptada ao novo CPC:

> 59. MANDADO DE SEGURANÇA. PENHORA. CARTA DE FIANÇA BANCÁRIA. SEGURO GARANTIA JUDICIAL (nova redação em decorrência do CPC de 2015) – Res. 209/2016, DEJT divulgado em 01, 02 e 03.06.2016
>
> A carta de fiança bancária e o seguro garantia judicial, desde que em valor não inferior ao do débito em execução, acrescido de trinta por cento, equivalem a dinheiro para efeito da gradação dos bens penhoráveis, estabelecida no art. 835 do CPC de 2015 (art. 655 do CPC de 1973).

q) Inciso XVII – art. 836, §§ 1º e 2º (procedimento quando não encontrados bens penhoráveis);

O princípio da utilidade da execução ou do resultado útil, também se aplica ao Processo do Trabalho. Se a execução não redundar em proveito do credor, sendo absorvida pelo pagamento das despesas judiciais com custas, é melhor suspendê-la. Este é o teor contido no art. 836 do CPC:

> Art. 836. Não se levará a efeito a penhora quando ficar evidente que o produto da execução dos bens encontrados será totalmente absorvido pelo pagamento das custas da execução.
>
> § 1º Quando não encontrar bens penhoráveis, independentemente de determinação judicial expressa, o oficial de justiça descreverá na certidão os bens que guarnecem a residência ou o estabelecimento do executado, quando este for pessoa jurídica.
>
> § 2º Elaborada a lista, o executado ou seu representante legal será nomeado depositário provisório de tais bens até ulterior determinação do juiz.

É necessário que o oficial de justiça, no cumprimento do mandado de penhora, descreva os bens que guarnecem a residência ou o estabelecimento. Isso ocorre para que se possa fazer a análise do valor e se vale a pena, ou não, prosseguir na execução. Uma vez arrolados, os bens ficam em depósito com o próprio devedor ou seu representante legal, até posterior determinação do Juiz.

r) Inciso XVIII – art. 841, §§ 1º e 2º (intimação da penhora);

O Processo do Trabalho tem norma sobre a penhora (art. 883, CLT), que determina que, "não pagando o executado, nem garantindo a execução, seguir--se-á penhora dos bens, tantos quantos bastem ao pagamento da importância da condenação, acrescida de custas e juros de mora, sendo estes, em qualquer caso, devidos a partir da data em que for ajuizada a reclamação inicial". Entretanto, não possui norma expressa sobre a intimação da penhora. Em regra, a ciência da penhora é feita pelo oficial de justiça no próprio auto de penhora, diretamente ao reclamado. Entretanto, com o PJE, pode ser mais célere intimar o advogado constituído nos autos diretamente, na forma do CPC. Este é o sentido de a IN n. 39/2016 – TST ter considerado subsidiariamente aplicável o art. 841, §§ 1º e 2º, do CPC, cujo texto é o seguinte:

> Art. 841. Formalizada a penhora por qualquer dos meios legais, dela será imediatamente intimado o executado.
>
> § 1º A intimação da penhora será feita ao advogado do executado ou à sociedade de advogados a que aquele pertença.
>
> § 2º Se não houver constituído advogado nos autos, o executado será intimado pessoalmente, de preferência por via postal.
>
> § 3º O disposto no § 1º não se aplica aos casos de penhora realizada na presença do executado, que se reputa intimado.
>
> § 4º Considera-se realizada a intimação a que se refere o § 2º quando o executado houver mudado de endereço sem prévia comunicação ao juízo, observado o disposto no parágrafo único do art. 274.

A intimação deve ser feita na pessoa do advogado (§ 1º) ou, não havendo, por via postal, preferencialmente (§ 2º). Se a via postal não for exitosa, intima-se diretamente o executado por oficial de justiça ou, em último caso, por edital. O curioso é a não referência ao § 3º, que é justamente a regra no Processo do Trabalho. A regra da intimação está relacionada com o art. 274, do CPC, cujo texto é o seguinte:

> Art. 274. Não dispondo a lei de outro modo, as intimações serão feitas às partes, aos seus representantes legais, aos advogados e aos demais sujeitos do processo pelo correio ou, se presentes em cartório, diretamente pelo escrivão ou chefe de secretaria.
>
> Parágrafo único. Presumem-se válidas as intimações dirigidas ao endereço constante dos autos, ainda que não recebidas pessoalmente pelo interessado, se a modificação temporária ou definitiva não tiver sido devidamente comunicada ao juízo, fluindo os prazos a partir da juntada aos autos do comprovante de entrega da correspondência no primitivo endereço.

Portanto, é dever da parte manter seu endereço atualizado nos autos, sob pena de presunção de recebimento das intimações.

Com relação à ciência da penhora em nome do advogado, poderá ser aplicada a regra de que os advogados poderão requerer que, na intimação a eles dirigida, figure apenas o nome da sociedade a que pertençam, desde que devidamente registrada na Ordem dos Advogados do Brasil (art. 272, § 1º, CPC).

s) Inciso XIX — art. 854 e parágrafos (BACEN JUD);

Nos termos do Regulamento do Banco Central (art. 2º), o sistema BACEN JUD é um instrumento de comunicação entre o Poder Judiciário e instituições financeiras, com intermediação técnica do Banco Central do Brasil. Pela normativa mencionada, compete ao Poder Judiciário o registro das ordens no sistema e o zelo por seu cumprimento e as instituições financeiras participantes são responsáveis pelo cumprimento das ordens judiciais na forma padronizada por este regulamento. Cabe ao Banco Central a operacionalização e a manutenção do sistema, utilizando a base de dados do Cadastro de Clientes do Sistema Financeiro Nacional (CCS), instituído por força da Lei n. 10.701/2003, e disciplinado pela Circular BACEN

3.347/2007, para identificar as instituições destinatárias de cada ordem judicial, se não especificadas pelo próprio magistrado. Caso o atingido seja uma instituição participante, a ordem é encaminhada também para a instituição responsável pelo seu agrupamento (art. 5º). A penhora por meio eletrônico e os requisitos do auto de penhora estão nos arts. 837 e 838, do CPC, cujo texto é o que segue:

> Art. 837. Obedecidas as normas de segurança instituídas sob critérios uniformes pelo Conselho Nacional de Justiça, a penhora de dinheiro e as averbações de penhoras de bens imóveis e móveis podem ser realizadas por meio eletrônico.
>
> Art. 838. A penhora será realizada mediante auto ou termo, que conterá:
>
> I — a indicação do dia, do mês, do ano e do lugar em que foi feita;
>
> II — os nomes do exequente e do executado;
>
> III — a descrição dos bens penhorados, com as suas características;
>
> IV — a nomeação do depositário dos bens.

A disciplina da forma como a penhora *on line* é feita está no art. 854, do CPC, que tem a seguinte redação:

> Art. 854. Para possibilitar a penhora de dinheiro em depósito ou em aplicação financeira, o juiz, a requerimento do exequente, sem dar ciência prévia do ato ao executado, determinará às instituições financeiras, por meio de sistema eletrônico gerido pela autoridade supervisora do sistema financeiro nacional, que torne indisponíveis ativos financeiros existentes em nome do executado, limitando-se a indisponibilidade ao valor indicado na execução.
>
> § 1º No prazo de 24 (vinte e quatro) horas a contar da resposta, de ofício, o juiz determinará o cancelamento de eventual indisponibilidade excessiva, o que deverá ser cumprido pela instituição financeira em igual prazo.
>
> § 2º Tornados indisponíveis os ativos financeiros do executado, este será intimado na pessoa de seu advogado ou, não o tendo, pessoalmente.
>
> § 3º Incumbe ao executado, no prazo de 5 (cinco) dias, comprovar que:
>
> I — as quantias tornadas indisponíveis são impenhoráveis;
>
> II — ainda remanesce indisponibilidade excessiva de ativos financeiros.
>
> § 4º Acolhida qualquer das arguições dos incisos I e II do § 3º, o juiz determinará o cancelamento de eventual indisponibilidade irregular ou excessiva, a ser cumprido pela instituição financeira em 24 (vinte e quatro) horas.
>
> § 5º Rejeitada ou não apresentada a manifestação do executado, converter-se-á a indisponibilidade em penhora, sem necessidade de lavratura de termo, devendo o juiz da execução determinar à instituição financeira depositária que, no prazo de 24 (vinte e quatro) horas, transfira o montante indisponível para conta vinculada ao juízo da execução.
>
> § 6º Realizado o pagamento da dívida por outro meio, o juiz determinará, imediatamente, por sistema eletrônico gerido pela autoridade supervisora do sistema financeiro nacional, a notificação da instituição financeira para que, em até 24 (vinte e quatro) horas, cancele a indisponibilidade.

§ 7º As transmissões das ordens de indisponibilidade, de seu cancelamento e de determinação de penhora previstas neste artigo far-se-ão por meio de sistema eletrônico gerido pela autoridade supervisora do sistema financeiro nacional.

§ 8º A instituição financeira será responsável pelos prejuízos causados ao executado em decorrência da indisponibilidade de ativos financeiros em valor superior ao indicado na execução ou pelo juiz, bem como na hipótese de não cancelamento da indisponibilidade no prazo de 24 (vinte e quatro) horas, quando assim determinar o juiz.

§ 9º Quando se tratar de execução contra partido político, o juiz, a requerimento do exequente, determinará às instituições financeiras, por meio de sistema eletrônico gerido por autoridade supervisora do sistema bancário, que tornem indisponíveis ativos financeiros somente em nome do órgão partidário que tenha contraído a dívida executada ou que tenha dado causa à violação de direito ou ao dano, ao qual cabe exclusivamente a responsabilidade pelos atos praticados, na forma da lei.

A chamada penhora *on line*, começa com a indisponibilidade da conta. A ordem deve ser cumprida sem prévio conhecimento do executado, para que não se frustre a medida e será limitada ao valor da execução. A preferência por dinheiro está relacionada com a ordem preferencial da penhora, prevista no art. 835, I, do CPC.

Segundo a normativa do Banco Centra — BACEN JUD 2.0 (art. 13), as ordens judiciais de bloqueio de valor têm como objetivo bloquear até o limite das importâncias especificadas e são cumpridas com observância dos saldos existentes em contas de depósitos à vista (contas correntes), de investimento e de poupança, depósitos a prazo, aplicações financeiras e demais ativos sob a administração e/ou custódia da instituição participante. Essas ordens judiciais atingem o saldo credor inicial, livre e disponível, apurado no dia útil seguinte ao que o arquivo de remessa for disponibilizado às instituições responsáveis, sem considerar créditos posteriores ao cumprimento da ordem e, nos depósitos à vista, quaisquer limites de crédito (cheque especial, crédito rotativo, conta garantida etc). Cumprida a ordem judicial e não atingido o limite da ordem de bloqueio inicial, caso necessário complementar o valor, o magistrado deverá expedir nova ordem de bloqueio. É facultado à instituição responsável definir em qual(is) instituição(ões) participante(s) de seu agrupamento e sobre qual(is) ativo(s) sob sua administração e/ou custódia recai o bloqueio de valor. Quando a ordem de bloqueio de valor destina-se a uma instituição participante com especificação da agência e do número de conta, o cumprimento da ordem dá-se com base apenas no saldo de todas as contas e aplicações registradas sob esse número. O magistrado pode: a) deixar os campos "Instituição Financeira", "Agência" e "Conta" em branco, se quiser atingir todos os ativos do réu/executado sob administração e/ou custódia nas instituições participantes; b) preencher a "Instituição Financeira" e deixar os campos "Agência" e "Conta" em branco, se quiser atingir todos os ativos do réu/executado sob administração e/ou custódia da instituição participante especificada; e c) preencher a "Instituição Financeira" e a "Agência" e deixar o campo "Conta" em branco, se quiser atingir todos os ativos do réu/executado sob administração e/ou custódia da instituição participante e agência especificadas. O sistema BACEN JUD 2.0 alerta ao usuário sobre a existência de conta única para bloqueio cadastrada conforme Resolução n. 61 do Conselho Nacional de Justiça, de 7.10.2008, a ser utilizada para evitar múltiplos bloqueios. As instituições participantes ficam dispensadas de efetivar o bloqueio quando o saldo consolidado do atingido for igual ou inferior a R$ 10,00 (dez reais).

Uma vez cumprida a ordem, ou seja, tornados indisponíveis os ativos financeiros do executado, ele deverá ser intimado na pessoa de seu advogado ou, não o tendo, pessoalmente (§ 2º). A forma de intimação está de acordo com o art. 841, do CPC.

Depois de intimado, deverá o executado, no prazo de 5 dias, provar que as quantias tornadas indisponíveis são impenhoráveis ou que ainda remanesce indisponibilidade excessiva de ativos financeiros. Acolhida qualquer das arguições dos incisos I e II do § 3º, o juiz determinará o cancelamento de eventual indisponibilidade irregular ou excessiva, a ser cumprido pela instituição financeira em 24 (vinte e quatro) horas (art. 854, §§ 2º, 3º e 4º, CPC).

Feito o bloqueio, o Juiz deve determinar a transferência do valor para conta vinculada à execução, a fim de possibilitar a conversão em penhora (art. 854, § 5º, CPC). Segundo a normativa do Banco Central antes mencionada (art. 14), na ordem judicial de transferência de valor, o magistrado deve informar os dados necessários ao seu cumprimento, dentre os quais a quantia a ser transferida, a instituição participante destinatária e a respectiva agência, e se mantém ou desbloqueia o saldo remanescente, se houver. Enquanto o magistrado não determinar o desbloqueio ou a transferência, os valores permanecem bloqueados nas contas ou aplicações financeiras atingidas, ressalvada a hipótese de vencimento de contrato de aplicação financeira sem reaplicação automática. Nesse caso, os valores passam à condição de depósito à vista em conta corrente e/ou conta de investimento, permanecendo bloqueados. A ordem judicial de transferência é respondida no prazo do "*caput*" do art. 8º (até as 23h59min do dia útil seguinte ao da disponibilização do respectivo arquivo de remessa das ordens), com a inclusão, pela instituição participante, da data de previsão para a transferência, tomando como base o prazo de resgate e os procedimentos necessários à sua efetivação. As transferências dos valores bloqueados devem ser efetivadas utilizando-se do Identificador de Depósito (ID) fornecido pelo sistema BACEN JUD 2.0 ou, excepcionalmente, por outro meio de efetivação de depósito judicial. Não se aguarda, para efeito de cumprimento da ordem de transferência, o prazo de vencimento dos contratos de aplicação financeira e nem o "aniversário" das contas de poupança As instituições participantes destinatárias dos valores transferidos para depósitos judiciais devem comunicar ao juízo, por outros meios que não o sistema BACEN JUD 2.0, no prazo de até dois dias úteis, o recebimento dessas quantias. Enquanto bloqueados, os valores não são remunerados em favor do

Poder Judiciário pela instituição participante. Após transferidos, tais valores observarão o regime estabelecido para o respectivo depósito judicial. Os valores bloqueados em aplicações financeiras sujeitas a oscilações de mercado podem sofrer reduções entre as datas do bloqueio e da transferência.

Se realizado o pagamento da dívida por outro meio, o juiz determinará, imediatamente, por sistema eletrônico gerido pela autoridade supervisora do sistema financeiro nacional, a notificação da instituição financeira para que, em até 24 (vinte e quatro) horas, cancele a indisponibilidade (art. 854, § 6º, CPC). As transmissões das ordens de indisponibilidade, de seu cancelamento e de determinação de penhora previstas neste artigo far-se-ão por meio de sistema eletrônico gerido pela autoridade supervisora do sistema financeiro nacional (art. 854, § 7º, CPC).

A responsabilidade da instituição financeira está prevista para o caso de existirem prejuízos causados ao executado em decorrência da indisponibilidade de ativos financeiros em valor superior ao indicado na execução ou pelo juiz, bem como na hipótese de não cancelamento da indisponibilidade no prazo de 24 (vinte e quatro) horas, quando assim determinar o juiz (art. 854, § 8º, CPC).

Se o executado, devidamente intimado (art. 774, V, CPC), não oferece dinheiro, e posteriormente, via penhora *on line* se descobre a existência, fica sujeito à sanção do parágrafo único do mencionado artigo, no valor de 20%.

Não se pode fazer penhora eletrônica sobre limites de cheque especial ou créditos rotativos de executado. Ela só incide sobre ativos financeiros.

t) Inciso XX — art. 895 (pagamento parcelado do lanço);

O Processo do Trabalho tem norma sobre o leilão (art. 888, CLT), dispondo que o os bens serão vendidos pelo maior lance, no dia, hora e local designados. O arrematante deve dar 20% do valor para garantir a arrematação e depositar o restante em 24 horas, sob pena de perder o sinal em benefício da execução. Não há disposição expressa sobre o parcelamento do lanço na CLT. A previsão que é trazida pelo CPC, no art. 895, e considerado compatível com o Processo do Trabalho pelo art. 3º, XX, da IN n. 39/2016 — TST, cujo texto é o seguinte:

> Art. 895. O interessado em adquirir o bem penhorado em prestações poderá apresentar, por escrito:
>
> I — até o início do primeiro leilão, proposta de aquisição do bem por valor não inferior ao da avaliação;
>
> II — até o início do segundo leilão, proposta de aquisição do bem por valor que não seja considerado vil.
>
> § 1º A proposta conterá, em qualquer hipótese, oferta de pagamento de pelo menos vinte e cinco por cento do valor do lance à vista e o restante parcelado em até 30 (trinta) meses, garantido por caução idônea, quando se tratar de móveis, e por hipoteca do próprio bem, quando se tratar de imóveis.

§ 2º As propostas para aquisição em prestações indicarão o prazo, a modalidade, o indexador de correção monetária e as condições de pagamento do saldo.

§ 3º (VETADO).

§ 4º No caso de atraso no pagamento de qualquer das prestações, incidirá multa de dez por cento sobre a soma da parcela inadimplida com as parcelas vincendas.

§ 5º O inadimplemento autoriza o exequente a pedir a resolução da arrematação ou promover, em face do arrematante, a execução do valor devido, devendo ambos os pedidos ser formulados nos autos da execução em que se deu a arrematação.

§ 6º A apresentação da proposta prevista neste artigo não suspende o leilão.

§ 7º A proposta de pagamento do lance à vista sempre prevalecerá sobre as propostas de pagamento parcelado.

§ 8º Havendo mais de uma proposta de pagamento parcelado:

I — em diferentes condições, o juiz decidirá pela mais vantajosa, assim compreendida, sempre, a de maior valor;

II — em iguais condições, o juiz decidirá pela formulada em primeiro lugar.

§ 9º No caso de arrematação a prazo, os pagamentos feitos pelo arrematante pertencerão ao exequente até o limite de seu crédito, e os subsequentes, ao executado.

Em uma sociedade de crédito, onde a aquisição dos bens é facilitada pelo financiamento, não faz sentido que a venda judicial não permita tal facilidade. Sabe-se que o crédito parcelado implica em custo, pelo fato do custo de oportunidade no uso do dinheiro de forma diferida, este custo tem de ser suportado pelo comprador (que paga os juros pelos custos do financiamento) ou pelo vendedor (que suporta os custos do financiamento). No caso do CPC, os custos são suportados por ambas as partes: o executado, por conta do cálculo dos juros e atualização monetária; o exequente, porque recebe de forma parcelada o seu crédito. Mas, ao menos, a execução tem maiores chances de ser bem-sucedida.

O parcelamento tal como previsto na norma do CPC, é de 25% de entrada e o restante em até 30 parcelas. A proposta deve ser feita por escrito e não pode ser inferior ao valor da avaliação, no primeiro leilão, e preço não considerado vil, no segundo (incisos I e II). Se não houver sido fixado preço mínimo, o valor, no segundo leilão, não pode ser inferior a 50% do valor da avaliação (art. 891, CPC). Se for imóvel de incapaz, há regra especial para preço vil (art. 896, CPC).

A apresentação da proposta de parcelamento não suspende, por si só, o leilão (§ 6º).

Para que seja deferido o parcelamento, existe necessidade de caução idônea (móveis) ou hipoteca sobre o próprio bem (imóveis) (§ 1º). A proposta deve ser detalhada, indicando o prazo, a modalidade, o indexador de correção monetária e as condições de pagamento do saldo (§ 2º).

O Projeto do novo CPC chegou a prever que as prestações poderiam ser pagas por cartão de crédito e seriam corrigidas mensalmente pelo índice oficial de preços, o que poderia acarretar o retorno da memória inflacionária. Todos os esforços legislativos, a partir do Plano Real, são de banir da legislação tais dispositivos. Por esta razão o veto ao § 3º, que continha tal previsão.

Se houver atraso de qualquer das prestações, incide a multa de 10% sobre a soma da parcela inadimplida com as parcelas vincendas (§ 4º). Este inadimplemento autoriza duas medidas: a) ou exequente pede a resolução da arrematação; b) ou promove, em face do arrematante, a execução do valor devido. Ambos os pedidos devem ser formulados na execução em que se processou a arrematação (§ 5º).

Se houver proposta de pagamento à vista, esta terá preferência sobre o pagamento parcelado (§ 7º). No caso de concorrência de propostas, em diferentes condições, o Juiz decidirá pela mais vantajosa e, em iguais condições, decidirá pela que houver sido formulada em primeiro lugar (§ 8º). Se o parcelamento ultrapassar o limite do crédito do exequente, os pagamentos serão em seu proveito até o seu limite. Ultrapassado o limite, os pagamentos seguintes revertem ao executado (§ 9º).

u) Inciso XXI — art. 916 e parágrafos (parcelamento do crédito exequendo);

Pelos mesmo motivos que o parcelamento do lance (art. 895), é permitido, pelo novo CPC, o parcelamento do crédito exequendo (art. 916), desde que o devedor o faça no prazo de embargos. O texto legal é o seguinte:

Art. 916. No prazo para embargos, reconhecendo o crédito do exequente e comprovando o depósito de trinta por cento do valor em execução, acrescido de custas e de honorários de advogado, o executado poderá requerer que lhe seja permitido pagar o restante em até 6 (seis) parcelas mensais, acrescidas de correção monetária e de juros de um por cento ao mês.

§ 1º O exequente será intimado para manifestar-se sobre o preenchimento dos pressupostos do *caput*, e o juiz decidirá o requerimento em 5 (cinco) dias.

§ 2º Enquanto não apreciado o requerimento, o executado terá de depositar as parcelas vincendas, facultado ao exequente seu levantamento.

§ 3º Deferida a proposta, o exequente levantará a quantia depositada, e serão suspensos os atos executivos.

§ 4º Indeferida a proposta, seguir-se-ão os atos executivos, mantido o depósito, que será convertido em penhora.

§ 5º O não pagamento de qualquer das prestações acarretará cumulativamente:

I — o vencimento das prestações subsequentes e o prosseguimento do processo, com o imediato reinício dos atos executivos;

II — a imposição ao executado de multa de dez por cento sobre o valor das prestações não pagas.

§ 6º A opção pelo parcelamento de que trata este artigo importa renúncia ao direito de opor embargos

§ 7º O disposto neste artigo não se aplica ao cumprimento da sentença.

Para que seja deferido o parcelamento, 30% de entrada e o saldo em até seis parcelas acrescidas de juros de 15 ao mês e atualização monetária, o exequente deverá ser intimado e o Juiz decidirá em 5 dias (§ 1º). Se a proposta for deferida, o exequente pode levantar os valores que forem sendo depositados e serão suspensos os atos executivos (§ 3º). O executado pode ir depositando as parcelas, enquanto não for apreciado o seu requerimento. Deferida a proposta, o exequente levantará a quantia depositada, e serão suspensos os atos executivos. Indeferida, seguir-se-ão os atos executivos, mantido o depósito, que será convertido em penhora (§§ 3º e 4º).

Se a proposta de parcelamento contiver algum vício ou não for deferida pelo Juiz, por envolver algum aspecto de fraude ou de inviabilidade, a execução prossegue, desde que existam bens disponíveis. A questão principal é se o parcelamento, uma vez requerido, deve ser deferido ou é uma faculdade do Juiz. Em primeiro lugar, deve ser lembrado que a execução corre no interesse do credor e que a execução menos gravosa, quando arguida pelo réu, deve ter os meios e os caminhos por ele indicados, sob pena de não ser deferida. Em segundo lugar, o credor deve ser ouvido sobre o pedido de parcelamento do réu (§ 1º). Portanto, a oitiva do exequente, além de preencher o requisito do contraditório, serve para saber do seu interesse, ou seja, se lhe interessa em receber parcelado, ou não. Com o BACEN JUD, por exemplo, o credor pode conhecer meios para bloquear direto bens e valores do devedor, não lhe sendo interessante o parcelamento. Portanto, o parcelamento pode ser requerido, mas deverá contar com a anuência do credor ou, na pior das hipóteses, com o seu silêncio uma vez intimado, o que será interpretado como concordância.

Outra questão relevante é se cabe recurso e qual o recurso cabível se o credor não concordar com o parcelamento e o Juiz, mesmo assim, o deferir. Trata-se de uma decisão interlocutória da execução e não cabe agravo de instrumento para esta hipótese no Processo do Trabalho. Também não caberia agravo de petição, pois a decisão não é terminativa. Assim, a única via para rediscutir o tema seria o Mandado de Segurança, pois não há recurso próprio.

Se o executado não pagar o parcelamento que lhe foi deferido, ocorrerão as seguintes consequências: a) o vencimento das prestações subsequentes e o prosseguimento do processo, com o imediato reinício dos atos executivos; e b) a imposição ao executado de multa de dez por cento sobre o valor das prestações não pagas (§ 5º).

O pedido de parcelamento importa a renúncia ao direito de opor embargos (§ 6º).

O presente dispositivo não se aplica ao cumprimento da sentença, somente sendo cabível para execução de títulos extrajudiciais (§ 7º). No Processo do Trabalho, os títulos extrajudiciais são: a) TAC (termo de ajuste de conduta) firmado perante o Ministério Público (art. 876, CLT); b) acordo celebrado perante as comissões de conciliação prévia (art. 876, CLT); c) cheque e nota promissória associados inequivocamente a dívidas trabalhistas (art. 13, IN n. 39/2016 — TST, combinado com o art. 784, I, CPC).

v) Inciso XXII — art. 918 e parágrafo único (rejeição liminar dos embargos à execução);

A possibilidade de rejeição liminar do pedido (art. 918, CPC), de certa maneira, expande a matéria dos embargos à execução originalmente prevista no art. 884 da CLT. Lembre-se que a matéria era restrita ao cumprimento da decisão ou do acordo, quitação ou prescrição da dívida (art. 884, § 1º, CLT). A IN n. 39/2016 — TST, prevê a compatibilidade entre a rejeição liminar dos embargos, prevista no CPC (art. 918) e o Processo do Trabalho. O texto legal do artigo mencionado é o seguinte:

> Art. 918. O juiz rejeitará liminarmente os embargos:
>
> I — quando intempestivos;
>
> II — nos casos de indeferimento da petição inicial e de improcedência liminar do pedido;
>
> III — manifestamente protelatórios.
>
> Parágrafo único. Considera-se conduta atentatória à dignidade da justiça o oferecimento de embargos manifestamente protelatórios.

A tempestividade é um requisito formal e o prazo de cinco dias para a interposição dos embargos é preclusivo (art. 884, CLT).

As hipóteses para o indeferimento da inicial estão no CPC (art. 330). Ocorrem quando a inicial for inepta, a parte for manifestamente ilegítima, o autor carecer de interesse processual ou não forem atendidas as prescrições dos arts. 106 e 321 do CPC (advogado em causa própria e emenda da inicial). O CPC considera inepta a petição inicial quando: a) lhe faltar pedido ou causa de pedir; b) o pedido for indeterminado, ressalvadas as hipóteses legais em que se permite o pedido genérico; c) da narração dos fatos não decorrer logicamente a conclusão; e d) contiver pedidos incompatíveis entre si (art. 330, § 1º). O prazo de 15 dias para aditamento e saneamento de vícios está no art. 321 do CPC, que é considerado compatível com o Processo do Trabalho, nos termos da Súmula n. 263, TST, cujo texto é o seguinte:

> **Súmula n. 263 do TST — PETIÇÃO INICIAL. INDEFERIMENTO. INSTRUÇÃO OBRIGATÓRIA DEFICIENTE (nova redação em decorrência do CPC de 2015) — Res. 208/2016, DEJT divulgado em 22, 25 e 26.4.2016**
>
> Salvo nas hipóteses do art. 330 do CPC de 2015 (art. 295 do CPC de 1973), o indeferimento da petição inicial, por encontrar-se desacompanhada de documento indispensável à propositura da ação ou não preencher outro requisito legal, somente é cabível se, após intimada para suprir a irregularidade em 15 (quinze) dias, mediante indicação precisa do que deve ser corrigido ou completado, a parte não o fizer (art. 321 do CPC de 2015).

O indeferimento liminar do pedido (art. 332, CPC) também pode ser aplicado à petição de embargos de execução. Caberá nas causas que dispensem a fase instrutória e que contenham pedido que contrariar: a) enunciado de súmula do STF ou do TST; b) acórdão proferido pelo STF ou pelo TST em julgamento de recursos repetitivos; b) entendimento firmado em incidente de resolução de demandas repetitivas ou de assunção de competência; c) enunciado de súmula de tribunal de justiça sobre direito local. O juiz também poderá julgar liminarmente improcedente o pedido se verificar, desde logo, a ocorrência de decadência ou de prescrição.

w) Inciso XXIII — arts. 926 a 928 (jurisprudência dos tribunais);

Os arts. 926 a 928 do novo CPC tratam do tema da unificação de jurisprudência (*stare decisis*). No plano horizontal, os tribunais têm o dever de manter sua jurisprudência estável, íntegra e coerente (art. 926, CPC). No plano vertical, a jurisprudência vincula, ou seja, deve ser de observância obrigatória, e não apenas persuasiva (art. 927, CPC). Por último, o CPC define aquilo que considera como jurisprudência que deva ser observada (art. 928). Este é um dos capítulos mais importantes e, por este motivo, mais polêmico, do novo CPC. A IN n. 39/2016 — TST considera que estes artigos são aplicáveis ao Processo do Trabalho, subsidiária e supletivamente.

O dever de uniformizar, utilizando enunciados e súmulas correspondentes à jurisprudência dominante, com a enunciação das respectivas circunstâncias fáticas que motivaram a sua criação está no art. 926, cujo texto é o seguinte:

> Art. 926. Os tribunais devem uniformizar sua jurisprudência e mantê-la estável, íntegra e coerente.
>
> § 1º Na forma estabelecida e segundo os pressupostos fixados no regimento interno, os tribunais editarão enunciados de súmula correspondentes a sua jurisprudência dominante.
>
> § 2º Ao editar enunciados de súmula, os tribunais devem ater-se às circunstâncias fáticas dos precedentes que motivaram sua criação.

Estabilidade, coerência e integridade da jurisprudência são decorrência do princípio da segurança jurídica. Como os princípios podem entrar em oposição ou até mesmo contradição com outros princípios e também não tem pretensão de exclusividade de incidência em uma única relação jurídica, a segurança jurídica pode entrar em confronto com a liberdade de convicção do Juiz, que também é um princípio e também tem assento no CPC (arts. 369, 371 e 375).

O Direito pode ser concebido como um sistema de normas que obedece parâmetros de coerência interna e unidade valorativa, para que seja funcional e atinja seu objetivo de regulamentar as condutas de uma sociedade humana. Para KELSEN, as normas podem ser concebidas como uma previsão genérica e abstrata de uma situação de fato, à qual se atribui uma consequência jurídica, por meio de uma regra de imputação (estática jurídica). Na perspectiva de suas relações entre si (uma norma com relação às outras), podem ser vistas como uma estrutura escalonada, de forma que a aplicação de uma norma está regida pelo princípio da vinculação positivo, ou seja, nenhuma norma é aplicada fora de um contexto, mas sim com relação hierárquica em relação às demais (dinâmica jurídica). Nesta perspectiva, todo o ato de aplicação de uma norma é, ao mesmo tempo, a criação de uma norma jurídica hierarquicamente inferior, em um processo de especificação que chega até a criação da norma no caso concreto que é a sentença judicial. O processo judicial organiza e direciona a solução do caso concreto e, ao mesmo tempo, é o meio pelo se cria uma norma jurídica para o caso concreto.

Para Dworkin, cada novo caso deve ser decidido como um complexo empreendimento em cadeia, no qual os capítulos passados (julgados passados e entendimentos doutrinários) devem ser levados em consideração para que se escreva um novo capítulo. A interpretação do Direito é construtiva. Ao mesmo tempo em que é uma resposta aos litigantes, também é o produto de várias mãos e dá continuidade (sem ruptura) a uma construção.

No mundo ocidental, as duas principais famílias de Direito (Direito romano-germânico e Direito anglo-saxão — *civil law* e *common law*) possuem formas diferentes forma de criar as normas básicas que vão orientar a criação dos padrões de conduta básicos que vão ser analisados e aplicados concretamente em uma sentença. A primeira (*civil law*) baseia na lei em particular, e na organização dos corpos de leis, também conhecida como codificação. São os chamados sistemas de codificação. Os códigos são os conjuntos de leis organizados e classificados para a melhor compreensão e aplicação das normas jurídicas. A segunda (*common law*) baseia-se no conjunto das decisões judiciais que vão sendo aglutinadas pela regra do precedente (*precedent rule*), que dispõe no sentido de que os casos paradigmáticos julgados pelas cortes superiores, com grau maior de generalidade e abstração, devem ser obrigatoriamente seguidos pelas cortes inferiores (*stare decisis*). Com o passar do tempo, esse conjunto de casos acaba constituindo os parâmetros do sistema jurídico e serve como pauta de conduta para os cidadãos, garantindo a coerência interna e unidade valorativa do sistema.

Na tradição dos sistemas jurídicos romano-germânicos, baseados na ideia de lei e codificação (*civil law*), os sistemas normativos podem ser abertos ou fechados. Sistemas abertos são aqueles que permitem ao julgador a criação de normas jurídicas na lacuna da lei, por meios de analogia, equidade e princípios gerais do direto. No ordenamento jurídico brasileiro, por exemplo, o art. 4º da LINDB:

> Art. 4º Quando a lei for omissa, o juiz decidirá o caso de acordo com a analogia, os costumes e os princípios gerais de direito.

E o art. 8º da CLT:

> Art. 8º As autoridades administrativas e a Justiça do Trabalho, na falta de disposições legais ou contratuais, decidirão, conforme o caso, pela jurisprudência, por analogia, por eqüidade e

outros princípios e normas gerais de direito, principalmente do direito do trabalho, e, ainda, de acordo com os usos e costumes, o direito comparado, mas sempre de maneira que nenhum interesse de classe ou particular prevaleça sobre o interesse público.

Parágrafo único. O direito comum será fonte subsidiária do direito do trabalho, naquilo em que não for incompatível com os princípios fundamentais deste.

Sistemas fechados, são aqueles regidos por uma regra de clausura, de forma que os casos não enquadrados rigidamente nas hipóteses legais são automaticamente enquadrados na solução comum. Regem-se pelo princípio da Tipicidade, como, por exemplo, o Direito Penal. Casos não enquadrados na definição da norma não são típicos e fatos não-típicos, não ensejam a sanção penal, levando, portanto, à absolvição.

O CPC instrumentaliza a aplicação de normas jurídicas relativas ao primeiro tipo de sistemas: sistemas abertos dentro de um sistema filiado à família romano--germânica. Todo o sistema recursal tenta manter a estabilidade, integridade e coerência do sistema dentro dessa perspectiva: interpretar normas gerais oriundas do Poder Legislativo, dando-lhes significado no caso concreto.

Entretanto, o Poder Judiciário brasileiro encontra-se cada vez mais diante de alguns desafios que o fazem aproximar-se de técnicas similares aos sistemas de *common law*, em especial no uso de precedentes judiciais para a resolução de um imenso número de demandas. O art. 926 adota expressamente o *stare decisis* horizontal, ao dispor que é dever do poder Judiciário manter a unidade do Direito. O *stare decisis* vertical está no art. 927.

Muitos são os motivos para o problema, mas poderiam ser mencionados alguns deles como: a) insuficiência do Poder Executivo em regulamentar e aplicar normas de realização do Estado Social de Direito, levando à população ao Judiciário para requerer a efetividade de direitos trabalhistas, direitos do consumidor, direitos previdenciários, direitos de assistência à saúde (remédios, internações, etc.; b) insuficiência do Poder Legislativo, que deixa de regulamentar temas importantes, não realizando a especificação normativa necessária para regulamentar aspectos importantes da vida social, resultando em demandas massivas no Judiciário; c) adoção de técnicas legislativas relacionadas com cláusulas gerais e conceitos jurídicos indeterminados, necessitam de preenchimento valorativo no caso concreto, exigindo uma atuação atomizada do Judiciário; d) instabilidade econômica, levando a inúmeras normas jurídicas de constitucionalidade duvidosa em matéria controvertidas e com alto impacto político e econômico; e) evolução normal das relações sociais com o impacto de novas tecnologias de relacionamento e interação; entre outros tantos motivos possíveis. O fato é o Poder Judiciário brasileiro é um dos mais abarrotados do mundo gerando problemas de morosidade e ineficiência. Tratam-se de lacunas, mais do que legislativas, lacunas de atuação do Estado.

As lacunas de atuação do Estado geram um número imenso de processos, que, em muitos casos, são a esperança de uma efetividade do Estado, e não apenas da prestação jurisdicional. O Poder Judiciário é chamado a decidir e, em muitos casos, criar normas para a resolução dessa litigiosidade de massa. Mais do que interpretar normas jurídicas, o Judiciário tem de criar normas de conduta, com certo grau de generalidade e abstração, diferentemente da função tradicional da sentença que é a criação para o caso concreto. Esse grande número de decisões gera inúmeros problemas de disfuncionalidade e incoerência na jurisprudência dos tribunais. Na prática, os tribunais passam a preencher o espaço que originalmente era destinado ao legislador. Uma parte da doutrina (Dierle Nunes, por exemplo) afirma que o "velho" modo de julgamento promovido pelos ministros e desembargadores, de modo unipessoal e sem diálogo ou contraditório entre eles, não atende mais ao novo momento em que o sistema judiciário brasileiro se encontra. Novas formas de julgar os processos são necessárias, diante de uma litigiosidade tão plúrima e complexa como a brasileira da atualidade. E ainda assim, deverão ser tomadas outras tantas providências para resolver ou diminuir o problema, passando por questões orçamentárias, técnicas de administração e gerenciamento, mudanças culturais, formação profissional, entre outros.

As tentativas para resolver tais problemas de hipertrofia, morosidade e ineficiência são as mais variadas. Uma das variantes é a aproximação do sistema de precedentes judiciais. Um sinal dessa aproximação é a Emenda Constitucional n. 45/04, com a introdução da Súmula Vinculante e que permitiu o julgamento dos recursos extraordinários por parte do STF, com repercussão geral (regulamentada pela Lei n. 11.418/06, com a nova redação dada aos arts. 543-A e 543-B, do CPC/73). O texto constitucional é o seguinte:

> Art. 103-A. O Supremo Tribunal Federal poderá, de ofício ou por provocação, mediante decisão de dois terços dos seus membros, após reiteradas decisões sobre matéria constitucional, aprovar súmula que, a partir de sua publicação na imprensa oficial, terá efeito vinculante em relação aos demais órgãos do Poder Judiciário e à administração pública direta e indireta, nas esferas federal, estadual e municipal, bem como proceder à sua revisão ou cancelamento, na forma estabelecida em lei. *(Incluído pela Emenda Constitucional n. 45, de 2004)*
>
> § 1º A súmula terá por objetivo a validade, a interpretação e a eficácia de normas determinadas, acerca das quais haja controvérsia atual entre órgãos judiciários ou entre esses e a administração pública que acarrete grave insegurança jurídica e relevante multiplicação de processos sobre questão idêntica. *(Incluído pela Emenda Constitucional n. 45, de 2004)*
>
> § 2º Sem prejuízo do que vier a ser estabelecido em lei, a aprovação, revisão ou cancelamento de súmula poderá ser provocada por aqueles que podem propor a ação direta de inconstitucionalidade. *(Incluído pela Emenda Constitucional n. 45, de 2004)*
>
> § 3º Do ato administrativo ou decisão judicial que contrariar a súmula aplicável ou que indevidamente a aplicar, caberá reclamação ao Supremo Tribunal Federal que, julgando-a procedente, anulará o ato administrativo ou cassará a decisão judicial reclamada, e determinará que outra seja proferida com ou sem a aplicação da súmula, conforme o caso. *(Incluído pela Emenda Constitucional n. 45, de 2004)*

O texto legal, no CPC/73 era o seguinte (CPC/73):

Art. 543-A. O Supremo Tribunal Federal, em decisão irrecorrível, não conhecerá do recurso extraordinário, quando a questão constitucional nele versada não oferecer repercussão geral, nos termos deste artigo.

§ 1º Para efeito da repercussão geral, será considerada a existência, ou não, de questões relevantes do ponto de vista econômico, político, social ou jurídico, que ultrapassem os interesses subjetivos da causa.

§ 2º O recorrente deverá demonstrar, em preliminar do recurso, para apreciação exclusiva do Supremo Tribunal Federal, a existência da repercussão geral.

§ 3º Haverá repercussão geral sempre que o recurso impugnar decisão contrária a súmula ou jurisprudência dominante do Tribunal.

§ 4º Se a Turma decidir pela existência da repercussão geral por, no mínimo, 4 (quatro) votos, ficará dispensada a remessa do recurso ao Plenário.

§ 5º Negada a existência da repercussão geral, a decisão valerá para todos os recursos sobre matéria idêntica, que serão indeferidos liminarmente, salvo revisão da tese, tudo nos termos do Regimento Interno do Supremo Tribunal Federal.

§ 6º O Relator poderá admitir, na análise da repercussão geral, a manifestação de terceiros, subscrita por procurador habilitado, nos termos do Regimento Interno do Supremo Tribunal Federal.

§ 7º A Súmula da decisão sobre a repercussão geral constará de ata, que será publicada no Diário Oficial e valerá como acórdão.

Art. 543-B. Quando houver multiplicidade de recursos com fundamento em idêntica controvérsia, a análise da repercussão geral será processada nos termos do Regimento Interno do Supremo Tribunal Federal, observado o disposto neste artigo.

§ 1º Caberá ao Tribunal de origem selecionar um ou mais recursos representativos da controvérsia e encaminhá-los ao Supremo Tribunal Federal, sobrestando os demais até o pronunciamento definitivo da Corte.

§ 2º Negada a existência de repercussão geral, os recursos sobrestados considerar-se-ão automaticamente não admitidos.

§ 3º Julgado o mérito do recurso extraordinário, os recursos sobrestados serão apreciados pelos Tribunais, Turmas de Uniformização ou Turmas Recursais, que poderão declará-los prejudicados ou retratar-se.

§ 4º Mantida a decisão e admitido o recurso, poderá o Supremo Tribunal Federal, nos termos do Regimento Interno, cassar ou reformar, liminarmente, o acórdão contrário à orientação firmada.

§ 5º O Regimento Interno do Supremo Tribunal Federal disporá sobre as atribuições dos Ministros, das Turmas e de outros órgãos, na análise da repercussão geral.

Na Justiça do Trabalho, a Lei n. 13.015/14, também introduz a repercussão geral no Recurso de Revista, em uma tentativa de reduzir o incrível número de demandas que chegam ao Tribunal Superior do Trabalho e que podem inviabilizar a sua atuação.

Art. 896-B. Aplicam-se ao recurso de revista, no que couber, as normas da Lei n. 5.869, de 11 de janeiro de 1973 (Código de Processo Civil), relativas ao julgamento dos recursos extraordinário e especial repetitivos.

Art. 896-C. Quando houver multiplicidade de recursos de revista fundados em idêntica questão de direito, a questão poderá ser afetada à Seção Especializada em Dissídios Individuais ou ao Tribunal Pleno, por decisão da maioria simples de seus membros, mediante requerimento de um dos Ministros que compõem a Seção Especializada, considerando a relevância da matéria ou a existência de entendimentos divergentes entre os Ministros dessa Seção ou das Turmas do Tribunal.

§ 1º O Presidente da Turma ou da Seção Especializada, por indicação dos relatores, afetará um ou mais recursos representativos da controvérsia para julgamento pela Seção Especializada em Dissídios Individuais ou pelo Tribunal Pleno, sob o rito dos recursos repetitivos.

§ 2º O Presidente da Turma ou da Seção Especializada que afetar processo para julgamento sob o rito dos recursos repetitivos deverá expedir comunicação aos demais Presidentes de Turma ou de Seção Especializada, que poderão afetar outros processos sobre a questão para julgamento conjunto, a fim de conferir ao órgão julgador visão global da questão.

§ 3º O Presidente do Tribunal Superior do Trabalho oficiará os Presidentes dos Tribunais Regionais do Trabalho para que suspendam os recursos interpostos em casos idênticos aos afetados como recursos repetitivos, até o pronunciamento definitivo do Tribunal Superior do Trabalho.

§ 4º Caberá ao Presidente do Tribunal de origem admitir um ou mais recursos representativos da controvérsia, os quais serão encaminhados ao Tribunal Superior do Trabalho, ficando suspensos os demais recursos de revista até o pronunciamento definitivo do Tribunal Superior do Trabalho.

§ 5º O relator no Tribunal Superior do Trabalho poderá determinar a suspensão dos recursos de revista ou de embargos que tenham como objeto controvérsia idêntica à do recurso afetado como repetitivo.

§ 6º O recurso repetitivo será distribuído a um dos Ministros membros da Seção Especializada ou do Tribunal Pleno e a um Ministro revisor.

§ 7º O relator poderá solicitar, aos Tribunais Regionais do Trabalho, informações a respeito da controvérsia, a serem prestadas no prazo de 15 (quinze) dias.

§ 8º O relator poderá admitir manifestação de pessoa, órgão ou entidade com interesse na controvérsia, inclusive como assistente simples, na forma da Lei n. 5.869, de 11 de janeiro de 1973 (Código de Processo Civil).

§ 9º Recebidas as informações e, se for o caso, após cumprido o disposto no § 7º deste artigo, terá vista o Ministério Público pelo prazo de 15 (quinze) dias.

§ 10. Transcorrido o prazo para o Ministério Público e remetida cópia do relatório aos demais Ministros, o processo será incluído em pauta na Seção Especializada ou no Tribunal Pleno, devendo ser julgado com preferência sobre os demais feitos.

§ 11. Publicado o acórdão do Tribunal Superior do Trabalho, os recursos de revista sobrestados na origem:

I — terão seguimento denegado na hipótese de o acórdão recorrido coincidir com a orientação a respeito da matéria no Tribunal Superior do Trabalho; ou

II — serão novamente examinados pelo Tribunal de origem na hipótese de o acórdão recorrido divergir da orientação do Tribunal Superior do Trabalho a respeito da matéria.

§ 12. Na hipótese prevista no inciso II do § 11 deste artigo, mantida a decisão divergente pelo Tribunal de origem, far-se-á o exame de admissibilidade do recurso de revista.

§ 13. Caso a questão afetada e julgada sob o rito dos recursos repetitivos também contenha questão constitucional, a decisão proferida pelo Tribunal Pleno não obstará o conhecimento de eventuais recursos extraordinários sobre a questão constitucional.

§ 14. Aos recursos extraordinários interpostos perante o Tribunal Superior do Trabalho será aplicado o procedimento previsto no art. 543-B da Lei n. 5.869, de 11 de janeiro de 1973 (Código de Processo Civil), cabendo ao Presidente do Tribunal Superior do Trabalho selecionar um ou mais recursos representativos da controvérsia e encaminhá-los ao Supremo Tribunal Federal, sobrestando os demais até o pronunciamento definitivo da Corte, na forma do § 1º do art. 543-B da Lei n. 5.869, de 11 de janeiro de 1973 (Código de Processo Civil).

§ 15. O Presidente do Tribunal Superior do Trabalho poderá oficiar os Tribunais Regionais do Trabalho e os Presidentes das Turmas e da Seção Especializada do Tribunal para que suspendam os processos idênticos aos selecionados como recursos representativos da controvérsia e encaminhados ao Supremo Tribunal Federal, até o seu pronunciamento definitivo.

§ 16. A decisão firmada em recurso repetitivo não será aplicada aos casos em que se demonstrar que a situação de fato ou de direito é distinta das presentes no processo julgado sob o rito dos recursos repetitivos.

§ 17. Caberá revisão da decisão firmada em julgamento de recursos repetitivos quando se alterar a situação econômica, social ou jurídica, caso em que será respeitada a segurança jurídica das relações firmadas sob a égide da decisão anterior, podendo o Tribunal Superior do Trabalho modular os efeitos da decisão que a tenha alterado.

Todas essas tentativas de mudança constitucional e legal, são formas de enfrentar o problema da eficiência quantitativa na resolução do imenso número de demandas. Mas é preciso não esquecer do aspecto qualitativo dessa hiperintegração do Direito realizada pelos tribunais, no vácuo de atuação dos poderes Executivo e Legislativo. Não se pode esquecer que, para buscar a coerência e integridade do sistema, a fundamentação das decisões com repercussão geral deve ser aprofundada, tanto sob o ponto de vista do conhecimento da situação de fato em que se baseia (realidade social) quanto nas projeções futuras de tal decisão (aspecto teleológico e prospectivo da decisão).

A forma da edição das súmulas ficou a cargo do regimento interno dos tribunais (§ 1º).

A questão das premissas fáticas que levaram à edição das súmulas (§ 2º). As circunstâncias fáticas é que motivam a edição de súmulas, e não o contrário. As súmulas, nesse sentido, são uma reação posterior ao ajuizamento de demandas repetitivas. Seria uma atividade corretiva e estabilizadora do tribunal em relação a fatos pretéritos. Entretanto, também podem ter caráter prospectivo, no sentido de que a projeção de seus efeitos pode evitar demandas similares.

A estabilidade do sistema jurídico brasileiro depende da interpretação dada às normas jurídicas por parte de seus tribunais. É preciso uma conjugação de esforços por parte dos juízes, legisladores e doutrinadores para que os textos adquiram seu real significado normativo.

Sobre o *stare decisis* vertical, assim dispõe o art. 927 do CPC:

Art. 927. Os juízes e os tribunais observarão:

I — as decisões do Supremo Tribunal Federal em controle concentrado de constitucionalidade;

II — os enunciados de súmula vinculante;

III — os acórdãos em incidente de assunção de competência ou de resolução de demandas repetitivas e em julgamento de recursos extraordinário e especial repetitivos;

IV — os enunciados das súmulas do Supremo Tribunal Federal em matéria constitucional e do Superior Tribunal de Justiça em matéria infraconstitucional;

V — a orientação do plenário ou do órgão especial aos quais estiverem vinculados.

§ 1º Os juízes e os tribunais observarão o disposto no art. 10 e no art. 489, § 1º, quando decidirem com fundamento neste artigo.

§ 2º A alteração de tese jurídica adotada em enunciado de súmula ou em julgamento de casos repetitivos poderá ser precedida de audiências públicas e da participação de pessoas, órgãos ou entidades que possam contribuir para a rediscussão da tese.

§ 3º Na hipótese de alteração de jurisprudência dominante do Supremo Tribunal Federal e dos tribunais superiores ou daquela oriunda de julgamento de casos repetitivos, pode haver modulação dos efeitos da alteração no interesse social e no da segurança jurídica.

§ 4º A modificação de enunciado de súmula, de jurisprudência pacificada ou de tese adotada em julgamento de casos repetitivos observará a necessidade de fundamentação adequada e específica, considerando os princípios da segurança jurídica, da proteção da confiança e da isonomia.

§ 5º Os tribunais darão publicidade a seus precedentes, organizando-os por questão jurídica decidida e divulgando-os, preferencialmente, na rede mundial de computadores.

Este artigo modifica substancialmente a teoria das fontes do direito. Em linhas gerais, a jurisprudência, no sistema brasileiro, por influência do sistema romano-germânico, constitui fonte material do direito, e não fonte formal. Evidentemente que, desde a EC n. 45/04, com as Súmulas Vinculantes do STF e a repercussão geral, a jurisprudência passou também a ser considerada fonte formal do Direito. Mas o novo CPC dispõe, como uma cláusula geral, que deverão ser observadas pelos Juízes e Tribunais: a) as decisões do STF em controle concentrado de constitucionalidade; b) as Súmulas Vinculantes; c) os acórdãos em incidente de assunção de competência ou de resolução de demandas repetitivas e em julgamento de recursos extraordinário e especial repetitivos; d) os enunciados das súmulas do Supremo Tribunal Federal em matéria constitucional e do Superior Tribunal de Justiça em matéria infraconstitucional; e) a orientação do plenário ou do órgão especial aos quais estiverem vinculados.

Na Justiça do Trabalho, as decisões do TST afetadas pelo incidente de repercussão geral, também têm efeito vinculante, nos termos do § 11, do art. 896-C, com a redação dada pela Lei n. 10.015/14. Sobre este tema, ver ato 491/2014 SEGJUD.GP — TST, art. 20 e 21:

Art. 20. Decidido o recurso representativo da controvérsia, os órgãos jurisdicionais respectivos declararão prejudicados os demais recursos versando sobre idêntica controvérsia ou os decidirão aplicando a tese.

Art. 21. Publicado o acórdão paradigma:

I – o Presidente ou Vice-Presidente do Tribunal de origem negará seguimento aos recursos de revista sobrestados na origem, se o acórdão recorrido coincidir com a orientação do Tribunal Superior do Trabalho;

II – o órgão que proferiu o acórdão recorrido, na origem, reexaminará a causa de competência originária ou o recurso anteriormente julgado, na hipótese de o acórdão recorrido contrariar a orientação do Tribunal Superior;

III – os processos suspensos em primeiro e segundo graus de jurisdição retomarão o curso para julgamento e aplicação da tese firmada pelo Tribunal Superior.

§ 1º Para fundamentar a decisão de manutenção do entendimento, o órgão que proferiu o acórdão recorrido demonstrará fundamentadamente a existência de distinção, por se tratar de caso particularizado por hipótese fática distinta ou questão jurídica não examinada, a impor solução jurídica diversa.

§ 2º Mantido o acórdão divergente pelo Tribunal de origem, o recurso de revista será remetido ao Tribunal Superior do Trabalho, após novo exame de sua admissibilidade pelo Presidente ou Vice-Presidente do Tribunal Regional.

§ 3º Realizado o juízo de retratação, com alteração do acórdão divergente, o Tribunal de origem, se for o caso, decidirá as demais questões ainda não decididas, cujo enfrentamento se tornou necessário em decorrência da alteração.

§ 4º Quando for alterado o acórdão divergente na forma do parágrafo anterior e o recurso versar sobre outras questões, caberá ao Presidente do Tribunal Regional, depois do reexame pelo órgão de origem e independentemente de ratificação do recurso ou juízo de admissibilidade, determinar a remessa do recurso ao Tribunal Superior do Trabalho para julgamento das demais questões.

Para Nelson Nery Júnior, a vinculação a Súmulas simples do STF e a Súmulas do STJ (por consequência, também as Súmulas do TST conforme Lei n. 13.05/14), incidente de assunção de competência, incidente de resolução de demandas repetitivas, orientação de plenário ou órgão especial de tribunal, seria inconstitucional, pois a Constituição prevê apenas as Súmulas Vinculantes do STF que obedecem a um procedimento e quórum especial. O argumento do autor é de que o Poder Judiciário não tem autorização constitucional para legislar, fora do caso do art. 103-A, da Constituição, que trata das súmulas vinculantes do STF. Como se trata de uma função anômala, entende que a autorização deva estar no texto constitucional, pois é uma exceção e exceções devem ter interpretação restritiva. Em resumo, entende pela inconstitucionalidade deste dispositivo do novo CPC.

No âmbito do Processo do Trabalho, Manoel Antônio Teixeira Filho, também questiona a constitucionalidade do sistema do *stare decisis*, da forma como previsto no CPC. Afirma que somente podem ter efeito vinculante as súmulas previstas no art. 103-A, da Constituição, ou seja, as súmulas vinculantes do STF, pois somente a Constituição pode autorizar um tribunal adotar súmula ou precedente com força vinculativa, genérica e impositiva. Refere que essa foi a posição do STF em relação aos antigos prejulgados, previstos no então vigente art. 902 da CLT. Este artigo veio a ser revogado pela Lei n. 7.033/82.

No campo oposto, existe a defesa da constitucionalidade dos arts. 926 e 927 do CPC.

A Jurisprudência de forma genérica, pode ser fonte de direito. Na vigência do CPC/73, a jurisprudência era considerada apenas fonte de direito material, e não formal. Sua força era persuasiva, e não vinculativa. Essa posição foi sendo revista com o passar do tempo e a evolução das próprias relações sociais. Os tribunais têm força coercitiva das suas decisões previstas na própria Constituição, não apenas na resolução de casos individuais, mas também na resolução de casos que envolvem coletividades. Milhares de pessoas podem ser abrangidas por uma única ação, dependendo da natureza do direito ser individual homogêneo ou difuso e, nesse caso, a sentença não apenas cria a norma específica, mas adquire tons de generalidade. Essa é uma decorrência dos tempos atuais, onde as demandas são massificadas e as decisões, por este motivo, envolvem grande número de interessados. A quantidade interfere e muda a natureza da qualidade.

A partir da EC n. 45/2004, a jurisprudência passou a ser fonte formal do direito, com as súmulas vinculantes do STF. O art. 103-A, da Constituição, com a redação dada pela EC n. 45/2004, não refere que as súmulas vinculantes do STF são a única espécie de jurisprudência com força vinculante, nem que a lei não poderá expandir ou especificar a força vinculante da jurisprudência, como fez o novo CPC. O argumento dos que defendem a inconstitucionalidade dos arts. 926 e 927 é de natureza formal, ou seja, não dispondo a Constituição sobre a força vinculante da jurisprudência, não poderia lei fazê-lo porque não é a forma adequada. O próprio STF, entretanto, tem interpretado de uma forma mais expansiva, afastando este argumento em relação à inconstitucionalidade formal. São conhecidos os julgados sobre a inconstitucionalidade formal de contribuições previdenciárias, que deveriam ser criadas por Lei Complementar, mas são passíveis de modificação ou especificação por lei ordinária. Há muitos anos que o STF rejeita este tipo de argumento em matéria previdenciária. O mesmo pode ser dito em relação ao art. 118 da Lei n. 8213/90, que criou a garantia de emprego do empregado que retorna de acidente de trabalho. Também foi arguida a sua inconstitucionalidade formal, segundo o argumento, somente uma Lei Complementar poderia criar norma que dispusesse sobre proteção contra a despedida (art. 7º, I, CF). O STF e o TST não acataram este argumento, dizendo que o art. 118 da Lei n. 8.213/90 apenas especificou uma forma de garantia de emprego já existente e de que a Lei Complementar de que trata o art. 7º, I, CF, é uma lei geral, enquanto que a garantia de emprego daquele que retorna de acidente de trabalho é uma lei específica. Portanto, não há vicio formal. Nesse sentido a Súmula n. 378 do TST, cujo texto é o seguinte:

> **Súmula n. 378 do TST** — ESTABILIDADE PROVISÓRIA. ACIDENTE DO TRABALHO. ART. 118 DA LEI N. 8.213/1991. (inserido item III) — Res. 185/2012, DEJT divulgado em 25, 26 e 27.9.2012
>
> I — É constitucional o artigo 118 da Lei n. 8.213/1991 que assegura o direito à estabilidade provisória por período de 12 meses após a cessação do auxílio-doença ao empregado acidentado. *(ex-OJ n. 105 da SBDI-1 — inserida em 1º.10.1997)*
>
> II — São pressupostos para a concessão da estabilidade o afastamento superior a 15 dias e a conseqüente percepção do auxílio-doença acidentário, salvo se constatada, após a despedida, doença profissional que guarde relação de causalidade com a execução do contrato de emprego. *(primeira parte — ex-OJ n. 230 da SBDI-1 — inserida em 20.6.2001)*
>
> III — O empregado submetido a contrato de trabalho por tempo determinado goza da garantia provisória de emprego decorrente de acidente de trabalho prevista no art. 118 da Lei n. 8.213/91.

Outra linha de argumentação é a de que existem competências anômalas dos Poderes, como, por exemplo, as Medidas Provisórias, que estabelecem competência legislativa para os Poderes Executivo e Normativo da Justiça do Trabalho, que estabelece competência legislativa, ainda que restrita, a um ramo do Poder Judiciário (art. 114, CF), para criar normas genéricas e abstratas para os integrantes de uma determinada categoria profissional e econômica. Portanto, não seria inconstitucional a possibilidade de o Poder Judiciário ter uma competência anômala, desde que exercida dentro dos limites da lei e no marco da previsão ampla da Constituição de a jurisprudência, em gênero, e não em espécie, pode ser fonte de direito.

Os juízes e tribunais devem observar o art. 10, do CPC, quando decidirem com fundamento neste artigo, às partes oportunidade de se manifestar, ainda que se trate de matéria sobre a qual deva decidir de ofício. Também devem observar os requisitos de fundamentação da sentença, previstos no art. 489, § 1º, do CPC. Portanto, a decisão não pode a) se limitar à indicação, à reprodução ou à paráfrase de ato normativo, sem explicar sua relação com a causa ou a questão decidida; b) empregar conceitos jurídicos indeterminados, sem explicar o motivo concreto de sua incidência no caso; c) invocar motivos que se prestariam a justificar qualquer outra decisão; d) não enfrentar todos os argumentos deduzidos no processo capazes de, em tese, infirmar a conclusão adotada pelo julgador; e) se limitar a invocar precedente ou enunciado de súmula, sem identificar seus fundamentos determinantes nem demonstrar que o caso sob julgamento se ajusta àqueles fundamentos; f) deixar de seguir enunciado de súmula, jurisprudência ou precedente invocado pela parte, sem demonstrar a existência de distinção no caso em julgamento ou a superação do entendimento.

A vinculação das decisões dos órgãos jurisdicionais inferiores aos precedentes emanados pelos tribunais superiores, impacta de forma definitiva as decisões a serem tomadas por esses órgãos. Portanto, a alteração de tese (*overruling*) deve ser muito cuidadosa e sopesada sob vários aspectos, em especial sob o prisma da segurança jurídica. É certo que os precedentes judiciais podem ficar desgastados pelo tempo, colocando em risco a estabilidade das relações sociais e a própria coerência sistêmica. Quando um precedente perde seus atributos, deixa de atingir seu objetivo de segurança jurídica e deve ser modificado ou superado. É certo que essa modificação deve levar em consideração a estabilidade das relações anteriores e a proteção ao princípio da confiança. De uma certa forma, é o mesmo raciocínio pelo qual a lei nova não pode retroagir para ferir o direito adquirido, a coisa julgada e o ato jurídico perfeito (art. 5º, XXXVI, da Constituição e art. 6º, LINDB).

O novo CPC traz uma série de cuidados com essa alteração: prevê a possibilidade de audiências públicas; modulação de efeitos; e fundamentação específica e adequada, considerando os princípios da segurança jurídica, isonomia e proteção da confiança (art. 927, §§ 2º, 3º e 4º, CPC). A modulação de efeitos aparece no direito brasileiro, pela primeira vez, com a Lei n. 9.868/99, nas ações diretas de inconstitucionalidade e nas ações declaratórias de constitucionalidade perante o STF.

A superação pode ser total ou parcial.

Por último, o CPC discrimina quais são as hipóteses de casos repetitivos, conforme o art. 928:

> Art. 928. Para os fins deste Código, considera-se julgamento de casos repetitivos a decisão proferida em:
>
> I — incidente de resolução de demandas repetitivas;
>
> II — recursos especial e extraordinário repetitivos.
>
> Parágrafo único. O julgamento de casos repetitivos tem por objeto questão de direito material ou processual.

O incidente de resolução de demandas repetitivas está nos arts. 976 a 987 do CPC. Os recursos extraordinário e especial repetitivos estão nos arts. 1.036 a 1.041, do CPC. Os julgamentos de casos repetitivos podem versar sobre direito material ou direito processual.

x) Inciso XXIV — art. 940 (vista regimental);

O art. 940 do CPC está inserido dentro do capítulo da ordem dos processos no tribunal e tem a seguinte redação:

> Art. 940. O relator ou outro juiz que não se considerar habilitado a proferir imediatamente seu voto poderá solicitar vista pelo prazo máximo de 10 (dez) dias, após o qual o recurso será reincluído em pauta para julgamento na sessão seguinte à data da devolução.
>
> § 1º Se os autos não forem devolvidos tempestivamente ou se não for solicitada pelo juiz prorrogação de prazo de no máximo mais 10 (dez) dias, o presidente do órgão fracionário os

requisitará para julgamento do recurso na sessão ordinária subsequente, com publicação da pauta em que for incluído.

§ 2º Quando requisitar os autos na forma do § 1º, se aquele que fez o pedido de vista ainda não se sentir habilitado a votar, o presidente convocará substituto para proferir voto, na forma estabelecida no regimento interno do tribunal.

O pedido de "vista" significa a possibilidade de qualquer julgador examinar melhor o processo, caso entenda que não está habilitado a proferir o voto. O CPC estabelece o prazo de dez dias, com a possibilidade de outros dez, mediante pedido de prorrogação. Pode ocorrer, por exemplo, que o advogado, quando faz sua sustentação oral, suscite fato novo, ou reforce argumento já existente no processo sob um novo enfoque, que justifique o pedido de "vista" mesmo pelo Relator.

O processo deverá ser reincluído em pauta na seção seguinte devolução. Se o julgador ultrapassar o prazo, existe a possibilidade de requisição do processo para julgamento do recurso. A norma tem a clara intenção de regular o julgamento dos processos dentro de um breve espaço de tempo. Relaciona-se com os abusos nos pedidos de vista, onde os julgamentos ficam suspensos por longos períodos.

Entretanto, o art. 940 pode trazer alguns problemas na sua interpretação: a) a convocação de substituto pode ferir o princípio do Juiz natural; b) existe indefinição se o prazo de dez dias é um prazo impróprio (sem acarretar sanção específica ao Juiz) ou é um prazo próprio (acarreta a imediata substituição). Em tribunais com grande movimentação processual e sobrecarga de trabalho, não será fácil implementar esse sistema de substituições; c) processos mais complexos podem necessitar de mais prazo para reflexão e maturação das decisões, pois o mundo jurídico não é uma ciência exata. De qualquer forma, a regra é compatível com o Processo do Trabalho e tem como finalidade a agilização do julgamento dos processos nos tribunais.

y) Inciso XXV — art. 947 e parágrafos (incidente de assunção de competência);

O incidente de assunção de competência está dentro das novidades do CPC no que diz respeito à segurança jurídica e isonomia nas decisões dos tribunais. Destina-se ao julgamento de recurso, remessa necessária ou processo de competência originária dos tribunais com relevante questão de direito, com grande repercussão social, mas sem repetição em múltiplos processos. O texto legal é o seguinte:

Art. 947. É admissível a assunção de competência quando o julgamento de recurso, de remessa necessária ou de processo de competência originária envolver relevante questão de direito, com grande repercussão social, sem repetição em múltiplos processos.

§ 1º Ocorrendo a hipótese de assunção de competência, o relator proporá, de ofício ou a requerimento da parte, do Ministério Público ou da Defensoria Pública, que seja o recurso, a remessa necessária ou o processo de competência originária julgado pelo órgão colegiado que o regimento indicar.

§ 2º O órgão colegiado julgará o recurso, a remessa necessária ou o processo de competência originária se reconhecer interesse público na assunção de competência.

§ 3º O acórdão proferido em assunção de competência vinculará todos os juízes e órgãos fracionários, exceto se houver revisão de tese.

§ 4º Aplica-se o disposto neste artigo quando ocorrer relevante questão de direito a respeito da qual seja conveniente a prevenção ou a composição de divergência entre câmaras ou turmas do tribunal.

Os requisitos do incidente são: a) relevante questão de direito; b) grande repercussão social; c) sem repetição em múltiplos processos. É cabível em recurso, remessa necessária ou processo de competência originária. Os três requisitos devem estar presentes no caso, ao mesmo tempo. É soma de todos que faz com que ocorra o procedimento especial.

Os termos "questão relevante" e "grande repercussão social" são conceitos jurídicos indeterminados. Carecem de preenchimento valorativo no caso concreto. Portanto, o Relator proporá o incidente (de ofício ou a requerimento da parte, MP ou Defensoria Pública) e justificará o propósito. O incidente visa a vincular os demais Juízes do tribunal em sua atuação nos respectivos órgãos fracionários. Seu objetivo é prevenir divergências. Fica ressalvada a vinculação apenas no caso de revisão da tese.

A inspiração do incidente de assunção de competência está nos Regimentos Internos do STF e STJ, com a finalidade de uniformizar a jurisprudência.

No Processo do Trabalho, a Lei n. 13.015/2014, não possui previsão semelhante. Somente prevê um incidente semelhante ao incidente de demandas repetitivas (IRDR) previsto nos arts. 976 e seguintes, do CPC.

z) Inciso XXVI — arts. 966 a 975 (ação rescisória); XXVII — arts. 988 a 993 (reclamação);

A ação rescisória é aquela que visa a desconstituir a coisa julgada. É uma relativização do princípio da Segurança Jurídica e, por essa razão, sua proposição somente é admitida em hipóteses excepcionais, quando existirem graves vícios na decisão impugnada.

A ação rescisória não é recurso. Para ser recurso) são necessárias três características: abordagem de *error in judicando* e *error in procedendo*, ser exercido na mesma relação processual e adiar a coisa julgada. A ação rescisória é uma ação autônoma, que é exercida após a materialização da coisa julgada e em processo diferente daquele em que foi prolatada a decisão rescindenda. Pode atacar tanto um *error in procedendo* (infringência do Juiz encarregado de dirigir o processo de qualquer norma procedimental que ponha em risco a relação jurídico processual) quanto *error in judicando* (vício de fundo, de natureza substancial, que provoca a injustiça do ato processual). Não visa adiar a coisa julgada, mas desconstituí-la.

As hipóteses de rescisão da sentença de mérito, são taxativas e enunciadas no art. 966, CPC.

A ação rescisória tem dois objetivos: rescindir a coisa julgada (declaração) e promover novo julgamento. É um instrumento para a tutela do direito justo e do processo justo. Não constitui instrumento para a tutela da ordem jurídica, mesmo quando fundada em ofensa à norma jurídica. Portanto, pertence ao campo da tutela dos direitos em particular, e não ao âmbito da tutela em dimensão geral. Em outras palavras, não serve para reexaminar a prova e corrigir a justiça da decisão. É uma medida excepcional e seu fundamento é restrito às hipóteses taxativas do art. 966, do CPC.

Nesse sentido, no Processo do Trabalho, diferencia-se do recurso de revista e, no Processo Civil, diferencia-se do recurso especial. Embora com este comungue um dos pressupostos, a violação de dispositivo literal de lei, o que faz aproximar a jurisprudência neste ponto específico. Entretanto, a ação rescisória tem como objetivo o caso concreto e o recurso de revista e o recurso especial, por seu turno, têm como objetivo a interpretação objetiva do direito e sua respectiva homogeneização pela corte extraordinária.

Em um sistema de precedentes, como quer institui o novo CPC (art. 926 e 927) e em harmonia com a Constituição (art. 102, III e 105, III), podem ocorrer, em um dado momento, interpretações diversas de alguma norma constitucional ou legal. Por essa razão, não constitui motivo para ação rescisória para desconstituir coisa julgada, quando ao tempo do julgamento, havia controvérsia na jurisprudência sobre a questão enfrentada.

Um exemplo dessa perspectiva, são as Súmulas ns. 343, do STF e 83, do TST:

> Súmula n. 343 STF — Não cabe ação rescisória por ofensa a literal disposição de lei, quando a decisão rescindenda se tiver baseado em texto legal de interpretação controvertida nos tribunais.

> Súmula n. 83 do TST — AÇÃO RESCISÓRIA. MATÉRIA CONTROVERTIDA (incorporada a Orientação Jurisprudencial n. 77 da SBDI-2) — Res. 137/2005, DJ 22, 23 e 24.8.2005.
>
> I — Não procede pedido formulado na ação rescisória por violação literal de lei se a decisão rescindenda estiver baseada em texto legal infraconstitucional de interpretação controvertida nos Tribunais. *(ex-Súmula n. 83 — alterada pela Res. 121/2003, DJ 21.11.2003)*
>
> II — O marco divisor quanto a ser, ou não, controvertida, nos Tribunais, a interpretação dos dispositivos legais citados na ação rescisória é a data da inclusão, na Orientação Jurisprudencial do TST, da matéria discutida. *(ex-OJ n. 77 da SBDI-2 — inserida em 13.3.2002)*

Também não se confunde a ação rescisória com o recurso de revista no Processo do Trabalho no que tange ao pressuposto de admissibilidade previsto nos arts. 896, "a" e "b", da CLT, ou seja, a divergência jurisprudencial. A ação rescisória não é admitida para analisar confronto de jurisprudência entre tribunais de diferentes regiões ou entre TRTs e o TST. Nesse sentido, a Súmula n. 413, do TST:

Súmula n. 413 do TST — AÇÃO RESCISÓRIA. SENTENÇA DE MÉRITO. VIOLAÇÃO DO ART. 896, "A", DA CLT (nova redação em decorrência do CPC de 2015) — Res. 209/2016, DEJT divulgado em 1º, 2 e 3.6.2016

É incabível ação rescisória, por violação do art. 896, "a", da CLT, contra decisão transitada em julgado sob a égide do CPC de 1973 que não conhece de recurso de revista, com base em divergência jurisprudencial, pois não se cuidava de sentença de mérito (art. 485 do CPC de 1973). *(ex-OJ n. 47 da SBDI-2 — inserida em 20.9.2000)*

A decisão deve ser de mérito. Para que seja sentença de mérito, tem de observar alguns requisitos de existência (jurisdição do juiz, petição inicial, capacidade postulatória, e citação do réu), requisitos de validade (juiz não impedido, juiz que não seja absolutamente incompetente, petição inicial apta, citação regular do réu, inexistência de coisa julga, litispendência ou perempção) e condições da ação (legitimidade de parte e interesse de agir).

Somente pode ser objeto de rescisão, acórdão que conhece do recurso, isto é, que lhe julga o mérito, provendo ou negando provimento. A decisão que julga o mérito do recurso substitui a decisão recorrida (art. 1008, do CPC). Nesse caso, não há substituição da sentença pelo recurso. Por essa razão, se o acórdão não for conhecido, dele não cabe ação rescisória. Caberá da sentença de mérito que permanece intacta.

Sobre decisão de mérito e pronunciamento explícito a respeito da matéria debatida na rescisória, ver Súmula n. 298, TST:

Súmula n. 298 do TST — AÇÃO RESCISÓRIA. VIOLAÇÃO A DISPOSIÇÃO DE LEI. PRONUNCIAMENTO EXPLÍCITO (Redação alterada pelo Tribunal Pleno na sessão realizada em 6.2.2012) — Res. 177/2012, DEJT divulgado em 13, 14 e 15.2.2012

I — A conclusão acerca da ocorrência de violação literal a disposição de lei pressupõe pronunciamento explícito, na sentença rescindenda, sobre a matéria veiculada.

II — O pronunciamento explícito exigido em ação rescisória diz respeito à matéria e ao enfoque específico da tese debatida na ação, e não, necessariamente, ao dispositivo legal tido por violado. Basta que o conteúdo da norma reputada violada haja sido abordado na decisão rescindenda para que se considere preenchido o pressuposto.

III — Para efeito de ação rescisória, considera-se pronunciada explicitamente a matéria tratada na sentença quando, examinando remessa de ofício, o Tribunal simplesmente a confirma.

IV — A sentença meramente homologatória, que silencia sobre os motivos de convencimento do juiz, não se mostra rescindível, por ausência de pronunciamento explícito.

V — Não é absoluta a exigência de pronunciamento explícito na ação rescisória, ainda que esta tenha por fundamento violação de dispositivo de lei. Assim, prescindível o pronunciamento explícito quando o vício nasce no próprio julgamento, como se dá com a sentença *"extra, citra e ultra petita".*

A Súmula n. 192, do TST, relaciona o exame do mérito da causa com a competência para julgamento da ação rescisória. A referência ao art. 512 do CPC/73 (itens III e IV da Súmula), agora está no art. 921 do CPC/2015. O texto é o seguinte:

Súmula n. 192 do TST — AÇÃO RESCISÓRIA. COMPETÊNCIA (atualizada em decorrência do CPC de 2015) — Res. 212/2016, DEJT divulgado em 20, 21 e 22.9.2016

I — Se não houver o conhecimento de recurso de revista ou de embargos, a competência para julgar ação que vise a rescindir a decisão de mérito é do Tribunal Regional do Trabalho, ressalvado o disposto no item II.

II — Acórdão rescindendo do Tribunal Superior do Trabalho que não conhece de recurso de embargos ou de revista, analisando arguição de violação de dispositivo de lei material ou decidindo em consonância com súmula de direito material ou com iterativa, notória e atual jurisprudência de direito material da Seção de Dissídios Individuais (Súmula n. 333), examina o mérito da causa, cabendo ação rescisória da competência do Tribunal Superior do Trabalho. *(ex-Súmula n. 192 — alterada pela Res. 121/2003, DJ 21.11.2003)*

III — Sob a égide do art. 512 do CPC de 1973, é juridicamente impossível o pedido explícito de desconstituição de sentença quando substituída por acórdão do Tribunal Regional ou superveniente sentença homologatória de acordo que puser fim ao litígio.

IV — Na vigência do CPC de 1973, é manifesta a impossibilidade jurídica do pedido de rescisão de julgado proferido em agravo de instrumento que, limitando-se a aferir o eventual desacerto do juízo negativo de admissibilidade do recurso de revista, não substitui o acórdão regional, na forma do art. 512 do CPC. *(ex-OJ n. 105 da SBDI-2 — DJ 29.4.2003)*

V — A decisão proferida pela SBDI, em agravo regimental, calcada na Súmula n. 333, substitui acórdão de Turma do TST, porque emite juízo de mérito, comportando, em tese, o corte rescisório. *(ex-OJ n. 133 da SBDI-2 — DJ 4.5.2004)*

Também podem ser objeto de ação rescisória decisões que, embora não sendo de mérito, impeçam a sua posterior discussão ou a sua rediscussão de maneira definitiva (art. 966, § 2º, CPC). Assim, nas hipóteses de decisão sobre litispendência, coisa julgada, perempção, intransmissibilidade da ação em virtude de morte da parte, homologação de desistência e perempção, caberá a ação rescisória.

Outros exemplos dessa discussão podem ser encontrados nas Súmulas ns. 411 e 412 do TST:

Súmula n. 411 do TST — AÇÃO RESCISÓRIA. SENTENÇA DE MÉRITO. DECISÃO DE TRIBUNAL REGIONAL DO TRABALHO EM AGRAVO REGIMENTAL CONFIRMANDO DECISÃO MONOCRÁTICA DO RELATOR QUE, APLICANDO A SÚMULA N. 83 DO TST, INDEFERIU A PETIÇÃO INICIAL DA AÇÃO RESCISÓRIA. CABIMENTO (conversão da Orientação Jurisprudencial n. 43 da SBDI-2) — Res. 137/2005, DJ 22, 23 e 24.8.2005

Se a decisão recorrida, em agravo regimental, aprecia a matéria na fundamentação, sob o enfoque das Súmulas ns. 83 do TST e 343 do STF, constitui sentença de mérito, ainda que haja resultado no indeferimento da petição inicial e na extinção do processo sem julgamento do mérito. Sujeita-se, assim, à reforma pelo TST, a decisão do Tribunal que, invocando controvérsia na interpretação da lei, indefere a petição inicial de ação rescisória. *(ex-OJ n. 43 da SBDI-2 — inserida em 20.9.2000)*

Súmula n. 412 do TST — AÇÃO RESCISÓRIA. SENTENÇA DE MÉRITO. QUESTÃO PROCESSUAL (conversão da Orientação Jurisprudencial n. 46 da SBDI-2) — Res. 137/2005, DJ 22, 23 e 24.8.2005

Pode uma questão processual ser objeto de rescisão desde que consista em pressuposto de validade de uma sentença de mérito. *(ex-OJ n. 46 da SBDI-2 — inserida em 20.9.2000)*

Em tese, é possível ação rescisória de ação rescisória. Entretanto, o vício a ser apontado nesse caso, deve ser na ação rescisória atacada, e não na sentença rescindenda original. Nesse sentido, ver Súmula n. 400, do TST:

> Súmula n. 400 do TST — AÇÃO RESCISÓRIA DE AÇÃO RESCISÓRIA. VIOLAÇÃO MANIFESTA DE NORMA JURÍDICA. INDICAÇÃO DA MESMA NORMA JURÍDICA APONTADA NA RESCISÓRIA PRIMITIVA (MESMO DISPOSITIVO DE LEI SOB O CPC DE 1973). (nova redação em decorrência do CPC de 2015) — Res. 208/2016, DEJT divulgado em 22, 25 e 26.4.2016
>
> Em se tratando de rescisória de rescisória, o vício apontado deve nascer na decisão rescindenda, não se admitindo a rediscussão do acerto do julgamento da rescisória anterior. Assim, não procede rescisória calcada no inciso V do art. 966 do CPC de 2015 (art. 485, V, do CPC de 1973) para discussão, por má aplicação da mesma norma jurídica, tida por violada na rescisória anterior, bem como para arguição de questões inerentes à ação rescisória primitiva. *(ex-OJ n. 95 da SBDI-2 — inserida em 27.9.2002 e alterada DJ 16.4.2004)*

A ação rescisória pode ser parcial (art. 966, § 3º, CPC).

Os atos de disposição de direitos, sejam praticados pelas partes ou outros participantes, homologados em Juízo, bem como os atos homologatórios praticados no curso da execução, pelo sistema do novo CPC, são objeto de ação anulatória, e não mais ação rescisória (art. 966, § 4º). Como consequência do art. 966, § 4º, do CPC, deverá ser revista a posição das Súmulas ns. 100, V, e 259 do TST, que afirma que os acordos trabalhistas somente poderão ser atacados por ação rescisória. O texto mencionado é o seguinte:

> Súmula n. 100 do TST — AÇÃO RESCISÓRIA. DECADÊNCIA (incorporadas as Orientações Jurisprudenciais n.s 13, 16, 79, 102, 104, 122 e 145 da SBDI-2) — Res. 137/2005, DJ 22, 23 e 24.8.2005
>
> ...
>
> V — O acordo homologado judicialmente tem força de decisão irrecorrível, na forma do art. 831 da CLT. Assim sendo, o termo conciliatório transita em julgado na data da sua homologação judicial. *(ex-OJ n. 104 da SBDI-2 — DJ 29.4.2003)*
>
> ...
>
> Súmula n. 259 do TST — TERMO DE CONCILIAÇÃO. AÇÃO RESCISÓRIA (mantida) — Res. 121/2003, DJ 19, 20 e 21.11.2003
>
> Só por ação rescisória é impugnável o termo de conciliação previsto no parágrafo único do art. 831 da CLT.

As hipóteses legais de cabimento estão no art. 966, do CPC, cujo texto é o seguinte:

> Art. 966. A decisão de mérito, transitada em julgado, pode ser rescindida quando:
>
> I — se verificar que foi proferida por força de prevaricação, concussão ou corrupção do juiz;
>
> II — for proferida por juiz impedido ou por juízo absolutamente incompetente;

III — resultar de dolo ou coação da parte vencedora em detrimento da parte vencida ou, ainda, de simulação ou colusão entre as partes, a fim de fraudar a lei;

IV — ofender a coisa julgada;

V — violar manifestamente norma jurídica;

VI — for fundada em prova cuja falsidade tenha sido apurada em processo criminal ou venha a ser demonstrada na própria ação rescisória;

VII — obtiver o autor, posteriormente ao trânsito em julgado, prova nova cuja existência ignorava ou de que não pôde fazer uso, capaz, por si só, de lhe assegurar pronunciamento favorável;

VIII — for fundada em erro de fato verificável do exame dos autos.

§ 1º Há erro de fato quando a decisão rescindenda admitir fato inexistente ou quando considerar inexistente fato efetivamente ocorrido, sendo indispensável, em ambos os casos, que o fato não represente ponto controvertido sobre o qual o juiz deveria ter se pronunciado.

§ 2º Nas hipóteses previstas nos incisos do *caput*, será rescindível a decisão transitada em julgado que, embora não seja de mérito, impeça:

I — nova propositura da demanda; ou

II — admissibilidade do recurso correspondente.

§ 3º A ação rescisória pode ter por objeto apenas 1 (um) capítulo da decisão.

§ 4º Os atos de disposição de direitos, praticados pelas partes ou por outros participantes do processo e homologados pelo juízo, bem como os atos homologatórios praticados no curso da execução, estão sujeitos à anulação, nos termos da lei.

A seguir, será feita a análise de item por item.

Inciso I — Prevaricação (art. 319, CP), concussão (art. 316, CP) e corrupção passiva (art. 317, CP) do Juiz.

A ação rescisória poderá ser ajuizada por um prevaricação, concussão ou corrupção passiva do Juiz. Não se exige que o Juiz tenha sido previamente condenado em processo criminal e a apuração dos fatos pode ser feita na própria ação rescisória (art. 972, CPC). Havendo ação penal em curso, a possibilidade de suspender a ação rescisória obedece ao disposto no art. 315, CPC.

Os tipos penais são assim descritos no Código Penal:

Prevaricação

Art. 319. Retardar ou deixar de praticar, indevidamente, ato de ofício, ou praticá-lo contra disposição expressa de lei, para satisfazer interesse ou sentimento pessoal:

Pena — detenção, de três meses a um ano, e multa.

Concussão

Art. 316. Exigir, para si ou para outrem, direta ou indiretamente, ainda que fora da função ou antes de assumi-la, mas em razão dela, vantagem indevida:

Pena — reclusão, de dois a oito anos, e multa.

Corrupção passiva

Art. 317. Solicitar ou receber, para si ou para outrem, direta ou indiretamente, ainda que fora da função ou antes de assumi-la, mas em razão dela, vantagem indevida, ou aceitar promessa de tal vantagem:

Pena — reclusão, de 2 (dois) a 12 (doze) anos, e multa. *(Redação dada pela Lei n. 10.763, de 12.11.2003)*

§ 1º A pena é aumentada de um terço, se, em conseqüência da vantagem ou promessa, o funcionário retarda ou deixa de praticar qualquer ato de ofício ou o pratica infringindo dever funcional.

§ 2º Se o funcionário pratica, deixa de praticar ou retarda ato de ofício, com infração de dever funcional, cedendo a pedido ou influência de outrem:

Pena — detenção, de três meses a um ano, ou multa.

Se o crime for objeto de apuração na ação rescisória, deverá o Ministério Público ser comunicado para a instauração da respectiva ação penal.

Inciso II — Impedimento ou incompetência absoluta do Juiz prolator da sentença.

Sentenças prolatadas por Juiz impedido ou absolutamente incompetente são nulas. Reputa-se tão grave o defeito que, mesmo transitadas em julgada, é possível rescindi-las.

A lei veda a atuação do Juiz nos casos de impedimento. Trata-se de uma presunção absoluta. Os casos de impedimento estão dispostos no art. 144, CPC. O texto legal é o seguinte:

Art. 144. Há impedimento do juiz, sendo-lhe vedado exercer suas funções no processo:

I — em que interveio como mandatário da parte, oficiou como perito, funcionou como membro do Ministério Público ou prestou depoimento como testemunha;

II — de que conheceu em outro grau de jurisdição, tendo proferido decisão;

III — quando nele estiver postulando, como defensor público, advogado ou membro do Ministério Público, seu cônjuge ou companheiro, ou qualquer parente, consanguíneo ou afim, em linha reta ou colateral, até o terceiro grau, inclusive;

IV — quando for parte no processo ele próprio, seu cônjuge ou companheiro, ou parente, consanguíneo ou afim, em linha reta ou colateral, até o terceiro grau, inclusive;

V — quando for sócio ou membro de direção ou de administração de pessoa jurídica parte no processo;

VI — quando for herdeiro presuntivo, donatário ou empregador de qualquer das partes;

VII — em que figure como parte instituição de ensino com a qual tenha relação de emprego ou decorrente de contrato de prestação de serviços;

VIII — em que figure como parte cliente do escritório de advocacia de seu cônjuge, companheiro ou parente, consanguíneo ou afim, em linha reta ou colateral, até o terceiro grau, inclusive, mesmo que patrocinado por advogado de outro escritório;

IX — quando promover ação contra a parte ou seu advogado.

§ 1º Na hipótese do inciso III, o impedimento só se verifica quando o defensor público, o advogado ou o membro do Ministério Público já integrava o processo antes do início da atividade judicante do juiz.

§ 2º É vedada a criação de fato superveniente a fim de caracterizar impedimento do juiz.

§ 3º O impedimento previsto no inciso III também se verifica no caso de mandato conferido a membro de escritório de advocacia que tenha em seus quadros advogado que individualmente ostente a condição nele prevista, mesmo que não intervenha diretamente no processo.

A competência absoluta está disciplinada no art. 64, CPC. A competência material e funcional são de natureza absoluta, ligadas ao interesse público. Devem ser pronunciadas de ofício pelo Juiz e podem ser arguidas a qualquer tempo e grau de jurisdição (art. 485, IV, § 3º, e art. 337, II e § 5º, CPC). São pressupostos processuais de validade do processo.

No Processo do Trabalho, a competência em razão da matéria é disciplinada pelo art. 114 da Constituição e pelo art. 652, CLT. O texto constitucional é o seguinte:

Art. 114. Compete à Justiça do Trabalho processar e julgar: *(Redação dada pela Emenda Constitucional n. 45, de 2004)*

I — as ações oriundas da relação de trabalho, abrangidos os entes de direito público externo e da administração pública direta e indireta da União, dos Estados, do Distrito Federal e dos Municípios; *(Incluído pela Emenda Constitucional n. 45, de 2004)*

II — as ações que envolvam exercício do direito de greve; *(Incluído pela Emenda Constitucional n. 45, de 2004)*

III — as ações sobre representação sindical, entre sindicatos, entre sindicatos e trabalhadores, e entre sindicatos e empregadores; *(Incluído pela Emenda Constitucional n. 45, de 2004)*

IV — os mandados de segurança, *habeas corpus* e *habeas data*, quando o ato questionado envolver matéria sujeita à sua jurisdição; *(Incluído pela Emenda Constitucional n. 45, de 2004)*

V — os conflitos de competência entre órgãos com jurisdição trabalhista, ressalvado o disposto no art. 102, I, o; *(Incluído pela Emenda Constitucional n. 45, de 2004)*

VI — as ações de indenização por dano moral ou patrimonial, decorrentes da relação de trabalho; *(Incluído pela Emenda Constitucional n. 45, de 2004)*

VII — as ações relativas às penalidades administrativas impostas aos empregadores pelos órgãos de fiscalização das relações de trabalho; *(Incluído pela Emenda Constitucional n. 45, de 2004)*

VIII — a execução, de ofício, das contribuições sociais previstas no art. 195, I, *a*, e II, e seus acréscimos legais, decorrentes das sentenças que proferir; *(Incluído pela Emenda Constitucional n. 45, de 2004)*

IX — outras controvérsias decorrentes da relação de trabalho, na forma da lei. *(Incluído pela Emenda Constitucional n. 45, de 2004)*

§ 1º Frustrada a negociação coletiva, as partes poderão eleger árbitros.

§ 2º Recusando-se qualquer das partes à negociação coletiva ou à arbitragem, é facultado às mesmas, de comum acordo, ajuizar dissídio coletivo de natureza econômica, podendo a

Justiça do Trabalho decidir o conflito, respeitadas as disposições mínimas legais de proteção ao trabalho, bem como as convencionadas anteriormente. *(Redação dada pela Emenda Constitucional n. 45, de 2004)*

§ 3º Em caso de greve em atividade essencial, com possibilidade de lesão do interesse público, o Ministério Público do Trabalho poderá ajuizar dissídio coletivo, competindo à Justiça do Trabalho decidir o conflito. *(Redação dada pela Emenda Constitucional n. 45, de 2004)*

O art. 652 da CLT tem a seguinte redação:

Art. 652. Compete às Juntas de Conciliação e Julgamento: *(Vide Constituição Federal de 1988)*

a) conciliar e julgar:

I — os dissídios em que se pretenda o reconhecimento da estabilidade de empregado;

II — os dissídios concernentes a remuneração, férias e indenizações por motivo de rescisão do contrato individual de trabalho;

III — os dissídios resultantes de contratos de empreitadas em que o empreiteiro seja operário ou artífice;

IV — os demais dissídios concernentes ao contrato individual de trabalho;

b) processar e julgar os inquéritos para apuração de falta grave;

c) julgar os embargos opostos às suas próprias decisões;

d) impor multas e demais penalidades relativas aos atos de sua competência; *(Redação dada pelo Decreto-lei n. 6.353, de 20.3.1944)*

e) *(Suprimida pelo Decreto-lei n. 6.353, de 20.3.1944)*

V — as ações entre trabalhadores portuários e os operadores portuários ou o Órgão Gestor de Mão-de-Obra — OGMO decorrentes da relação de trabalho; *(Incluído pela Medida Provisória n. 2.164-41, de 2001)*

Parágrafo único. Terão preferência para julgamento os dissídios sobre pagamento de salário e aqueles que derivarem da falência do empregador, podendo o Presidente da Junta, a pedido do interessado, constituir processo em separado, sempre que a reclamação também versar sobre outros assuntos. *(Vide Constituição Federal de 1988)*

A suspeição do Juiz (art. 145, CPC), não é elencada como situação passível de ação rescisória. Trata-se de uma nulidade relativa, sujeita à preclusão. Tampouco as hipóteses de competência relativa (competência territorial e pelo valor da causa) que, se não alegadas, prorrogam a competência (art. 65, CPC).

III — Dolo, coação, colusão ou simulação, com objetivo de fraude à lei.

Agir dolosamente é induzir outra pessoa em erro, com intenção de prejudicar. O dolo é causa de anulabilidade do negócio jurídico. O dolo de que trata o art. 966, III, CPC, não é o dolo material (arts. 145 a 150, CC), mas sim o dolo processual (art. 5º, 77 e 80, do CPC). Exige-se nexo de causalidade entre o comportamento doloso (induzir alguém a erro com intenção de prejudicar) e o pronunciamento jurisdicional prejudicial.

Sobre o dolo em ação rescisória no Processo do Trabalho, ver Súmula n. 403, do TST:

> Súmula n. 403 do TST — AÇÃO RESCISÓRIA. DOLO DA PARTE VENCEDORA EM DETRIMENTO DA VENCIDA. ART. 485, III, DO CPC (conversão das Orientações Jurisprudenciais ns. 111 e 125 da SBDI-2) — Res. 137/2005, DJ 22, 23 e 24.8.2005
>
> I — Não caracteriza dolo processual, previsto no art. 485, III, do CPC, o simples fato de a parte vencedora haver silenciado a respeito de fatos contrários a ela, porque o procedimento, por si só, não constitui ardil do qual resulte cerceamento de defesa e, em conseqüência, desvie o juiz de uma sentença não-condizente com a verdade. *(ex-OJ n. 125 da SBDI-2 — DJ 9.12.2003)*
>
> II — Se a decisão rescindenda é homologatória de acordo, não há parte vencedora ou vencida, razão pela qual não é possível a sua desconstituição calcada no inciso III do art. 485 do CPC (dolo da parte vencedora em detrimento da vencida), pois constitui fundamento de rescindibilidade que supõe solução jurisdicional para a lide. *(ex-OJ n. 111 da SBDI-2 — DJ 29.4.2003)*

A redação da Súmula mencionada ainda se refere ao dispositivo legal do CPC/73. A referência no novo CPC é o art. 966, III. O dolo, como motivo de rescisão da sentença, deve ser unilateral. Se for de ambas as partes, não se trata de dolo, mas colusão. Esse é o intuito do inciso II da Súmula.

A colusão é a utilização do processo pelas partes em conluio, com a intenção de fraudar a lei (art. 142, CPC). A simulação é fazer parecer algo que não é. Dissimulação é ocultar algo que é. Ambas as definições estão incluídas no conceito de Simulação (art. 167, CC). O CPC, neste ponto, inclui o vício processual (colusão) e o vício material (simulação), como hipóteses de rescindibilidade da sentença.

O processo simulado está previsto no art. 142, do CPC. Na Justiça do Trabalho, aparecem as "lides simuladas", onde autor e réu se utilizam fraudulentamente do Poder Judiciário para lesar, por exemplo, o sistema do FGTS ou o Seguro desemprego. Estas hipóteses se incluem na hipótese de colusão.

A coação é o uso de ameaça ou força para obter declaração de vontade prejudicial ao declarante (arts. 151 a 155, CC). Para viciar o ato, há de ser tal que incuta ao paciente fundado temor de dano iminente e considerável à sua pessoa, à sua família, ou aos seus bens (art. 151, CC). Ao avaliar a coação, o Juiz deverá levar em conta as características da vítima, como sexo, idade, condição social, saúde, temperamento e outras circunstâncias, que possam influir na gravidade da coação (art. 152, CC).

IV — ofensa à coisa julgada.

Se em uma ação já se constituiu a coisa julgada, uma eventual ação com a mesma causa de pedir, com as mesmas partes e mesmo pedido, deverá ser extinta sem resolução de mérito (art. 485, V, CPC). Se, ainda assim, outra coisa julgada se formar por patologia processual (descuido, não arguição, etc), poderá ser ajuizada ação rescisória (art. 966, IV, CPC).

Uma questão que surge é qual das coisas julgadas prevalecerá na situação patológica de coexistirem ambas e estar exaurido o prazo decadencial para a propositura da ação rescisória. A doutrina se divide. Para alguns (Marinoni, Arenhart e Mitidiero), prevalece a última, pois consideram um absurdo que a coisa julgada posterior, até então suscetível de desconstituição, possa ser considerada simplesmente inexistente com o escoamento do prazo para a proposição da ação rescisória. Para outros (Nelson Nery), prevalece a primeira sobre a segunda, pois houve prolação de sentença com ofensa àquela, protegida pela prevenção.

A sentença que faz coisa julgada é aquela que diz respeito ao mérito da causa. Portanto, as sentenças que possuem apenas a coisa julgada formal não podem ser atacadas por ação rescisória. Entretanto, com relação ao vício da segunda decisão, que serve de comparação para a primeira, seu vício pode ser formal ou material. De uma certa forma, como nenhum juiz pode decidir questões já decididas no processo (art. 505, CPC), nem pode decidir novamente a lide já decidida por sentença (art. 502 e 503, CPC), a ação rescisória por ofensa à coisa julgada também é por ofensa a dispositivo de lei (art. 966, V, CPC).

No Processo do Trabalho, os dissídios coletivos são ações que tem por objetivo a criação de normas genéricas e abstratas com a finalidade de regular questões entre categorias profissionais e categorias econômicas. De acordo com o art. 611 da CLT, aplicado analogicamente, as normas coletivas resultantes do dissídio coletivo, têm caráter normativo, e não caráter de criação de uma norma para o caso concreto. Por essa razão, fazem apenas coisa julgada forma, e não material, sendo impossível a proposição de ação rescisória. Nesse sentido, a Súmula n. 397, do TST:

> Súmula n. 397 do TST — AÇÃO RESCISÓRIA. ART. 966, IV, DO CPC DE 2015. ART. 485, IV, DO CPC DE 1973. AÇÃO DE CUMPRIMENTO. OFENSA À COISA JULGADA EMANADA DE SENTENÇA NORMATIVA MODIFICADA EM GRAU DE RECURSO. INVIABILIDADE. CABIMENTO DE MANDADO DE SEGURANÇA. (atualizada em decorrência do CPC de 2015) — Res. 208/2016, DEJT divulgado em 22, 25 e 26.4.2016
>
> Não procede ação rescisória calcada em ofensa à coisa julgada perpetrada por decisão proferida em ação de cumprimento, em face de a sentença normativa, na qual se louvava, ter sido modificada em grau de recurso, porque em dissídio coletivo somente se consubstancia coisa julgada formal. Assim, os meios processuais aptos a atacarem a execução da cláusula reformada são a exceção de pré-executividade e o mandado de segurança, no caso de descumprimento do art. 514 do CPC de 2015 (art. 572 do CPC de 1973). *(ex-OJ n. 116 da SBDI-2 — DJ 11.8.2003)*

V — violação manifesta de norma jurídica.

A redação deste inciso é mais ampla do que a do CPC/73, que utilizava a expressão clássica "violação literal de lei". Assim, a nova redação permite a interpretação de que enseja a ação rescisória a sentença que viola norma jurídica (princípio, regra ou postulado normativo, direito estrangeiro quando tenha de ser aplicado ao caso ou mesmo costume). Trata-se de um leque de possibilidades muito mais amplo.

É uma decisão teratológica, que exprime uma desconsideração frontal ao sistema jurídico.

Também se inclui nas possibilidades de ação rescisória a violação de cláusulas gerais, como o princípio da boa-fé objetiva (art. 422, CC), a função social dos contratos (art. 421, CC), a função social da propriedade (art. 5º, XXIII e art. 170, III, da Constituição e art. 1.228, § 1º, CC), função social da empresa (art. 170, da Constituição e art. 421 e 981, CC), entre outras.

Como o costume é previsto em lei como fonte de integração de normas jurídicas (art. 4º, LINDB) sua violação está incluída nas possibilidades de ajuizamento de ação rescisória. Esse mesmo raciocínio se aplica às lides trabalhistas, por força do art. 8º da CLT.

No mesmo sentido, o direito estrangeiro que tenha de ser aplicado ao caso, por força do art. 14, da LINDB.

A simples afronta a jurisprudência ou a Súmula de Tribunal não enseja ação rescisória.

Sobre a necessidade de apontar o dispositivo legal violado, ver comentário ao art. 968.

Não se admite, em ação rescisória baseada no argumento de violação manifesta de norma jurídica, o reexame de fatos e provas. Nesse sentido, a Súmula n. 410, do TST:

> Súmula n. 410 do TST — AÇÃO RESCISÓRIA. REEXAME DE FATOS E PROVAS. INVIABILIDADE (conversão da Orientação Jurisprudencial n. 109 da SBDI-2) — Res. 137/2005 DJ 22, 23 e 24.8.2005.
>
> A ação rescisória calcada em violação de lei não admite reexame de fatos e provas do processo que originou a decisão rescindenda. *(ex-OJ n. 109 da SBDI-2 — DJ 29.4.2003)*

A Súmula tem a redação de acordo com o CPC/73, que mencionava "violação de lei". A nova redação, no art. 966, V, do CPC, menciona "violação manifesta de norma jurídica".

Sobre a temática do fundamento constitucional ou legal da prescrição trabalhista e sua respectiva apreciação em ação rescisória, ver Súmula n. 409, do TST:

> Súmula n. 409 do TST — AÇÃO RESCISÓRIA. PRAZO PRESCRICIONAL. TOTAL OU PARCIAL. VIOLAÇÃO DO ART. 7º, XXIX, DA CF/1988. MATÉRIA INFRACONSTITUCIONAL (conversão da Orientação Jurisprudencial n. 119 da SBDI-2) — Res. 137/2005, DJ 22, 23 e 24.8.2005
>
> Não procede ação rescisória calcada em violação do art. 7º, XXIX, da CF/1988 quando a questão envolve discussão sobre a espécie de prazo prescricional aplicável aos créditos trabalhistas, se total ou parcial, porque a matéria tem índole infraconstitucional, construída, na Justiça do Trabalho, no plano jurisprudencial. *(ex-OJ n. 119 da SBDI-2 — DJ 11.8.2003)*

Nas ações de inconstitucionalidade de lei ou ato normativo por controle abstrato, existe coisa julgada *erga omnes* e sua modulação é dada pelo STF. Os efeitos podem ser fixados *ex tunc* ou *ex nunc*, ou a partir do dia em que é declarado que a inconstitucionalidade passa a produzir efeitos. Caso sobrevenha decisão que transita em julgado com base em lei que veio a ser declarada inconstitucional pelo STF, poderá ser ajuizada ação rescisória e a execução poderá ser paralisada (art. 884, § 5º, CLT, que considera inexigível o título judicial fundado em lei ou ato normativo declarados inconstitucionais pelo Supremo Tribunal Federal ou em aplicação ou interpretação tidas por incompatíveis com a Constituição).

Entretanto, se a decisão transitou em julgado antes do ajuizamento da ação de declaração de inconstitucionalidade, a sentença se mantém, pois, naquela data, a ordem jurídica estava intocada e eventual decisão em sentido contrário, encontraria resistência no art. 5, XXXVI, da Constituição.

Em controle concreto de constitucionalidade, somente as decisões do STF podem servir de parâmetro para ações rescisórias fundadas no art. 966, V, do CPC. Decisões de tribunais superiores (STJ e TST) que, nos seus fundamentos, reconhecem inconstitucionalidade de lei só fazem coisa julgada entre as partes litigantes. Portanto, não servem para o efeito *erga omnes*.

Com o novo CPC surge a questão dos limites da "violação de norma jurídica" quando é natural que um mesmo dispositivo legal possa ter interpretações diferentes. Este desacordo interpretativo é comum nos tribunais e poderia levar a uma insegurança brutal, se não houvesse nenhum parâmetro. O STF, na Súmula n. 343, estabelece que não cabe ação rescisória para desconstituição de coisa julgada quando, ao tempo de sua formação, havia controvérsia na jurisprudência sobre a questão enfrentada. No mesmo sentido a antiga Súmula n. 143 do TFR, que dispunha não caber ação rescisória por manifesta violação de norma jurídica, quando a decisão rescindenda se tiver baseado em texto legal de interpretação controvertida nos tribunais, ainda que, posteriormente, tenha se fixado interpretação favorável ao pedido do demandante. No Processo do Trabalho, a Súmula n. 83 do TST, cujo texto é o seguinte:

> Súmula n. 83 do TST — AÇÃO RESCISÓRIA. MATÉRIA CONTROVERTIDA (incorporada a Orientação Jurisprudencial n. 77 da SBDI-2) — Res. 137/2005, DJ 22, 23 e 24.8.2005
>
> I — Não procede pedido formulado na ação rescisória por violação literal de lei se a decisão rescindenda estiver baseada em texto legal infraconstitucional de interpretação controvertida nos Tribunais. *(ex-Súmula n. 83 — alterada pela Res. 121/2003, DJ 21.11.2003)*
>
> II — O marco divisor quanto a ser, ou não, controvertida, nos Tribunais, a interpretação dos dispositivos legais citados na ação rescisória é a data da inclusão, na Orientação Jurisprudencial do TST, da matéria discutida. *(ex-OJ n. 77 da SBDI-2 — inserida em 13.3.2002)*

Também, cabe ação rescisória, com fundamento no inciso V do art. 966 do CPC, contra decisão baseada em enunciado de súmula ou acórdão proferido em julgamento de casos repetitivos que não tenha considerado a existência de distinção entre a questão discutida no processo e o padrão decisório que lhe deu fundamento (art. 966, § 5º, CPC, incluído pela Lei n. 13.256/2015). Quando a ação rescisória tiver seu fundamento na hipótese do § 5º, caberá ao autor, sob pena de inépcia, demonstrar, fundamentadamente, tratar-se de situação particularizada por hipótese fática distinta ou de questão jurídica não examinada, a impor outra solução jurídica (art. 966, § 6º, CPC, incluído pela Lei n. 13.256/2016).

VI — prova falsa.

Assim como as hipóteses do inciso I (prevaricação, concussão e corrupção), a apuração da falsidade da prova poderá ser feita em Juízo Criminal ou nos próprios autos da ação rescisória. O procedimento deve observar o contraditório. A prova falsa pode ser declarada em ação declaratória autônoma ou incidental (art. 19 e 20, CPC) ou em incidente de arguição de falsidade (art. 430, CPC).

Também é necessário que a prova falsa seja decisiva para a formação do convencimento que levou à decisão rescindenda. Se não tiver influenciado na decisão, não servirá de base para a ação rescisória.

VII — prova nova

Prova nova é aquela de conhecimento ignorado ou de impossível utilização. O dispositivo é mais abrangente que o CPC/73, pois admite, não apenas o documento novo, mas qualquer meio de prova nova. Não se interpreta como prova nova aquela que já existia e que não veio aos autos por desídia da parte.

Assim como a prova falsa, a prova nova deve ser decisiva para poder constituir fundamento de ação rescisória. Se, a seu despeito, a conclusão da sentença rescindenda se manteria inalterada, não será admitida a ação rescisória.

Sobre documento novo em ação rescisória, no Processo do Trabalho, ver Súmula n. 402, TST:

Súmula n. 402 do TST — AÇÃO RESCISÓRIA. DOCUMENTO NOVO. DISSÍDIO COLETIVO. SENTENÇA NORMATIVA (conversão da Orientação Jurisprudencial n. 20 da SBDI-2) — Res. 137/2005, DJ 22, 23 e 24.8.2005

Documento novo é o cronologicamente velho, já existente ao tempo da decisão rescindenda, mas ignorado pelo interessado ou de impossível utilização, à época, no processo. Não é documento novo apto a viabilizar a desconstituição de julgado:

a) sentença normativa proferida ou transitada em julgado posteriormente à sentença rescindenda;

b) sentença normativa preexistente à sentença rescindenda, mas não exibida no processo principal, em virtude de negligência da parte, quando podia e deveria louvar-se de documento já existente e não ignorado quando emitida a decisão rescindenda. *(ex-OJ n. 20 da SBDI-2 — inserida em 20.9.2000)*

VIII — erro de fato

Erro de fato é um vício da vontade que gera dissonância entre a vontade psicológica e a vontade declarada. As condições para que o erro de fato propicie ação rescisória são: a) a sentença deve estar baseada no erro de fato; b) sobre ele não pode ter havido controvérsia entre as partes; c) sobre ele não pode ter havido pronunciamento judicial; d) deve ser aferível pelo exame das provas no processo do qual se originou a decisão rescindenda, sendo inadmissível, na ação rescisória, novas provas pra demonstrá-lo. Do contrário, houve preclusão. Este é o sentido do § 1º do art. 966, do CPC, que dispõe haver erro de fato quando a decisão rescindenda admitir fato inexistente ou quando considerar inexistente fato efetivamente ocorrido, sendo indispensável, em ambos os casos, que o fato não represente ponto controvertido sobre o qual o juiz deveria ter se pronunciado.

A confissão não figura mais no rol das hipóteses em que é cabível a ação rescisória, como ocorria no CPC/73. A possibilidade de anulação, porém, permanece, pela via da ação anulatória, quando decorre de erro de fato ou coação (art. 393, do CPC).

Sobre as hipóteses restritas de cabimento da ação rescisória na execução no Processo do Trabalho, ver Súmula n. 399, TST:

> Súmula n. 399 do TST — AÇÃO RESCISÓRIA. CABIMENTO. SENTENÇA DE MÉRITO. DECISÃO HOMOLOGATÓRIA DE ADJUDICAÇÃO, DE ARREMATAÇÃO E DE CÁLCULOS (conversão das Orientações Jurisprudenciais ns. 44, 45 e 85, primeira parte, da SBDI-2) — Res. 137/2005, DJ 22, 23 e 24.8.2005
>
> I — É incabível ação rescisória para impugnar decisão homologatória de adjudicação ou arrematação. *(ex-OJs ns. 44 e 45 da SBDI-2 — inseridas em 20.9.2000)*
>
> II — A decisão homologatória de cálculos apenas comporta rescisão quando enfrentar as questões envolvidas na elaboração da conta de liquidação, quer solvendo a controvérsia das partes quer explicitando, de ofício, os motivos pelos quais acolheu os cálculos oferecidos por uma das partes ou pelo setor de cálculos, e não contestados pela outra. *(ex-OJ n. 85 da SBDI-2 — primeira parte — inserida em 13.3.2002 e alterada em 26.11.2002)*

A respeito da possibilidade de descontos legais (previdenciários e fiscais) em ação rescisória, ver a Súmula n. 401, do TST:

> Súmula n. 401 do TST — AÇÃO RESCISÓRIA. DESCONTOS LEGAIS. FASE DE EXECUÇÃO. SENTENÇA EXEQUENDA OMISSA. INEXISTÊNCIA DE OFENSA À COISA JULGADA (conversão da Orientação Jurisprudencial n. 81 da SBDI-2) — Res. 137/2005 — DJ 22, 23 e 24.8.2005
>
> Os descontos previdenciários e fiscais devem ser efetuados pelo juízo executório, ainda que a sentença exequenda tenha sido omissa sobre a questão, dado o caráter de ordem pública ostentado pela norma que os disciplina. A ofensa à coisa julgada somente poderá ser caracterizada na hipótese de o título exeqüendo, expressamente, afastar a dedução dos valores a título de imposto de renda e de contribuição previdenciária. *(ex-OJ n. 81 da SBDI-2 — inserida em 13.3.2002)*

O § 2º, do art. 966, CPC, dispõe que, nas hipóteses previstas nos incisos do *caput*, será rescindível a decisão transitada em julgado que, embora não seja de mérito, impeça: a) nova propositura da demanda; ou b) admissibilidade do recurso correspondente. Este dispositivo é uma exceção, uma vez que as ações rescisórias somente podem ser ajuizadas contra decisões em que tenham ocorrido a coisa julgada material. Refere-se à algumas hipóteses do art. 485 do CPC, que impossibilitam a partes de ajuizar nova demanda, como a perempção, a litispendência, a coisa julgada, intransmissibilidade da ação em caso de morte da parte e abandono da causa, quando ocorre pela terceira vez.

A ação rescisória pode ter por objeto apenas 1 (um) capítulo da decisão (art. 966, § 3º). Isto é particularmente relevante no Processo do Trabalho, porquanto é comum que as ações trabalhistas tenham vários pedidos independentes entre si, caracterizando a cumulação objetiva de ações.

Resta analisar a controvérsia sobre a aplicação do § 4º, do art. 966, CPC, que dispõe no sentido de que os atos de disposição de direitos, praticados pelas partes ou por outros participantes do processo e homologados pelo juízo, bem como os atos homologatórios praticados no curso da execução, estão sujeitos à anulação, nos termos da lei. Portanto, para o novo CPC, acordos judiciais homologados são passíveis de ação de anulação. Entretanto, a CLT tem disposição expressa no sentido que no caso de conciliação, o termo que for lavrado valerá como decisão irrecorrível, salvo para a Previdência Social quanto às contribuições que lhe forem devidas (art. 831, parágrafo único). Isso leva à conclusão de que, no Processo do Trabalho, mantém-se a interpretação contida nas Súmulas ns. 259 e 100, V, do TST, que dispõem de que acordos judiciais somente podem ser atacados pela ação rescisória, e não pela ação de anulação.

Verificadas as hipóteses de cabimento de ação rescisória, é preciso analisar o dispositivo que trata da legitimidade para a sua proposição. O art. 967, CPC, tem a seguinte redação:

Art. 967. Têm legitimidade para propor a ação rescisória:

I — quem foi parte no processo ou o seu sucessor a título universal ou singular;

II — o terceiro juridicamente interessado;

III — o Ministério Público:

a) se não foi ouvido no processo em que lhe era obrigatória a intervenção;

b) quando a decisão rescindenda é o efeito de simulação ou de colusão das partes, a fim de fraudar a lei;

c) em outros casos em que se imponha sua atuação;

IV — aquele que não foi ouvido no processo em que lhe era obrigatória a intervenção.

Parágrafo único. Nas hipóteses do art. 178, o Ministério Público será intimado para intervir como fiscal da ordem jurídica quando não for parte.

Trata-se da legitimidade ativa para a proposição de ação rescisória. Na ação rescisória, a parte do processo anterior, seja autor ou réu, pode ter interesse na desconstituição da coisa julgada. Há controvérsia sobre o fato de que a condição de parte exige que tenha permanecido até o final da relação processual. De um lado, existe a posição de que a parte legítima para propor a ação rescisória tenha permanecido em um dos polos da lide até o trânsito em julgado (Barbosa Moreira). De outro, basta que tenha participado de parte do processo, mesmo que tenha sido excluída antes do final do processo, pois o CPC apenas refere a condição de parte (Nelson Nery). O fundamental é que a parte demonstre seu interesse na rescisão do julgado.

A legitimidade para propor a ação rescisória transmite-se aos sucessores, tanto a título singular quanto a título universal (art. 967, I). Também aos terceiros juridicamente interessados (art. 967, II).

No Processo do Trabalho, a possibilidade de intervenção do Ministério Público (art. 967, III) é interpretada de forma ampliativa. Sobre a legitimidade ativa do Ministério Público nas ações rescisórias no Processo do Trabalho, ver Súmula n. 407, do TST:

> Súmula n. 407 do TST — AÇÃO RESCISÓRIA. MINISTÉRIO PÚBLICO. LEGITIMIDADE *"AD CAUSAM"* PREVISTA NO ART. 967, III, *"A"*, *"B"* E *"C"* DO CPC DE 2015. ART. 487, III, *"A"* E *"B"*, DO CPC DE 1973. HIPÓTESES MERAMENTE EXEMPLIFICATIVAS (nova redação em decorrência do CPC de 2015) — Res. 208/2016, DEJT divulgado em 22, 25 e 26.4.2016
>
> A legitimidade "ad causam" do Ministério Público para propor ação rescisória, ainda que não tenha sido parte no processo que deu origem à decisão rescindenda, não está limitada às alíneas *"a"*, *"b"* e *"c"* do inciso III do art. 967 do CPC de 2015 (art. 487, III, *"a"* e *"b"*, do CPC de 1973), uma vez que traduzem hipóteses meramente exemplificativas. *(ex-OJ n. 83 da SBDI-2 — inserida em 13.3.2002)*

A legitimidade passiva será definida pelo pedido em Juízo rescisório. Em princípio, se havia litisconsórcio necessário/unitário, ativo ou passivo, no processo anterior, o mesmo deverá ocorrer na ação rescisória. Mas essa situação pode depender do pedido nela deduzido.

No Processo do Trabalho, sobre a legitimidade no caso de litisconsórcio nas ações de substituição processual e respectivas ações rescisórias, ver Súmula n. 406, TST:

> Súmula n. 406 do TST — AÇÃO RESCISÓRIA. LITISCONSÓRCIO. NECESSÁRIO NO PÓLO PASSIVO E FACULTATIVO NO ATIVO. INEXISTENTE QUANTO AOS SUBSTITUÍDOS PELO SINDICATO (conversão das Orientações Jurisprudenciais ns. 82 e 110 da SBDI-2) — Res. 137/2005, DJ 22, 23 e 24.8.2005
>
> I — O litisconsórcio, na ação rescisória, é necessário em relação ao pólo passivo da demanda, porque supõe uma comunidade de direitos ou de obrigações que não admite solução díspar para os litisconsortes, em face da indivisibilidade do objeto. Já em relação ao pólo ativo, o litisconsórcio é facultativo, uma vez que a aglutinação de autores se faz por conveniência e não pela necessidade decorrente da natureza do litígio, pois não se pode condicionar o exercício do direito individual de um dos litigantes no processo originário à anuência dos demais para retomar a lide. *(ex-OJ n. 82 da SBDI-2 — inserida em 13.3.2002)*

II — O Sindicato, substituto processual e autor da reclamação trabalhista, em cujos autos fora proferida a decisão rescindenda, possui legitimidade para figurar como réu na ação rescisória, sendo descabida a exigência de citação de todos os empregados substituídos, porquanto inexistente litisconsórcio passivo necessário. *(ex-OJ n. 110 da SBDI-2 — DJ 29.4.2003)*

Os requisitos formais da petição inicial da ação rescisória seguem os mesmos dos arts. 319 e 320 do CPC. O art. 968, do CPC, disciplina o tema da seguinte forma:

> Art. 968. A petição inicial será elaborada com observância dos requisitos essenciais do art. 319, devendo o autor:
>
> I — cumular ao pedido de rescisão, se for o caso, o de novo julgamento do processo;
>
> II — depositar a importância de cinco por cento sobre o valor da causa, que se converterá em multa caso a ação seja, por unanimidade de votos, declarada inadmissível ou improcedente.
>
> § 1º Não se aplica o disposto no inciso II à União, aos Estados, ao Distrito Federal, aos Municípios, às suas respectivas autarquias e fundações de direito público, ao Ministério Público, à Defensoria Pública e aos que tenham obtido o benefício de gratuidade da justiça.
>
> § 2º O depósito previsto no inciso II do *caput* deste artigo não será superior a 1.000 (mil) salários-mínimos.
>
> § 3º Além dos casos previstos no art. 330, a petição inicial será indeferida quando não efetuado o depósito exigido pelo inciso II do *caput* deste artigo.
>
> § 4º Aplica-se à ação rescisória o disposto no art. 332.
>
> § 5º Reconhecida a incompetência do tribunal para julgar a ação rescisória, o autor será intimado para emendar a petição inicial, a fim de adequar o objeto da ação rescisória, quando a decisão apontada como rescindenda:
>
> I — não tiver apreciado o mérito e não se enquadrar na situação prevista no § 2º do art. 966;
>
> II — tiver sido substituída por decisão posterior.
>
> § 6º Na hipótese do § 5º, após a emenda da petição inicial, será permitido ao réu complementar os fundamentos de defesa, e, em seguida, os autos serão remetidos ao tribunal competente.

O autor deverá cumular o pedido de rescisão da decisão (*iudicium rescindens*) com o pedido de novo julgamento da causa (*iudicium rescissorium*). É uma cumulação sucessiva de pedidos. O tribunal não poderá rescindir a sentença e não rejulgar a causa, pois tem competência absoluta para rescindir e rejulgar.

O Juízo competente para apreciar uma ação rescisória sempre será um tribunal, pois um Juiz de primeiro grau não terá competência para rescindir suas próprias sentenças. Os tribunais julgarão as ações rescisórias quando as decisões atacadas forem coisa julgada no seu próprio primeiro grau ou em turmas ou câmaras julgadoras. Nesse caso, o órgão fracionário que apreciar a ação rescisória terá composição maior (seção ou Pleno, conforme seu regimento interno). Se se tratar de ato complexo, no qual tenham concorrido mais de um órgão julgador, a competência para o julgamento é daquele de maior composição de membros. Nos tribunais, ainda, a competência será definida pelo efeito substitutivo do recurso. Se o recurso para o tribunal superior não tiver sido conhecido, o acórdão não foi substituído e a competência para rescindi-lo é do TJ, TRF ou TRT. Se o recurso para o tribunal superior tiver sido conhecido, o acórdão foi substituído pelo outro que julgou o mérito do recurso. Nesse caso, a competência para julgá-lo é do Tribunal Superior (STF, STJ ou TST).

Sobre a competência do STF, ver Súmulas ns. 249 e 515 do STF:

Súmula n. 249 — É competente o Supremo Tribunal Federal para a ação rescisória, quando, embora não tendo conhecido do recurso extraordinário, ou havendo negado provimento ao agravo, tiver apreciado a questão federal controvertida.

Súmula n. 515 — A competência para a ação rescisória não é do Supremo Tribunal Federal, quando a questão federal, apreciada no recurso extraordinário ou no agravo de instrumento, seja diversa da que foi suscitada no pedido rescisório.

Sobre o tema, na Justiça do Trabalho, ver Súmula n. 192, do TST:

Súmula n. 192 do TST — AÇÃO RESCISÓRIA. COMPETÊNCIA (atualizada em decorrência do CPC de 2015) — Res. 212/2016, DEJT divulgado em 20, 21 e 22.9.2016

I — Se não houver o conhecimento de recurso de revista ou de embargos, a competência para julgar ação que vise a rescindir a decisão de mérito é do Tribunal Regional do Trabalho, ressalvado o disposto no item II.

II — Acórdão rescindendo do Tribunal Superior do Trabalho que não conhece de recurso de embargos ou de revista, analisando arguição de violação de dispositivo de lei material ou decidindo em consonância com súmula de direito material ou com iterativa, notória e atual jurisprudência de direito material da Seção de Dissídios Individuais (Súmula n. 333), examina o mérito da causa, cabendo ação rescisória da competência do Tribunal Superior do Trabalho. *(ex-Súmula n. 192 — alterada pela Res. 121/2003, DJ 21.11.2003)*

III — Sob a égide do art. 512 do CPC de 1973, é juridicamente impossível o pedido explícito de desconstituição de sentença quando substituída por acórdão do Tribunal Regional ou superveniente sentença homologatória de acordo que puser fim ao litígio.

IV — Na vigência do CPC de 1973, é manifesta a impossibilidade jurídica do pedido de rescisão de julgado proferido em agravo de instrumento que, limitando-se a aferir o eventual desacerto do juízo negativo de admissibilidade do recurso de revista, não substitui o acórdão regional, na forma do art. 512 do CPC. *(ex-OJ n. 105 da SBDI-2 — DJ 29.4.2003)*

V — A decisão proferida pela SBDI, em agravo regimental, calcada na Súmula n. 333, substitui acórdão de Turma do TST, porque emite juízo de mérito, comportando, em tese, o corte rescisório. *(ex-OJ n. 133 da SBDI-2 — DJ 4.5.2004)*

A nova redação da Súmula n. 192 adapta o texto ao CPC e faz a modulação de seus efeitos, em especial nos incisos III e IV.

Sobre os requisitos da petição inicial da ação rescisória, o TST faz uma distinção entre a necessidade de indicação expressa dos pedidos e a hipótese específica da violação literal de norma jurídica. Nesse sentido, com as devidas adaptações ao novo CPC, ver a Súmula n. 408, do TST:

Súmula n. 408 do TST — AÇÃO RESCISÓRIA. PETIÇÃO INICIAL. CAUSA DE PEDIR. AUSÊNCIA DE CAPITULAÇÃO OU CAPITULAÇÃO ERRÔNEA NO ART. 966 DO CPC DE 2015. ART. 485 DO CPC DE 1973. PRINCÍPIO "IURA NOVIT CURIA" (nova redação em decorrência do CPC de 2015) — Res. 208/2016, DEJT divulgado em 22, 25 e 26.4.2016

Não padece de inépcia a petição inicial de ação rescisória apenas porque omite a subsunção do fundamento de rescindibilidade no art. 966 do CPC de 2015 (art. 485 do CPC de 1973) ou o capitula erroneamente em um de seus incisos. Contanto que não se afaste dos fatos e fundamentos invocados como causa de pedir, ao Tribunal é lícito emprestar-lhes a adequada qualificação jurídica ("*iura novit curia*"). No entanto, fundando-se a ação rescisória no art. 966, inciso V, do CPC de 2015 (art. 485, inciso V, do CPC de 1973), é indispensável expressa indicação, na petição inicial da ação rescisória, da norma jurídica manifestamente violada (dispositivo legal violado sob o CPC de 1973), por se tratar de causa de pedir da rescisória, não se aplicando, no caso, o princípio "*iura novit curia*". *(ex-Ojs n.s 32 e 33 da SBDI-2 — inseridas em 20.9.2000)*

A respeito da prova do trânsito em julgado da decisão rescindenda, ver Súmula n. 299, do TST:

Súmula n. 299 do TST — AÇÃO RESCISÓRIA. DECISÃO RESCINDENDA. TRÂNSITO EM JULGADO. COMPROVAÇÃO. EFEITOS (nova redação do item II em decorrência do CPC de 2015) — Res. 211/2016, DEJT divulgado em 24, 25 e 26.8.2016

I — É indispensável ao processamento da ação rescisória a prova do trânsito em julgado da decisão rescindenda. *(ex-Súmula n. 299 — Res. 8/1989, DJ 14, 18 e 19.4.1989)*

II — Verificando o relator que a parte interessada não juntou à inicial o documento comprobatório, abrirá prazo de 15 (quinze) dias para que o faça (art. 321 do CPC de 2015), sob pena de indeferimento. *(ex-Súmula n. 299 — Res 8/1989, DJ 14, 18 e 19.4.1989)*

III — A comprovação do trânsito em julgado da decisão rescindenda é pressuposto processual indispensável ao tempo do ajuizamento da ação rescisória. Eventual trânsito em julgado posterior ao ajuizamento da ação rescisória não reabilita a ação proposta, na medida em que o ordenamento jurídico não contempla a ação rescisória preventiva. *(ex-OJ n. 106 da SBDI-2 — DJ 29.4.2003)*

IV — O pretenso vício de intimação, posterior à decisão que se pretende rescindir, se efetivamente ocorrido, não permite a formação da coisa julgada material. Assim, a ação rescisória deve ser julgada extinta, sem julgamento do mérito, por carência de ação, por inexistir decisão transitada em julgado a ser rescindida. *(ex-OJ n. 96 da SBDI-2 — inserida em 27.9.2002)*

A parte que propõe a ação rescisória tem de fazer o depósito no valor de 5% do valor da causa, sendo dispensados a União, os Estados, o Distrito Federal, os Municípios (incluídas suas respectivas autarquias e fundações de direito público), o MP, a Defensoria Pública e os beneficiários da justiça gratuita (art. 968, II e §§ 1º, 2º e 3º, CPC). No Processo do Trabalho, o depósito segue sendo de 20%, pois há norma jurídica expressa (art. 836, *caput*, CLT), não sendo aplicável o CPC por ser norma subsidiária:

Art. 836. É vedado aos órgãos da Justiça do Trabalho conhecer de questões já decididas, excetuados os casos expressamente previstos neste Título e a ação rescisória, que será admitida na forma do disposto no Capítulo IV do Título IX da Lei n. 5.869, de 11 de janeiro de

1973 — Código de Processo Civil, sujeita ao depósito prévio de 20% (vinte por cento) do valor da causa, salvo prova de miserabilidade jurídica do autor. *(Redação dada pela Lei n. 11.495, de 2007)*

A respeito do prazo para efetuar o depósito, ver Súmula n. 99, do TST:

Súmula n. 99 do TST — AÇÃO RESCISÓRIA. DESERÇÃO. PRAZO (incorporada a Orientação Jurisprudencial n. 117 da SBDI-2) — Res. 137/2005, DJ 22, 23 e 24.8.2005

Havendo recurso ordinário em sede de rescisória, o depósito recursal só é exigível quando for julgado procedente o pedido e imposta condenação em pecúnia, devendo este ser efetuado no prazo recursal, no limite e nos termos da legislação vigente, sob pena de deserção. *(ex-Súmula n. 99 — alterada pela Res. 110/2002, DJ 15.4.2002 — e ex-OJ n. 117 da SBDI-2 — DJ 11.8.2003)*

Sobre a possibilidade de pedido liminar na ação rescisória no Processo do Trabalho, ver Súmula n. 405, do TST:

Súmula n. 405 do TST — AÇÃO RESCISÓRIA. TUTELA PROVISÓRIA (nova redação em decorrência do CPC de 2015) — Res. 208/2016, DEJT divulgado em 22, 25 e 26.4.2016

Em face do que dispõem a MP 1.984-22/2000 e o art. 969 do CPC de 2015, é cabível o pedido de tutela provisória formulado na petição inicial de ação rescisória ou na fase recursal, visando a suspender a execução da decisão rescindenda.

O indeferimento da petição inicial da ação rescisória somente pode ser feito após ter sido possibilitada a emenda e o saneamento dos vícios, na forma do art. 321, CPC e Súmula n. 263, TST. O recurso é o agravo interno para o colegiado (art. 1.021, CPC).

O cumprimento da sentença rescindenda é regrado pelo art. 969, CPC, cujo texto é o seguinte:

Art. 969. A propositura da ação rescisória não impede o cumprimento da decisão rescindenda, ressalvada a concessão de tutela provisória.

O cumprimento da sentença rescindenda tem caráter definitivo, salvo a hipótese deste artigo. A sentença que faz coisa julgada tem a presunção de haver sido prolatada em observância ao devido processo legal. Os vícios mencionados no art. 966, do CPC, que ensejam a ação rescisória, são muito graves. Por essa razão, a presunção milita a favor da coisa julgada e sua suspensão deve ser excepcional.

Descabe a exigência de caução para o prosseguimento da execução. A ação rescisória, entretanto, comporta pedido de tutela provisória (cautelar ou antecipada), desde que preenchidos os pressupostos para a concessão de cada uma dessas medidas.

A citação, na ação rescisória, é disciplinada pelo art. 970, cujo texto é o seguinte:

Art. 970. O relator ordenará a citação do réu, designando-lhe prazo nunca inferior a 15 (quinze) dias nem superior a 30 (trinta) dias para, querendo, apresentar resposta, ao fim do qual, com ou sem contestação, observar-se-á, no que couber, o procedimento comum.

O prazo é judicial, fixado entre 15 e 30 dias. O motivo é adaptar o prazo à complexidade da causa. A ele não se aplicam os prazos contados em dobro do MP (art. 180, CPC), Advocacia Pública (art. 183, CPC) e Defensoria Pública (art. 186, CPC).

O réu pode contestar ou reconvir (arts. 335 e 343, do CPC), mas não pode reconhecer juridicamente o pedido, em função da indisponibilidade da autoridade da coisa julgada.

Os efeitos materiais da revelia não se verificam, pois a simples omissão do réu não tem o poder de afastar a autoridade material da coisa julgada. Em outras palavras, a presunção de veracidade dos fatos alegados pelo autor, que surge na revelia não tem força para afastar a autoridade da coisa julgada material questionada pela ação rescisória. Além disso, também não se aplica em ações rescisórias o ônus da impugnação especificada, pelos mesmos motivos antes alinhados em função da revelia. Eventual omissão nos argumentos da defesa não afasta a autoridade material da coisa julgada.

No Processo do Trabalho, sobre a não existência de revelia, em coisa julgada, ver Súmula n. 398, TST:

> Súmula n. 398 do TST — AÇÃO RESCISÓRIA. AUSÊNCIA DE DEFESA. INAPLICÁVEIS OS EFEITOS DA REVELIA (conversão da Orientação Jurisprudencial n. 126 da SBDI-2) — Res. 137/2005, DJ 22, 23 e 24.8.2005
>
> Na ação rescisória, o que se ataca na ação é a sentença, ato oficial do Estado, acobertado pelo manto da coisa julgada. Assim sendo, e considerando que a coisa julgada envolve questão de ordem pública, a revelia não produz confissão na ação rescisória. *(ex-OJ n. 126 da SBDI-2 — DJ 9.12.2003)*

A escolha do relator está no art. 971, CPC, cujo texto é o que segue:

> Art. 971. Na ação rescisória, devolvidos os autos pelo relator, a secretaria do tribunal expedirá cópias do relatório e as distribuirá entre os juízes que compuserem o órgão competente para o julgamento.
>
> Parágrafo único. A escolha de relator recairá, sempre que possível, em juiz que não haja participado do julgamento rescindendo.

A preferência é por Relator que não tenha participado do julgamento original. O Juiz que prolatou a decisão rescindenda não está impedido de participar do julgamento da rescisória, a não ser que o motivo da rescisória seja a própria imparcialidade do Juiz (art. 966, II, CPC. Nesse sentido, a Súmula n. 252 do STF:

> Súmula n. 252 — Na ação rescisória, não estão impedidos juízes que participaram do julgamento rescindendo

A produção de provas, quando necessária, será feita mediante delegação ao órgão que proferiu a decisão rescindenda. O instrumento será a Carta de Ordem. A matéria está disciplinada pelo art. 972, CPC, que tem o seguinte texto:

> Art. 972. Se os fatos alegados pelas partes dependerem de prova, o relator poderá delegar a competência ao órgão que proferiu a decisão rescindenda, fixando prazo de 1 (um) a 3 (três) meses para a devolução dos autos.

Pelo princípio da eventualidade, a prova documental que instrui a ação rescisória deve vir com a inicial e com a defesa. Porém, podem ser admitidos quaisquer meios de prova lícitos, ocasião na qual será assinado prazo para produção de prova.

O Relator tem os poderes para decidir as questões incidentais e relativas à tutela de urgência ou de evidência. De igual forma, deve tentar conciliar as partes. Pode deferir ou indeferir provas. A prova oral e pericial poderá ser delegada para juiz de primeira instância, por meio de carta de ordem (art. 237, I, CPC). Sendo necessária, será designada audiência para a colheita da prova. A devolução será feita no prazo de 1 a 3 meses.

As razões finais estão previstas no art. 973, CPC:

> Art. 973. Concluída a instrução, será aberta vista ao autor e ao réu para razões finais, sucessivamente, pelo prazo de 10 (dez) dias.
>
> Parágrafo único. Em seguida, os autos serão conclusos ao relator, procedendo-se ao julgamento pelo órgão competente.

As razões finais são sucessivas. No Processo do Trabalho, a sucessividade do prazo perde sentido com o PJe. Após, o MP terá prazo para sua manifestação. Em ações rescisórias, o MP funciona como *custus legis* (art. 179, I, CPC).

Os efeitos da decisão estão no art. 974, CPC, cujo texto é o seguinte:

> Art. 974. Julgando procedente o pedido, o tribunal rescindirá a decisão, proferirá, se for o caso, novo julgamento e determinará a restituição do depósito a que se refere o inciso II do art. 968.
>
> Parágrafo único. Considerando, por unanimidade, inadmissível ou improcedente o pedido, o tribunal determinará a reversão, em favor do réu, da importância do depósito, sem prejuízo do disposto no § 2º do art. 82.

A decisão gera três efeitos: a) declarar a rescisão do julgado: b) julgar novamente a lide: e c) liberar o depósito. Também poderão ser pagas as despesas processuais antecipadas (art. 82, § 2º, CPC) desde que a parte não esteja ao abrigo da justiça gratuita.

Em ações rescisórias, o juízo de inadmissibilidade diz respeito aos vícios formais como os pressupostos de admissibilidade ou a narração dos fatos não guarda nexo com o pedido. O juízo de improcedência diz respeito ao não enquadramento ou não comprovação dos argumentos da inicial nas hipóteses do art. 966, do CPC.

O acórdão que decide a ação rescisória não está sujeito à remessa necessária (art. 496, CPC).

O recurso cabível no Processo do Trabalho é o recurso ordinário. Nesse sentido, ver Súmula n. 158, do TST:

Súmula n. 158 do TST — AÇÃO RESCISÓRIA (mantida) — Res. 121/2003, DJ 19, 20 e 21.11.2003

Da decisão de Tribunal Regional do Trabalho, em ação rescisória, é cabível recurso ordinário para o Tribunal Superior do Trabalho, em face da organização judiciária trabalhista (ex--Prejulgado n. 35).

Se a decisão for monocrática do relator, cabe agravo interno (art. 1021, CPC).

O prazo decadencial para ajuizar a ação rescisória está no art. 975, CPC:

Art. 975. O direito à rescisão se extingue em 2 (dois) anos contados do trânsito em julgado da última decisão proferida no processo.

§ 1º Prorroga-se até o primeiro dia útil imediatamente subsequente o prazo a que se refere o *caput*, quando expirar durante férias forenses, recesso, feriados ou em dia em que não houver expediente forense.

§ 2º Se fundada a ação no inciso VII do art. 966, o termo inicial do prazo será a data de descoberta da prova nova, observado o prazo máximo de 5 (cinco) anos, contado do trânsito em julgado da última decisão proferida no processo.

§ 3º Nas hipóteses de simulação ou de colusão das partes, o prazo começa a contar, para o terceiro prejudicado e para o Ministério Público, que não interveio no processo, a partir do momento em que têm ciência da simulação ou da colusão.

O prazo de dois anos é decadencial porque a ação rescisória tem natureza desconstitutiva e o direito à desconstituição da sentença é um direito potestativo.

Aplica-se o art. 207, CC, quanto à contagem do prazo, mas o novo CPC prevê a possibilidade de prorrogação até o primeiro dia útil subsequente, se o prazo expirar em férias, recesso, feriado ou dia em que não houver expediente forense.

Há regra especial de contagem para ação rescisória baseada em prova nova (§ 2º).

Com relação à ciência da colusão e simulação, o CPC se inspirou na Súmula n. 100, VI, do TST.

No Processo do Trabalho, a contagem do prazo da ação rescisória é disciplinada pela Súmula n. 100, TST:

Súmula n. 100 do TST — AÇÃO RESCISÓRIA. DECADÊNCIA (incorporadas as Orientações Jurisprudenciais ns. 13, 16, 79, 102, 104, 122 e 145 da SBDI-2) — Res. 137/2005, DJ 22, 23 e 24.8.2005

I — O prazo de decadência, na ação rescisória, conta-se do dia imediatamente subsequente ao trânsito em julgado da última decisão proferida na causa, seja de mérito ou não. *(ex-Súmula n. 100 — alterada pela Res. 109/2001, DJ 20.4.2001)*

II — Havendo recurso parcial no processo principal, o trânsito em julgado dá-se em momentos e em tribunais diferentes, contando-se o prazo decadencial para a ação rescisória do trânsito em julgado de cada decisão, salvo se o recurso tratar de preliminar ou prejudicial que possa tornar insubsistente a decisão recorrida, hipótese em que flui a decadência a partir do trânsito em julgado da decisão que julgar o recurso parcial. *(ex-Súmula n. 100 — alterada pela Res. 109/2001, DJ 20.4.2001)*

III — Salvo se houver dúvida razoável, a interposição de recurso intempestivo ou a interposição de recurso incabível não protrai o termo inicial do prazo decadencial. *(ex-Súmula n. 100 — alterada pela Res. 109/2001, DJ 20.4.2001)*

IV — O juízo rescindente não está adstrito à certidão de trânsito em julgado juntada com a ação rescisória, podendo formar sua convicção através de outros elementos dos autos quanto à antecipação ou postergação do *"dies a quo"* do prazo decadencial. *(ex-OJ n. 102 da SBDI-2 — DJ 29.4.2003)*

V — O acordo homologado judicialmente tem força de decisão irrecorrível, na forma do art. 831 da CLT. Assim sendo, o termo conciliatório transita em julgado na data da sua homologação judicial. *(ex-OJ n. 104 da SBDI-2 — DJ 29.4.2003)*

VI — Na hipótese de colusão das partes, o prazo decadencial da ação rescisória somente começa a fluir para o Ministério Público, que não interveio no processo principal, a partir do momento em que tem ciência da fraude. *(ex-OJ n. 122 da SBDI-2 — DJ 11.08.2003)*

VII — Não ofende o princípio do duplo grau de jurisdição a decisão do TST que, após afastar a decadência em sede de recurso ordinário, aprecia desde logo a lide, se a causa versar questão exclusivamente de direito e estiver em condições de imediato julgamento. *(ex-OJ n. 79 da SBDI-2 — inserida em 13.3.2002)*

VIII — A exceção de incompetência, ainda que oposta no prazo recursal, sem ter sido aviado o recurso próprio, não tem o condão de afastar a consumação da coisa julgada e, assim, postergar o termo inicial do prazo decadencial para a ação rescisória. *(ex-OJ n. 16 da SBDI-2 — inserida em 20.9.2000)*

IX — Prorroga-se até o primeiro dia útil, imediatamente subseqüente, o prazo decadencial para ajuizamento de ação rescisória quando expira em férias forenses, feriados, finais de semana ou em dia em que não houver expediente forense. Aplicação do art. 775 da CLT. *(ex-OJ n. 13 da SBDI-2 — inserida em 20.9.2000)*

X — Conta-se o prazo decadencial da ação rescisória, após o decurso do prazo legal previsto para a interposição do recurso extraordinário, apenas quando esgotadas todas as vias recursais ordinárias. *(ex-OJ n. 145 da SBDI-2 — DJ 10.11.2004)*

Sobre a prescrição intercorrente em ação rescisória, ver Súmula n. 264 do STF, no sentido de que se verifica a prescrição intercorrente pela paralisação da ação rescisória por mais de cinco anos.

aa) Inciso XXVII — arts. 988 a 993 (reclamação);

Não basta decidir e fixar teses, é preciso fazer cumprir as decisões. Este é o objetivo da Reclamação. Originalmente prevista na Lei n. 8.038/90, nos art. 13 a 18, a Reclamação teve todos os seus artigos regulados pelo novo CPC, que revogou expressamente os dispositivos legais mencionados.

O novo Código expande a abrangência da Reclamação, como forma de garantir a eficácia do sistema de formação de precedentes. É ela que torna coercitivos os demais procedimentos de unificação de jurisprudência, como o IRDR ou as repercussões gerais em recursos repetitivos. Como a IN n. 39/2016 — TST aponta para a compatibilidade do sistema de precedentes com o Processo do Trabalho, é natural que determine a compatibilidade do instituto da Reclamação.

As hipóteses de cabimento estão no art. 988, CPC, cujo texto é o seguinte:

Art. 988. Caberá reclamação da parte interessada ou do Ministério Público para:

I — preservar a competência do tribunal;

II — garantir a autoridade das decisões do tribunal;

III — garantir a observância de decisão do Supremo Tribunal Federal em controle concentrado de constitucionalidade;

IV — garantir a observância de enunciado de súmula vinculante e de precedente proferido em julgamento de casos repetitivos ou em incidente de assunção de competência.

§ 1º A reclamação pode ser proposta perante qualquer tribunal, e seu julgamento compete ao órgão jurisdicional cuja competência se busca preservar ou cuja autoridade se pretenda garantir.

§ 2º A reclamação deverá ser instruída com prova documental e dirigida ao presidente do tribunal.

§ 3º Assim que recebida, a reclamação será autuada e distribuída ao relator do processo principal, sempre que possível.

§ 4º As hipóteses dos incisos III e IV compreendem a aplicação indevida da tese jurídica e sua não aplicação aos casos que a ela correspondam.

§ 5º É inadmissível a reclamação proposta após o trânsito em julgado da decisão.

§ 6º A inadmissibilidade ou o julgamento do recurso interposto contra a decisão proferida pelo órgão reclamado não prejudica a reclamação.

A Reclamação não se confunde com a Correição Parcial. A primeira, diz respeito ao cumprimento das decisões. A segunda, refere-se a *error in procedendo* que gera abuso ou tumulto processual.

Os objetivos da Reclamação são: a) preservar a competência do tribunal (I); b) garantir a autoridade das decisões do tribunal (II); c) garantir a eficácia dos precedentes das cortes superiores (III e IV).

A competência é do órgão jurisdicional cuja competência se busca preservar ou cuja autoridade se pretenda garantir (§ 1º).

A Reclamação, no STF, está prevista no art. 102, I, l e art. 103-A, § 3º da Constituição, cujas redações são:

Art. 102. Compete ao Supremo Tribunal Federal, precipuamente, a guarda da Constituição, cabendo-lhe:

I — processar e julgar, originariamente:

...

l) a reclamação para a preservação de sua competência e garantia da autoridade de suas decisões;

...

Art. 103-A. O Supremo Tribunal Federal poderá, de ofício ou por provocação, mediante decisão de dois terços dos seus membros, após reiteradas decisões sobre matéria constitucional, aprovar súmula que, a partir de sua publicação na imprensa oficial, terá efeito vinculante em relação aos demais órgãos do Poder Judiciário e à administração pública direta e indireta, nas esferas federal, estadual e municipal, bem como proceder à sua revisão ou cancelamento, na forma estabelecida em lei. *(Incluído pela Emenda Constitucional n. 45, de 2004)*

...

§ 3º Do ato administrativo ou decisão judicial que contrariar a súmula aplicável ou que indevidamente a aplicar, caberá reclamação ao Supremo Tribunal Federal que, julgando-a procedente, anulará o ato administrativo ou cassará a decisão judicial reclamada, e determinará que outra seja proferida com ou sem a aplicação da súmula, conforme o caso. *(Incluído pela Emenda Constitucional n. 45, de 2004)*

No STJ, está prevista no art. 105, I, f, da Constituição.

Art. 105. Compete ao Superior Tribunal de Justiça:

I — processar e julgar, originariamente:

...

f) a reclamação para a preservação de sua competência e garantia da autoridade de suas decisões;

A Reclamação admite prova documental. Deve ser dirigida ao presidente do tribunal e seu julgamento compete ao órgão jurisdicional cuja competência se busca preservar ou cuja autoridade se pretenda garantir. Assim que recebida, será autuada e distribuída ao relator do processo principal, sempre que possível (§§, 1º, 2º e 3º). Não poderá ser proposta após o trânsito em julgado, pois não é sucedânea da ação rescisória. A inadmissibilidade ou o julgamento do recurso interposto contra a decisão proferida pelo órgão reclamado não prejudica a reclamação (§§ 5º e 6º).

A Reclamação visa a garantir não apenas as situações em que os precedentes não foram aplicados, mas também as situações em que foram aplicados equivocadamente (§ 4º).

O procedimento da Reclamação e os poderes do Relator estão no art. 989, CPC, cujo texto é o seguinte:

Art. 989. Ao despachar a reclamação, o relator:

I — requisitará informações da autoridade a quem for imputada a prática do ato impugnado, que as prestará no prazo de 10 (dez) dias;

II — se necessário, ordenará a suspensão do processo ou do ato impugnado para evitar dano irreparável;

III — determinará a citação do beneficiário da decisão impugnada, que terá prazo de 15 (quinze) dias para apresentar a sua contestação.

O Relator também poderá indeferir a inicial (art. 330, CPC), quando o autor narrar hipóteses distintas das previstas no art. 988, CPC.

Qualquer interessado poderá impugnar o pedido do reclamante (art. 990, CPC). O Código amplia a legitimidade ativa em função da natureza expansiva dos precedentes. O interesse tem de ser jurídico, e não apenas econômico.

O MP pode formular o pedido de Reclamação (art. 988, *caput*, CPC) ou, caso não o faça, terá vista do processo por cinco dias, em face do interesse público da matéria, nos termos do art. 991, CPC:

> Art. 991. Na reclamação que não houver formulado, o Ministério Público terá vista do processo por 5 (cinco) dias, após o decurso do prazo para informações e para o oferecimento da contestação pelo beneficiário do ato impugnado.

O julgamento e cassação da decisão ou adequação do julgado, estão previstos no art. 992, cujo texto é o que segue:

> Art. 992. Julgando procedente a reclamação, o tribunal cassará a decisão exorbitante de seu julgado ou determinará medida adequada à solução da controvérsia.

O cumprimento da Reclamação é imediato, devendo ser feito antes mesmo da lavratura do acórdão, conforme dispõe o art. 993, CPC:

> Art. 993. O presidente do tribunal determinará o imediato cumprimento da decisão, lavrando-se o acórdão posteriormente.

bb) Inciso XXVIII — arts. 1.013 a 1.014 (efeito devolutivo do recurso ordinário — força maior);

Podem ser apontados quatro efeitos dos recursos trabalhistas: devolutivo, suspensivo, devolutivo em profundidade e substitutivo. Os arts. 1.013 e 1.014, CPC, referem-se ao efeito devolutivo em profundidade da apelação, sendo compatíveis com o recurso ordinário, que é o recurso de fundamentação ampla do Processo do Trabalho.

A regra geral dos recursos trabalhistas é o princípio da manutenção dos efeitos da sentença. Em outras palavras, os recursos são recebidos apenas no efeito devolutivo. Nesse sentido, o art. 899, *caput*, da CLT:

> Art. 899. Os recursos serão interpostos por simples petição e terão efeito meramente devolutivo, salvo as exceções previstas neste Título, permitida a execução provisória até a penhora. *(Redação dada pela Lei n. 5.442, de 24.5.1968) (Vide Lei n. 7.701, de 1988)*

O efeito devolutivo está relacionado com os próprios limites da lide: o recurso devolve ao juízo *ad quem* o conhecimento da lide, dentro dos limites, e não fora deles. As questões recursais objeto de devolução para análise devem ser delimitadas. Essa é uma projeção do princípio dispositivo.

Em geral, não há efeito suspensivo nos recursos trabalhistas. A exceção prevista está na Lei n. 10.192/2001, art. 14, no recurso ordinário em ação de dissídio coletivo (art. 895, II, CLT), que pode ter o efeito suspensivo determinado pelo Presidente do TST, em juízo de admissibilidade.

Excepcionalmente, a parte pode buscar efeito suspensivo para algum aspecto da decisão via ação cautelar inominada, nos termos da Súmula n. 414 do TST:

Súmula n. 414 do TST — MANDADO DE SEGURANÇA. ANTECIPAÇÃO DE TUTELA (OU LIMINAR) CONCEDIDA ANTES OU NA SENTENÇA (conversão das Orientações Jurisprudenciais ns. 50, 51, 58, 86 e 139 da SBDI-2) — Res. 137/2005, DJ 22, 23 e 24.8.2005

I — A antecipação da tutela concedida na sentença não comporta impugnação pela via do mandado de segurança, por ser impugnável mediante recurso ordinário. A ação cautelar é o meio próprio para se obter efeito suspensivo a recurso. *(ex-OJ n. 51 da SBDI-2 — inserida em 20.9.2000)*

II — No caso da tutela antecipada (ou liminar) ser concedida antes da sentença, cabe a impetração do mandado de segurança, em face da inexistência de recurso próprio. *(ex-OJs ns. 50 e 58 da SBDI-2 — inseridas em 20.9.2000)*

III — A superveniência da sentença, nos autos originários, faz perder o objeto do mandado de segurança que impugnava a concessão da tutela antecipada (ou liminar). *(ex-Ojs da SBDI-2 ns. 86 — inserida em 13.3.2002 — e 139 — DJ 4.5.2004)*

Sobre o efeito suspensivo no agravo de petição, ver Súmula n. 416, TST:

Súmula n. 416 do TST — MANDADO DE SEGURANÇA. EXECUÇÃO. LEI N. 8.432/1992. ART. 897, § 1º, DA CLT. CABIMENTO (conversão da Orientação Jurisprudencial n. 55 da SBDI-2) — Res. 137/2005, DJ 22, 23 e 24.8.2005

Devendo o agravo de petição delimitar justificadamente a matéria e os valores objeto de discordância, não fere direito líquido e certo o prosseguimento da execução quanto aos tópicos e valores não especificados no agravo. *(ex-OJ n. 55 da SBDI-2 — inserida em 20.9.2000)*

O efeito devolutivo em profundidade está inspirado pela teoria da causa madura. Também conhecido como efeito translativo, significa que o recurso ordinário devolve ao tribunal todas as questões de fato e de direito, discutidas e suscitadas no processo, ainda que não tenham sido solucionadas, desde que relativas ao capítulo impugnado (art. 1.013, § 1º, CPC). O processo estará em condições de julgamento de imediato pelo tribunal quando: a) reformar a sentença com base no art. 485, CPC (extinção sem resolução de mérito); b) decretar a nulidade da sentença por não ser ela congruente com os limites do pedido ou da causa de pedir; c) constatar a omissão no exame de um dos pedidos, hipótese em que poderá julgá-lo; d) decretar a nulidade da sentença por falta de fundamentação (art. 1.013, § 2º, CPC). Se a sentença reformada houver declarado a decadência ou a prescrição, se for possível o exame do mérito, o tribunal deverá julgar o mérito, examinando as demais questões, sem determinar o retorno ao Juiz de primeiro grau (art. 1.013, § 3º, CPC).

O efeito devolutivo em profundidade ou efeito translativo se aplica em questões de ordem pública (que podem ser conhecidas de ofício), em omissões de questões suscitadas pelas partes, mas esquecidas na sentença, e em todos os fundamentos apresentados pelas partes e não apreciados na sentença, por questão prejudicial. Em recurso de revista, em função da necessidade de prequestionamento, todas as questões devem ser explicitadas, sob pena de não conhecimento.

O efeito devolutivo em profundidade está previsto nos arts. 1.013 e 1.014 do novo CPC:

> Art. 1.013. A apelação devolverá ao tribunal o conhecimento da matéria impugnada.
>
> § 1º Serão, porém, objeto de apreciação e julgamento pelo tribunal todas as questões suscitadas e discutidas no processo, ainda que não tenham sido solucionadas, desde que relativas ao capítulo impugnado.
>
> § 2º Quando o pedido ou a defesa tiver mais de um fundamento e o juiz acolher apenas um deles, a apelação devolverá ao tribunal o conhecimento dos demais.
>
> § 3º Se o processo estiver em condições de imediato julgamento, o tribunal deve decidir desde logo o mérito quando:
>
> I — reformar sentença fundada no *art. 485*;
>
> II — decretar a nulidade da sentença por não ser ela congruente com os limites do pedido ou da causa de pedir;
>
> III — constatar a omissão no exame de um dos pedidos, hipótese em que poderá julgá-lo;
>
> IV — decretar a nulidade de sentença por falta de fundamentação.
>
> § 4º Quando reformar sentença que reconheça a decadência ou a prescrição, o tribunal, se possível, julgará o mérito, examinando as demais questões, sem determinar o retorno do processo ao juízo de primeiro grau.
>
> § 5º O capítulo da sentença que confirma, concede ou revoga a tutela provisória é impugnável na apelação.
>
> Art. 1.014. As questões de fato não propostas no juízo inferior poderão ser suscitadas na apelação, se a parte provar que deixou de fazê-lo por motivo de força maior.

A Súmula n. 393 do TST disciplina a compatibilidade com o Processo do Trabalho:

> SÚMULA N. 393 DO TST — RECURSO ORDINÁRIO. EFEITO DEVOLUTIVO EM PROFUNDIDADE. ART. 1.013, § 1º, DO CPC DE 2015. ART. 515, § 1º, DO CPC DE 1973. (nova redação em decorrência do CPC de 2015) — Res. 208/2016, DEJT divulgado em 22, 25 e 26.4.2016
>
> I — O efeito devolutivo em profundidade do recurso ordinário, que se extrai do § 1º do art. 1.013 do CPC de 2015 (art. 515, § 1º, do CPC de 1973), transfere ao Tribunal a apreciação dos fundamentos da inicial ou da defesa, não examinados pela sentença, ainda que não renovados em contrarrazões, desde que relativos ao capítulo impugnado.
>
> II — Se o processo estiver em condições, o tribunal, ao julgar o recurso ordinário, deverá decidir desde logo o mérito da causa, nos termos do § 3º do art. 1.013 do CPC de 2015, inclusive quando constatar a omissão da sentença no exame de um dos pedidos.

De uma forma geral, o efeito devolutivo em profundidade, previsto no art. 1.013 do CPC, estava previsto no art. 515 do CPC/73. Entretanto, o novo Código amplia seus efeitos no que diz respeito a ser possível julgar imediatamente a causa no caso de omissão de um dos pedidos. O novo Código abrange tanto a omissão simples (um dos pedidos não foi analisado) quanto a omissão sucessiva (um dos pedidos foi analisado, mas o juízo *ad quem* reforma a sentença e passa á análise do pedido sucessivo). A condição para que isto ocorra é a inexistência de cerceamento de prova e o respeito à vedação da decisão surpresa. Para o novo CPC, a teoria da causa madura não afronta ao devido processo legal (art. 5º, LIV, Constituição), pelo contrário, auxilia na resolução dos litígios de forma mais célere e eficaz. Entretanto, esta posição não é pacífica, pois existem fortes correntes que sustentam que o efeito devolutivo em profundidade poderia caracterizar supressão de instância e, com isso, ser inconstitucional, ao contrariar o disposto no art. 5º, LV, da Constituição.

Uma das grandes questões relacionadas ao efeito devolutivo em profundidade, é saber se a devolução da matéria diz respeito ao todo da instância ou apenas a parte da matéria que foi objeto de recurso e consequente análise do TRT. Esse tema ganha particular relevância no Processo do Trabalho por conta da cumulação objetiva de pedidos.

Um exemplo é a sentença que versa sobre o vínculo de emprego. Pode-se imaginar uma sentença que não reconheça o vínculo de emprego e, por consequência, deixa de examinar os demais pedidos consectários dessa relação jurídica, como as horas extras, férias, aplicação de convenções coletivas de trabalho, insalubridade, entre outros. Toda a dilação probatória foi realizada sem nenhum cerceamento de defesa, mas o processo foi julgado improcedente. No recurso ordinário, a parte pede a reforma da decisão e o reconhecimento do vínculo jurídico de emprego. O TRT, ao julgar o recurso, entende pela existência do vínculo de emprego. No sistema anterior, do CPC/73, o comum seria devolver o processo ao Juiz de primeira instância para analisar os demais pedidos. Entretanto, com a redação do art. 1.013 do novo CPC, é possível interpretar que o tribunal pode julgar a lide desde logo, desde que não exista nenhum cerceamento de defesa, ou seja, todas provas foram realizadas sem nenhuma inconformidade das partes (testemunhas foram ouvidas, perícias foram realizadas, todos os documentos pertinentes foram juntados).

Surgem três problemas: a) a supressão de instância, pois os pedidos seguintes são reconhecimento do vínculo de emprego não foram analisados em primeira instância; b) o recurso da reclamada, acaso condenada pelo TRT, somente será o Recurso de Revista, que tem natureza extraordinária, sem comportar análise de matéria de fato (Súmula n. 126, TST). Portanto, para a defesa, a supressão de instância importa o desaparecimento do juízo revisor ordinário, restando-lhe apenas um recurso em juízo extraordinário, o que implica em claro prejuízo; c) a natureza das contrarrazões deve ser modificada, pois a reclamada, que era vencedora em primeira instância (o vínculo não havia sido reconhecido) deve, pelo menos por cautela, se manifestar sobre alguns pontos do processo que, acaso revertida a decisão, de verão ser fixados e aclarados.

Este é o tipo de questão que deverá ser aclarada pelo TST e pelo STF, pois a supressão de instância tem natureza constitucional, afrontando ao devido processo legal, previsto no art. 5º, LV, da Constituição. Se o STF declarar a inconstitucionalidade do artigo, a devolução do processo para o julgamento em primeira instância será a consequência natural, devendo a análise ocorrer pedido por pedido. Se for entendido de modo diverso, ou seja, que não há supressão de instância e que a lide é analisada em sua totalidade em cada instância, então o TRT deverá julgar o Recurso Ordinário em relação aos outros itens que não haviam sido analisados pelo julgador de primeira instância, desde que façam parte das teses alegadas pelas partes, restando ao reclamado apenas o caminho do Recurso de Revista. Quanto a este último aspecto, se prevalente a tese de que não há supressão de instância, ao menos deverá ser dado à parte vencedora em primeira instância e perdedora na fase recursal, o direito de levantar tópicos *ad cautelam* em contrarrazões pois, do contrário, a parte ficaria sem o direito de levantar questões de seu interesse em caso de revisão da decisão pelo Tribunal Regional.

O prazo para contrarrazões é o mesmo do recurso. Nesse sentido, o art. 900 da CLT:

> Art. 900. Interposto o recurso, será notificado o recorrido para oferecer as suas razões, em prazo igual ao que tiver tido o recorrente.

Uma questão controversa é a possibilidade de arguição de prescrição em contrarrazões. De um lado, o argumento que a prescrição pode ser arguida apenas no recurso, que tem natureza postulatória, enquanto que as contrarrazões apenas rebatem argumentos do recurso da outra parte. De outro lado, se a prescrição pode ser declarada de ofício pelo Juiz, nada obsta que a parte a mencione nas contrarrazões.

O TST tem a Súmula n. 153 que dispõe:

> PRESCRIÇÃO (mantida) — Res. 121/2003, DJ 19, 20 e 21.11.2003
>
> Não se conhece de prescrição não arguida na instância ordinária (ex-Prejulgado n. 27).

A aplicação do art. 1.013, § 3º, do CPC, independe de requerimento da parte. Entretanto, se o tribunal antever a possibilidade de novo julgamento e for utilizar argumento novo, não debatido pelas partes, deve aplicar os arts. 9º e 10 do novo CPC, compatíveis com o Processo do Trabalho nos termos do art. 4º da IN n. 39/2016 — TST.

Ainda resta uma observação quanto ao prequestionamento no recurso ordinário. A regra geral, é de que ele seja necessário somente no Recurso de Revista, por se tratar de um recurso de natureza extraordinária, cujo objetivo principal e imediato é a interpretação uniforme do direito objetivo, e não a solução do caso concreto. Por este motivo, as teses devem estar delineadas de forma clara e objetiva. O Recurso Ordinário, por se tratar de um recurso de natureza revisional, ou seja, que visa a analisar matéria de fato e de direito e cujo acórdão resultante pode recompor a solução da lide na sua totalidade, não exige prequestionamento.

Apenas se o Recurso Ordinário tiver motivação inteiramente dissociada dos fundamentos da sentença. Nessa circunstância, apenas, é que o recurso Ordinário deverá ser precedido de prequestionamento, realizado por meio de Embargos Declaratórios. Nesse sentido, a Súmula n. 422, III, do TST, cujo texto é o que segue:

> Súmula n. 422 do TST — RECURSO. FUNDAMENTO AUSENTE OU DEFICIENTE. NÃO CONHECIMENTO (redação alterada, com inserção dos itens I, II e III) — Res. 199/2015, DEJT divulgado em 24, 25 e 26.6.2015. Com errata publicado no DEJT divulgado em 1º.7.2015
>
> I — Não se conhece de recurso para o Tribunal Superior do Trabalho se as razões do recorrente não impugnam os fundamentos da decisão recorrida, nos termos em que proferida.
>
> II — O entendimento referido no item anterior não se aplica em relação à motivação secundária e impertinente, consubstanciada em despacho de admissibilidade de recurso ou em decisão monocrática.
>
> III — Inaplicável a exigência do item I relativamente ao recurso ordinário da competência de Tribunal Regional do Trabalho, exceto em caso de recurso cuja motivação é inteiramente dissociada dos fundamentos da sentença.

Ainda se pode falar em efeito substitutivo, no sentido de que a decisão recursal substitui a recorrida naquilo que a modificar. Esse é o disposto no art. 1.008 do CPC:

> Art. 1.008. O julgamento proferido pelo tribunal substituirá a decisão impugnada no que tiver sido objeto de recurso.

Com relação aos litisconsortes, o art. 1.005, do CPC, estende os efeitos da decisão a todos, salvo se distintos ou opostos os seus interesses. O texto legal é o seguinte:

> Art. 1.005. O recurso interposto por um dos litisconsortes a todos aproveita, salvo se distintos ou opostos os seus interesses.
>
> Parágrafo único. Havendo solidariedade passiva, o recurso interposto por um devedor aproveitará aos outros quando as defesas opostas ao credor lhes forem comuns.

cc) Inciso XXIX — art. 1.021 (salvo quanto ao prazo do agravo interno).

Quando o Relator prolatar decisão monocrática, dentro dos poderes que lhe são conferidos pelo art. 932 do CPC, a parte poderá recorrer para o respectivo órgão colegiado. A esse recurso se denomina Agravo interno e seu regramento é compatível com o Processo do Trabalho. O art. 1.021 do CPC tem a seguinte redação:

> Art. 1.021. Contra decisão proferida pelo relator caberá agravo interno para o respectivo órgão colegiado, observadas, quanto ao processamento, as regras do regimento interno do tribunal.
>
> § 1º Na petição de agravo interno, o recorrente impugnará especificadamente os fundamentos da decisão agravada.
>
> § 2º O agravo será dirigido ao relator, que intimará o agravado para manifestar-se sobre o recurso no prazo de 15 (quinze) dias, ao final do qual, não havendo retratação, o relator levá--lo-á a julgamento pelo órgão colegiado, com inclusão em pauta.

§ 3º É vedado ao relator limitar-se à reprodução dos fundamentos da decisão agravada para julgar improcedente o agravo interno.

§ 4º Quando o agravo interno for declarado manifestamente inadmissível ou improcedente em votação unânime, o órgão colegiado, em decisão fundamentada, condenará o agravante a pagar ao agravado multa fixada entre um e cinco por cento do valor atualizado da causa.

§ 5º A interposição de qualquer outro recurso está condicionada ao depósito prévio do valor da multa prevista no § 4º, à exceção da Fazenda Pública e do beneficiário de gratuidade da justiça, que farão o pagamento ao final.

O processamento do agravo interno dar-se-á de acordo com o regimento interno do tribunal. O prazo será de oito dias, de acordo com o art. 1º, § 2º da IN n. 39/2016 – TST, que remete ao art. 6º da Lei n. 5.584/70 e art. 893 da CLT. Não se aplica, portanto, o prazo previsto no § 2º do art. 1.021 do CPC.

A impugnação não poderá ser genérica, cabendo à parte especificar os fundamentos (§ 1º). Pode haver juízo de retratação (§ 2º) e é vedado ao Relator limitar-se à reprodução dos fundamentos da decisão agravada a fim de julgar improcedente o agravo interno (§ 3º). Dito de outra maneira, deverá encontrar argumentos próprios do agravo o que, em determinados casos, pode não ser uma tarefa fácil, em especial se o recurso tiver caráter procrastinatório. Por outro lado, pode surgir a possibilidade de a parte alegar omissão ou sentença não fundamentada, na forma do art. 489, § 1º, do CPC.

Em caso de agravo interno manifestamente improcedente, poderá ser aplicada multa de um a cinco por cento do valor da causa (§ 4º). A votação, neste caso, deverá ser unânime. Para interpor qualquer outro recurso, a parte deverá recolher o valor da multa (§ 5º). Portanto, o recolhimento da multa imposta é um pressuposto de conhecimento extrínseco de eventual recurso.

Art. 4º Aplicam-se ao Processo do Trabalho as normas do CPC que regulam o princípio do contraditório, em especial os arts. 9º e 10, no que vedam a decisão surpresa.

§ 1º Entende-se por "decisão surpresa" a que, no julgamento final do mérito da causa, em qualquer grau de jurisdição, aplicar fundamento jurídico ou embasar-se em fato não submetido à audiência prévia de uma ou de ambas as partes.

§ 2º Não se considera "decisão surpresa" a que, à luz do ordenamento jurídico nacional e dos princípios que informam o Direito Processual do Trabalho, as partes tinham obrigação de prever, concernente às condições da ação, aos pressupostos de admissibilidade de recurso e aos pressupostos processuais, salvo disposição legal expressa em contrário.

Comentários

Os princípios do devido processo legal e do contraditório (art. 5º, LIV e LV, CF) são garantias constitucionais e constituem um dos pilares do Estado de Direito. A redação constitucional é a seguinte:

Art. 5º ...

LIV — ninguém será privado da liberdade ou de seus bens sem o devido processo legal;

LV — aos litigantes, em processo judicial ou administrativo, e aos acusados em geral são assegurados o contraditório e ampla defesa, com os meios e recursos a ela inerentes;

Têm relação com o princípio da boa-fé processual (art. 5º, CPC), no sentido de afirmar os comportamentos de lealdade e transparência recíproca entre as partes. A própria dialeticidade do processo, essencial ao seu caráter democrático, somente se concretiza com o princípio do contraditório.

A concepção inicial voltava-se para o comportamento das partes. Tudo o que uma parte fazia no processo, deveria ser do conhecimento da outra, tanto no que se refere a atos postulatórios quanto a atos probatórios ou executivos. Portanto, sua concepção inicial estava voltada para o binômio ação/reação dentro do processo em relação ao comportamento das partes. O contraditório significa o direito de conhecer a conduta do outro e reagir dentro do interesse processual envolvido.

Entretanto, houve uma evolução da mentalidade do conhecer e reagir para a visão de que o processo deve ter um matiz colaborativo, não só entre as partes, mas, também, em relação ao Estado-juiz. O Estado, representado pela figura do julgador, também deve ser transparente e colaborativo na condução da relação processual, na busca de uma melhor qualidade nas soluções encontradas. Isso decorre do fato de que o Juiz não tem uma conduta passiva diante das partes. No processo, o Juiz tem condutas ativas, como iniciativa de provas e atos processuais, por exemplo, que devem ser transparentes para as partes. Quem ganha com tudo isso é a própria sociedade, que terá a realização da Justiça de forma mais qualificada. Esse princípio da colaboração é uma das grandes afirmações do novo CPC (art. 6º).

A melhor qualidade da prestação jurisdicional decorre não só do direito da parte de conhecer/reagir ao comportamento da outra parte, mas também do direito de conhecer/influenciar o comportamento do órgão jurisdicional. Há um transpasse da relação bilateral para a relação entre as partes e o Estado-Juiz, visando à construção de uma decisão fundamentada, consistente e adequada. Portanto, o princípio do contraditório compreende o dever de informação, o direito de reação e o dever de o estado levar em consideração os argumentos apresentados pelas partes. Há uma transparência total no comportamento dos litigantes entre si e em relação ao órgão do Poder Jurisdicional encarregado do andamento e julgamento do processo.

Os litigantes devem possuir um mínimo de urbanidade e se lhes exige uma parcela de colaboração com o intuito de reestabelecer a verdade. O mínimo de urbanidade é justificado pela ideia de que o processo representa uma evolução no processo civilizatório, substituindo o exercício da força pelo exercício da razão. A força bruta deve ser limitada pelo exercício da razão e é o Estado quem conserva o monopólio da "violência". Salvo em casos especiais, o cidadão deve buscar o Poder Judiciário para exercer os seus direitos. Por outro lado, o caráter público da atividade processual exige do órgão jurisdicional uma preocupação maior com o restabelecimento da paz social quebrada com a lide. Por essa razão, o esclarecimento da verdade interessa não só aos litigantes, mas também à coletividade e ao Estado, pois reforça a paz social. Assim, as partes, além de terem que agir com urbanidade, devem colaborar ou, ao menos, não devem apresentar óbices ao esclarecimento total da lide. Se assim não acontece, o órgão jurisdicional pode impor sanções em sentido estrito. São exemplos dessas sanções a declaração do estado de revelia, com a pena de confissão ficta e a declaração de litigância de má-fé, com a aplicação da respectiva multa, entre outros.

Todo esse raciocínio é desenvolvido no sentido de justificar as seguintes afirmações: a) o processo é um encadeamento de atos destinados a um fim, devendo ser observada a forma prescrita em lei; b) a não-observância da forma implica em sanções; c) a justificativa da existência dessas sanções é a de que as partes devem litigar respeitando-se mutuamente, com um mínimo de colaboração com o Poder Judiciário e visando à resolução da lide; d) toda a atividade processual está permeada de elementos valorativos.

A Cooperação ainda está relacionada com a formação de precedentes. No espírito do novo CPC, um caso concreto pode ganhar repercussão e tornar-se precedente para inúmeros casos semelhantes, seja em caráter retrospectivo (casos análogos já existentes), seja em caráter prospectivo (casos análogos que vierem a ser propostos). Por esta razão, a construção de uma decisão fundamentada, mais que o interesse particular das partes envolvidas naquele processo, pode representar um interesse da coletividade.

Todo esse sistema de princípios e técnicas é compatível com o Processo do Trabalho que, como qualquer outro sistema processual, encontra-se subordinado ao sistema constitucional.

O texto do art. 9º do CPC é o seguinte:

Art. 9º Não se proferirá decisão contra uma das partes sem que ela seja previamente ouvida.

Parágrafo único. O disposto no *caput* não se aplica:

I — à tutela provisória de urgência;

II — às hipóteses de tutela da evidência previstas no art. 311, incisos II e III;

III — à decisão prevista no art. 701

A disposição legal de que não se proferirá decisão contra uma das partes em que ela seja previamente ouvida comporta exceções previstas na própria lei: a) a tutela provisória de urgência, havendo perigo de dano e verossimilhança do direito (art. 9º, parágrafo único, I, CPC); b) tutela de evidência, nas hipóteses de alegações de fato que podem ser provadas documentalmente e houver tese firmada em casos repetitivos ou súmula vinculante, ou no caso de ações reipersecutórias fundadas em prova adequada ao contrato de depósito (art. 9º, parágrafo único, II, CPC); e c) ação monitória (art. 701, CPC). Essas três exceções também são compatíveis com o Processo do Trabalho, embora as ações monitórias não sejam comuns no cotidiano forense trabalhista.

A proibição de decisão com base em fundamento não conhecido está no art. 10, cujo texto é o que segue:

> Art. 10. O juiz não pode decidir, em grau algum de jurisdição, com base em fundamento a respeito do qual não se tenha dado às partes oportunidade de se manifestar, ainda que se trate de matéria sobre a qual deva decidir de ofício.

O princípio do contraditório é um corolário do princípio da igualdade. O tratamento isonômico das partes no processo judicial decorre de um princípio mais amplo, que determina que todos são iguais perante a lei. Entretanto, como se sabe, a realidade não traz situações isonômicas e, eventualmente, é preciso corrigir certas distorções, favorecendo partes mais fracas para compensar a desigualdade material. A isso se chama Justiça Distributiva, na célebre concepção de tratar desigualmente aos desiguais, na proporção de suas desigualdades. A questão que surge desse raciocínio é se o processo, que parte de um princípio de igualdade formal, pode ter tratamento desigual para partes economicamente desiguais e se tal circunstância influencia no princípio do contraditório. Tal situação é particularmente importante na relação de trabalho e, por consequência, no Processo do Trabalho, em que as partes envolvidas são manifestamente desiguais no plano econômico.

Como se trata de um tema formal, o direito de conhecer o movimento da outra parte e do Poder judiciário, conjugando o direito/dever de informação e reação com o direito de ter seus argumentos levados em conta no momento da prolação da decisão judicial, entende-se que o princípio do contraditório não deve ser ponderado de forma desigual para as partes. Não se pode confundir o princípio do contraditório com o ônus da prova. Este, nos termos do novo CPC (art. 373, §§ 1º e 2º), pode ter natureza dinâmica e, por este motivo, pode ser distribuído e invertido conforme as circunstâncias do caso e conforme a aptidão das partes para provar os fatos. Esta concepção dinâmica do ônus da prova é, inclusive, compatível com o Processo do Trabalho.

O princípio do contraditório deve ser de estrita observância formal. Neste sentido formal, deve preservar a transparência dos atos processuais e a possibilidade que as partes têm de ter levada em conta suas alegações para alcançar uma decisão melhor fundamentada e mais consentânea com a realidade do processo. Em algumas situações, ainda, deve ser aplicado porque pode estar relacionado com a formação de um precedente para toda a sociedade. Mesmo no Processo do Trabalho, que basicamente trata da relação de emprego, de natureza assimétrica no plano material, deve-se respeitar o princípio do contraditório com base na igualdade das partes, sem tratamento diferenciado, a não ser nas hipóteses listadas no próprio art. 9º do CPC (Tutela de urgência, algumas hipóteses de tutela de evidência e ação monitória).

Ainda uma questão metajurídica: o volume de processos e a fundamentação. É sabido por toda a sociedade do volume de trabalho a que estão submetidos os Juízes brasileiros, em função dos milhões de processos ajuizados. A Justiça do Trabalho não escapa a essa realidade. Certamente que a observância estrita do princípio do contraditório nos termos estritos do art. 9º e a vedação da decisão surpresa, prevista no art. 10, pressupõe que o Juiz ou Tribunal tenham condições dignas de trabalho e um número razoável e compatível de processos para julgar. Portanto, mais do que um desafio formal, existe um desafio de política judiciária para poder dar efetividade ao princípio trazido pelo novo CPC. Examinar os casos de maneira detalhada e consistente exige que o Julgador tenha um mínimo de condições de trabalho.

A IN n. 39/2016 — TST procura especificar a aplicação da matéria, avançando na definição de "decisão surpresa" e excepcionando algumas decisões. Na sua exposição de motivos, reconhece expressamente as dificuldades com o tema e sua transcendência, afirmando que "a aplicação no Processo do Trabalho da nova concepção de princípio do contraditório adotada pelo NCPC (arts. 9º e 10), no que veda a decisão surpresa, constituiu-se em uma das mais tormentosas e atormentadoras questões". Segue a exposição de motivos afirmado que "prevaleceu uma solução de compromisso: a) de um lado, aplica-o na plenitude no julgamento do mérito da causa (art. 4º, § 1º, da IN) e, portanto, na esfera do direito material, de forma a impedir a adoção de fundamento jurídico não debatido previamente pelas partes; persiste a possibilidade de o órgão jurisdicional invocar o brocardo *iura novit curia*, mas não sem audiência prévia das partes; b) de outro lado, no plano estritamente processual, mitigou-se o rigor da norma (art. 4º, § 2º, da IN); para tanto, concorreram vários fatores: b1) as especificidades do processo trabalhista (mormente a exigência fundamental de celeridade em virtude da natureza alimentar das pretensões deduzidas em juízo); b2) a preservação pelo próprio CPC/2015 (art. 1046, § 2º) das "disposições especiais dos procedimentos regulados em outras leis", dentre as quais sobressai a CLT; b3) o próprio Código de Processo Civil não adota de forma absoluta a observância do princípio do contraditório prévio como vedação à decisão surpresa; b4) a experiência do direito comparado europeu, berço da nova concepção de contraditório, que recomenda algum temperamento em sua aplicação; tome-se, a título de ilustração, a seguinte decisão do Tribunal das Relações de Portugal de 2004: 'A decisão surpresa apenas emerge quando ela comporte uma solução jurídica que, perante os factos controvertidos, as partes não tinham obrigação de prever"'.

Isso justifica a posição da IN n. 39/2016 — TST no sentido de que "não se reputa "decisão surpresa" a que as partes tinham obrigação de prever, concernente às condições da ação, aos pressupostos de admissibilidade de recurso e aos pressupostos processuais. Ainda assim, a IN n. 39/2016 — TST ressalva os casos excepcionais em que, a propósito desses institutos, há disposição legal expressa determinando a audiência prévia da parte, a exemplo das normas dos §§ 2º e 7º do art. 1007 e §§ 1º a 4º do art. 938 do CPC de 2015.

Portanto, quanto à definição, dispõe que "decisão surpresa" é aquela que, no julgamento final do mérito da causa, em qualquer grau de jurisdição, aplicar fundamento jurídico ou embasar-se em fato não submetido à audiência prévia de uma ou de ambas as partes (art. 4º, § 1º, IN n. 39/2016 — TST). Conecta a definição às decisões de julgamento de mérito final da causa, excluindo as interlocutórias. Ao delimitar o conceito de "decisão surpresa" como sendo decisão final de mérito, a intenção do TST é prestigiar o princípio da irrecorribilidade em separado das decisões interlocutórias no Processo do Trabalho, afirmada no art. 1º, § 1º da própria IN n. 39/2016.

No que tange às exceções, fica excluída da definição de "decisão surpresa" a que, à luz do ordenamento jurídico nacional e dos princípios que informam o Direito Processual do Trabalho, as partes tinham obrigação de prever, concernente às condições da ação, aos pressupostos de admissibilidade de recurso e aos pressupostos processuais, salvo disposição legal expressa em contrário (art. 4º, § 2º, IN n. 39/2016 — TST). Aqui há uma clara tentativa de limitar as possibilidades de arguição de nulidade pelo fato da parte não ter conhecimento prévio de algumas decisões interlocutórias. São três as categorias: a) os pressupostos recursais intrínsecos (cabimento, legitimidade, interesse de recorrer, inexistência de fato impeditivo ao direito de recorrer) e extrínsecos (tempestividade, regularidade formal e preparo); b) condições da ação (legitimidade e interesse de agir); e c) pressupostos processuais (pressupostos de constituição válida subjetivos: validade da citação, competência do Juiz para a causa, a capacidade civil das partes e capacidade de representação; pressupostos objetivos: forma procedimental e ausência de fatos impeditivos à regular constituição do processo, a saber, a observância da forma processual adequada à pretensão, a inexistência de litispendência, coisa julgada, convenção de arbitragem, perempção, falta de caução quando a lei o exigir ou inépcia da petição inicial).

As decisões que envolvam estas matérias não estão sujeitas, segundo a IN n. 39/2016 — TST, ao dispositivo do CPC que veda a "decisão surpresa". Tratam-se de decisões interlocutórias e que estão abrangidas pela obrigação de conhecimento prévio da parte ou da prática de algum ato formal essencial à sua realização. Exemplo de exceções previstas na própria lei são a emenda da inicial e a possibilidade de ser intimado para completar o preparo. Em resumo, a posição do TST praticamente vincula a aplicação dos arts. 9º e 10 do CPC às decisões de mérito ou decisões interlocutórias com claro conteúdo decisório.

O princípio *iura novit curia* significa que o Juiz tem o poder de aplicar as normas no caso concreto, independentemente de alegação da parte. Também pode o julgador modificar a qualificação jurídica do direito ou a relação deduzida em Juízo, enquadrando-a na norma jurídica pertinente, independentemente do querer das partes. Relaciona-se com a obrigação de todos do conhecimento da lei, sendo inescusável alegar o seu desconhecimento (art. 3º, LINDB). Questões de ordem pública são enfrentadas pelo Juiz, sem necessidade de alegação da parte. A novidade do CPC é que estas questões, por serem relevantes ao processo e à formação de uma decisão completa, precisam ser dialogadas com as partes, com prévia possibilidade de manifestação. Evidentemente que esta novidade trará uma maior morosidade ao processo, pela necessidade de intimação e pelas possíveis nulidades que pode gerar pela sua não observância.

A vedação da "decisão surpresa" relaciona-se com a interpretação de cláusulas gerais. A técnica do uso de cláusulas gerais nos sistemas de direito privado foi intensificada a partir do Código Civil de 2002. São cláusulas de redação ampla, que abrem o sistema jurídico para a interpretação com elementos metajurídicos. Por um lado, permitem uma maior oxigenação e atualização do sistema interpretativo, mas, por outro, podem levar à judicialização excessiva, em face da amplitude de conceitos e consequente insegurança. Exemplos clássicos de cláusulas gerais são o princípio da boa-fé e a função social do contrato. Em tese, qualquer contrato pode ser discutido em face da observância do dever das partes de guardar a boa-fé tanto na formação quanto na sua execução ou saber se o contrato cumpre, ou não, a sua função social. Como o campo de discussão é muito amplo, as decisões judicias têm ampliado o leque de argumentos e estes argumentos lançados no processo nem sempre foram arguidos pelas partes. Neste ponto é que entra a vedação da decisão surpresa. Qualquer argumento ou enfoque novo, dado a uma cláusula geral, deverá ser submetido ao prévio debate. É relativamente fácil fazer tal afirmação sob o ponto de vista teórico, mas o caso concreto pode dificultar muito a efetivação do princípio, porque as nuances interpretativas podem ser sutis, permitindo a uma parte com más intenções, suscitar uma série de questões infundadas e nulidades com o único objetivo de retardar o andamento do processo.

Outra questão pertinente são as questões novas trazidas em memoriais e pareceres. A atuação processual pode ser feita pelas partes, pelo Ministério Público, terceiros interessados e Juiz. Como o princípio do contraditório se aplica a todos, não há dúvidas de que estas questões novas deverão ser submetidas ao conhecimento dos demais participantes da relação processual. Outra coisa é se serão levadas em conta por serem pertinentes ou não. Por exemplo, a parte ou o MP podem levantar uma questão de fato ou de direito nova em memoriais ou parecer, do que deverá ter conhecimento a outra parte, mas o Juiz poderá refutar a alegação por não fazer parte dos limites da lide. O mesmo se aplica à juntada de documento novo. A parte pode tentar juntar documento novo no processo, alegando que foi produzido depois da decisão de primeira instância.

Dessa juntada a outra parte deverá ter conhecimento, mas o Relator pode negar a juntada por entender que o documento já existia ao tempo da decisão e não foi juntado por negligência.

Os arts. 9º e 10 do CPC devem ser observados em qualquer grau de jurisdição.

Com relação à declaração de prescrição por parte do Juiz, existe disposição expressa no novo CPC, no sentido de determinar a intimação anterior, ressalvada a hipótese de julgamento liminar (art. 332, § 1º, CPC). O texto do art. 487, parágrafo único, é o seguinte:

> Art. 487. Haverá resolução de mérito quando o juiz:
>
> I — acolher ou rejeitar o pedido formulado na ação ou na reconvenção;
>
> II — decidir, de ofício ou a requerimento, sobre a ocorrência de decadência ou prescrição;
>
> III — homologar:
>
> a) o reconhecimento da procedência do pedido formulado na ação ou na reconvenção;
>
> b) a transação;
>
> c) a renúncia à pretensão formulada na ação ou na reconvenção.
>
> Parágrafo único. Ressalvada a hipótese do *§ 1º do art. 332*, a prescrição e a decadência não serão reconhecidas sem que antes seja dada às partes oportunidade de manifestar-se.

Art. 5º Aplicam-se ao Processo do Trabalho as normas do art. 356, §§ 1º a 4º, do CPC que regem o julgamento antecipado parcial do mérito, cabendo recurso ordinário de imediato da sentença.

Comentários

O Processo do Trabalho tem como uma de suas principais características a cumulação objetiva de pedidos. Isso ocorre como regra nos dissídios individuais. As petições iniciais dos processos submetidos à Justiça do trabalho, como regra, têm mais de um pedido, envolvendo matéria fática e jurídica diversa. São temas como pagamento de verbas rescisórias, horas extras, insalubridade, diferenças de salário, férias, indenizações por acidentes de trabalho e danos morais, entre outros, que não raro estão no mesmo processo.

A cumulação objetiva de pedidos está no art. 327 do CPC, cujo texto é o que segue:

> Art. 327. É lícita a cumulação, em um único processo, contra o mesmo réu, de vários pedidos, ainda que entre eles não haja conexão.
>
> § 1º São requisitos de admissibilidade da cumulação que:
>
> I — os pedidos sejam compatíveis entre si;

II — seja competente para conhecer deles o mesmo juízo;

III — seja adequado para todos os pedidos o tipo de procedimento.

§ 2º Quando, para cada pedido, corresponder tipo diverso de procedimento, será admitida a cumulação se o autor empregar o procedimento comum, sem prejuízo do emprego das técnicas processuais diferenciadas previstas nos procedimentos especiais a que se sujeitam um ou mais pedidos cumulados, que não forem incompatíveis com as disposições sobre o procedimento comum.

§ 3º O inciso I do § 1º não se aplica às cumulações de pedidos de que trata o art. 326.

O Processo, como um todo, e o processo trabalhista, no particular, é o conjunto de ações cumuladas, de forma objetiva ou subjetiva. O requisito é que os pedidos devem ser compatíveis entre si. E sob a mesma competência. Na hipótese dos pedidos levarem a mais de um procedimento, adota-se o procedimento comum.

Esta é a hipótese mais comum no Processo do Trabalho. Os pedidos gravitam em torno de uma mesma relação jurídica: a relação de emprego. Podem ser de natureza contratual (ex, verbas rescisórias) ou de natureza extracontratual (ex. acidente de trabalho). Normalmente ocorre cumulação objetiva de pedidos (um autor com vários pedidos contra um réu), mas não é rara a cumulação subjetiva (vários réus).

Entretanto, existem certas situações em que o julgamento parcial e antecipado pode se mostrar relevante ou mesmo necessário. Nos casos de urgência, como a dilapidação do patrimônio, fechamento de empresas de forma abrupta, fraude e esvaziamento de responsabilidade, verbas incontroversas julgadas mais rapidamente podem representar a única chance de o trabalhador receber algo. Por esse motivo o Processo do Trabalho passou a entender compatível os procedimentos cautelares e a antecipação de tutela e, com o novo CPC, andou pela compatibilidade entre seu sistema normativo e o sistema de Tutela Provisória previsto no novo CPC. Nesse sentido, o art. 3º, VI, IN n. 39/2016 — TST, prevê serem compatíveis com o Processo do Trabalho os arts. 294 a 311 do novo CPC.

De uma certa forma, esta é a inspiração para a compatibilidade do julgamento antecipado parcial de mérito com o Processo do Trabalho. A intenção é viabilizar a tutela definitiva, e não apenas a provisória, sobre aqueles pedidos que são incontroversos ou que não seja necessária a colheita de provas.

Quando houver vários pedidos e um ou mais deles estiver em condições de imediato julgamento, o Juiz poderá fazê-lo. As condições para que isto ocorra estão no art. 356 do CPC, que tem a seguinte redação:

Art. 356. O juiz decidirá parcialmente o mérito quando um ou mais dos pedidos formulados ou parcela deles:

I — mostrar-se incontroverso;

II — estiver em condições de imediato julgamento, nos termos do art. 355.

§ 1º A decisão que julgar parcialmente o mérito poderá reconhecer a existência de obrigação líquida ou ilíquida.

§ 2º A parte poderá liquidar ou executar, desde logo, a obrigação reconhecida na decisão que julgar parcialmente o mérito, independentemente de caução, ainda que haja recurso contra essa interposto.

§ 3º Na hipótese do § 2º, se houver trânsito em julgado da decisão, a execução será definitiva.

§ 4º A liquidação e o cumprimento da decisão que julgar parcialmente o mérito poderão ser processados em autos suplementares, a requerimento da parte ou a critério do juiz.

§ 5º A decisão proferida com base neste artigo é impugnável por agravo de instrumento.

Haverá julgamento parcial de mérito para pedidos em condições de imediato julgamento, ou seja, que sejam incontroversos ou preencherem os requisitos do art. 355 do CPC (não houver necessidade de produção de outras provas ou o réu for revel e não houver prova a ser realizada).

Essa possibilidade de julgamento antecipado parcial de mérito é considerada compatível com o Processo do Trabalho pela IN n. 39/2016 — TST.

Sendo tutela definitiva originária de uma decisão interlocutória de mérito, o recurso próprio é o Recurso Ordinário, e não o Agravo de Instrumento como prevê o § 5º do art. 352, porquanto esse recurso tem um tratamento diferenciado no Processo do Trabalho (só cabe contra decisões interlocutórias que deneguem seguimento a recurso). Esse é o disposto na parte final do artigo que está sendo comentado da Instrução Normativa n. 39/2016 — TST. Dito de outra maneira, o recurso, pelo novo CPC, seria o Agravo de Instrumento (§ 5º). Entretanto, este dispositivo foi excepcionado pela Instrução Normativa, porquanto o agravo de instrumento tem diferente função no Processo do Trabalho. Essa sistemática recursal é incompatível com o Processo do trabalho, porquanto o tratamento do Agravo de Instrumento tem norma especial dentro da CLT (art. 897), cabendo apenas contra decisões interlocutórias que deneguem o seguimento de recursos, e não se prestaria para atacar as decisões que julguem antecipadamente pedidos. Por esta razão, o TST interpretou que o recurso cabível, no caso de julgamento antecipado de mérito, será o recurso ordinário.

Surgem alguns temas para debate decorrentes da aplicação do julgamento parcial de mérito no Processo do Trabalho: a) avaliação sobre os prejuízos e benefícios a respeito da celeridade ou maiores complicações em face do sistema tradicional; b) o julgamento parcial de mérito poderá ocorrer na segunda instância; c) o depósito recursal para as diferentes decisões e o custo para recorrer; d) a obrigatoriedade, ou não, de ser adotado o julgamento antecipado.

Sobre as vantagens e desvantagens do julgamento parcial de mérito, vale lembrar que desde a implantação do Processo do Trabalho no Brasil, as ações trabalhistas tiveram como característica a cumulação objetiva de pedidos. Isso ocorre porque são muitas questões de fato decorrentes de inadimplementos contratuais que, por praticidade, são todas pedidas dentro de um mesmo processo. Por esta mesma razão, o princípio da contração e oralidade, típicos do Processo do Trabalho, facilitam a instrução conjunta de todos os pedidos. Esse o motivo pelo qual os arts. 843 a 852 da CLT trazem a sistemática da audiência una. Em uma mesma audiência examinam-se documentos sobre os mais diversos pedidos, ouvem-se as partes e colhem-se os depoimentos de testemunhas seja sobre horas extras, sobre os pedidos decorrentes de uma justa causa ou de um alegado dano moral. Esse é o mesmo espírito do Procedimento Sumaríssimo (Lei n. 9.957/2000).

Eventualmente, a audiência inicial poderá ser adiada para a realização de uma perícia de insalubridade ou periculosidade, ou mesmo para a realização de uma perícia contábil, mas a concentração será retomada na audiência de prosseguimento para instrução em conjunto dos demais pedidos. Essa prática, decorrente mais do volume de serviço e do costume, acabou se impondo sem alteração legal específica, permanecendo a CLT no sistema de audiência uma, mas a maioria dos processos tendo seu andamento ditado pela bipartição "audiência inicial" e "audiência de prosseguimento". Nada impede, entretanto, que alguns Juízes do Trabalho permaneçam no antigo sistema de audiência una, desde que as partes saibam previamente qual será o procedimento adotado para evitar surpresas.

A vantagem da instrução e julgamento em conjunto de todos os pedidos cumulados é que o processo é analisado na sua totalidade. Os pedidos de natureza salarial, como regra, têm reflexos em outras parcelas e isso deve ser lavado em consideração na hora de prolação da sentença ou na formulação de uma proposta de acordo. Também é de ser lembrado que todo o pedido que importe o pagamento de parcela de natureza salarial tem reflexos no campo previdenciário, no salário-contribuição. Também a concentração da instrução/julgamento dos pedidos facilita a programação das partes, reduz o número de datas de comparecimento em Juízo para advogado, partes e testemunhas, além de melhor racionalizar a pauta do Juiz. Por essa razão, não é comum o julgamento antecipado da lide ou o seu julgamento parcial.

Uma desvantagem pode ser o aumento de atos processuais e a incapacidade da Secretaria da Unidade Judiciária dar vazão ao aumento de serviço. Dito de outra forma, se um número considerável de processos tiver julgamento antecipado parcial de mérito, haverá um consequente aumento do volume de serviço, pois, cada processo gerará um número extra de atos processuais (notificações, certidões, decisões interlocutórias e recursos, entre outros). O sistema tradicional procurava concentrar todos os atos processuais exatamente por conta da economia processual que gera. O "desmembramento" do processo em vários pequenos processos, com tempos processuais diferentes, gerará um maior número de atos processuais. Se a secretaria da unidade judiciária não for bem organizada, o que vem como solução para a celeridade dos processos pode se transformar em outro motivo de morosidade.

Outro inconveniente pode ocorrer na liquidação de sentença. Como os pedidos trabalhistas com muita frequência têm reflexos, o julgamento antecipado parcial de mérito poderá acarretar cálculos parciais, que deverão ser refeitos quando as outras partes do processo transitarem em julgado.

Como se vê, os inconvenientes levantados são questões metajurídicas, de organização das secretarias da Varas do Trabalho e dos escritórios de advocacia. Mas uma lei não está desconectada do que acontece na realidade e, não raras vezes, apesar de estar cheia de boas intenções, não é utilizada por sua falta de praticidade.

A segunda questão levantada é analisar se o julgamento antecipado de mérito pode ocorrer na segunda instância (juízo revisional). É certo que o art. 356 do CPC refere-se à primeira instância. Está dentro do capítulo do CPC destinado ao julgamento conforme o estado do processo. Entretanto, pode ocorrer que o processo não tenha julgamento parcial de mérito e tenha sido julgado na sua totalidade. As partes interpõem recurso ordinário e o processo vem a julgamento pelo TRT que, na sua análise, verifica que quanto a um ou alguns dos pedidos houve cerceamento de defesa, acolhendo preliminar arguida. Em regra, o processo retornaria à primeira instância para saneamento da nulidade (cerceamento de defesa) mas, pela multiplicidade de pedidos, com causas distintas e provas distintas, alguns dos pedidos podem não estar "contaminados" pela nulidade. Quanto a estes, o TRT pode prosseguir o julgamento e, consequentemente, poderá haver, o respectivo Recurso de Revista e, acaso transitado em julgado, a execução definitiva.

A terceira questão relaciona-se com o problema dos recursos ordinários parciais e os depósitos recursais. Se houver julgamento antecipado parcial de mérito e o recurso determinado pelo TST, em sua Instrução Normativa, é o recurso ordinário, este exige preparo (recolhimento de custas e depósito recursal. Ao proferir a decisão parcial, o Juiz deve fixar o valor da condenação para que a parte saiba o montante que deve recolher em caso de eventual recurso. Se houver mais de uma decisão, o raciocínio é de que deverá haver mais de um preparo. Em outras palavras, haverá necessidade de tantos preparos quantos sejam as decisões parciais, até chegar ao julgamento total da lide. O problema é que esse "fatiamento" da decisão pode, na prática, gerar vários depósitos recursais e inviabilizar o direito de a parte recorrer.

Quanto ao limite do depósito, a Instrução Normativa n. 3/93 — TST trata do tema. Há uma nítida relação com a Súmula n. 128 do TST, que dispõe que, atingido o valor da condenação, não é necessário mais que a parte realize complementação de depósito recursal. O TST vem entendendo que o depósito referido no § 7º do art. 899 (no caso de Agravo de Instrumento) é devido independentemente de ter sido atingido o limite. Nesse sentido, o Ato 491/2015, art. 23:

> Art. 23. A dispensa de depósito recursal a que se refere o § 8º do art. 899 da CLT não será aplicável aos casos em que o agravo de instrumento se refira a uma parcela de condenação,

pelo menos, que não seja objeto de arguição de contrariedade a súmula ou a orientação jurisprudencial do Tribunal Superior do Trabalho.

Parágrafo único. Quando a arguição a que se refere o *caput* deste artigo revelar-se manifestamente infundada, temerária ou artificiosa, o agravo de instrumento será considerado deserto.

Em resumo, o TST poderia aplicar esse raciocínio ao Recurso Ordinário em julgamento antecipado parcial de mérito, ou entender, em sentido contrário, que o limite se dá por alçada. Caberá ao TST normatizar esse tema com a finalidade de maior segurança jurídica.

A última questão diz respeito à obrigatoriedade do julgamento antecipado parcial de mérito. Pela análise literal do *caput* do art. 356 do CPC, o verbo encontra-se no tempo verbal do futuro do presente, não comportando uma faculdade. Entretanto, a doutrina refere que tal forma de decisão deve ser requerida pelo autor, o que parece acertado, tendo em vista que se trata de uma forma de julgamento que caracteriza a exceção, e não a regra. A grande questão é saber o que ocorre quando a parte requer o julgamento antecipado parcial de mérito e o Juiz indefere. Em primeiro lugar, o indeferimento deve ser fundamentado, o que leva ao raciocínio de que deve ser motivado pela ausência dos pressupostos do art. 356, ou seja, o pedido não é incontroverso ou comporta dilação probatória. Fora dessas hipóteses, o julgamento antecipado será obrigatório. Outra questão, relacionada com a realidade metajurídica mencionada anteriormente, é o Juiz justificar a impossibilidade de julgamento antecipado parcial de mérito por inexistência de condições de trabalho ou por entender que o julgamento antecipado pode trazer tumulto à organização processual e à sua forma de organizar o andamento dos feitos sob sua jurisdição. Esse argumento, embora ponderável, não será adequado, pois colide contra disposição literal de lei e, antes de mais nada, ao Juiz cabe observar a aplicação da lei, atender aos seus fins sociais a que se dirige e buscar as exigências do bem comum (art. 5º, LINDB).

Art. 6º Aplica-se ao Processo do Trabalho o incidente de desconsideração da personalidade jurídica regulado no Código de Processo Civil (arts. 133 a 137), assegurada a iniciativa também do juiz do trabalho na fase de execução (CLT, art. 878).

§ 1º Da decisão interlocutória que acolher ou rejeitar o incidente:

I — na fase de cognição, não cabe recurso de imediato, na forma do art. 893, § 1º da CLT;

II — na fase de execução, cabe agravo de petição, independentemente de garantia do juízo;

III — cabe agravo interno se proferida pelo Relator, em incidente instaurado originariamente no tribunal (CPC, art. 932, inciso VI).

§ 2º A instauração do incidente suspenderá o processo, sem prejuízo de concessão da tutela de urgência de natureza cautelar de que trata o art. 301 do CPC.

Comentários

A personalidade jurídica não é uma realidade criada pelo Direito. É uma realidade da vida, com reflexos econômicos, que acaba sendo "convertida" em fenômeno jurídico. A divisão social do trabalho é uma característica dos grupos humanos. Para atingir mais facilmente os objetivos comuns dos grupos humanos, eles especificam e hierarquizam as funções dos indivíduos. Juntar esforços para atingir objetivos comuns é uma característica de animais gregários, entre eles o ser humano. A família é um exemplo de divisão social do trabalho para atingir melhores níveis de sobrevivência e conforto material. Tribos, clãs e nações obedecem ao mesmo raciocínio visando a atingir objetivos comuns. Exércitos organizam-se pelo princípio de divisão social do trabalho.

Isso ocorre com os objetivos econômicos. As primeiras empresas organizaram-se em torno a grupos familiares (as protoempresas do direito romano e da Itália Renascentista).

Mas são as empresas mercantilistas (as primeiras Sociedades Anônimas) que vão jurisdicizar essas noções econômicas, pois elas trazem o caráter de permanência em abstrato, não obstante as viagens tenham terminado. Divide-se apenas o lucro e mantêm-se o investimento inicial para que sejam possíveis novas viagens.

A regulação jurídica dessas companhias e, no final do século XIX, com o aparecimento das sociedades de responsabilidade limitada, cria uma série de formalidades e responsabilidades, mas, de outro lado, traz uma série de benefícios para os entes jurídicos. Entre os principais estão a isenção de certos impostos, o anonimato, o benefício de execução (executar primeiro os bens da sociedade e depois, se necessário, os bens dos sócios) e a limitação da responsabilidade com a consequente proteção do patrimônio particular. A doutrina do direito privado cria então a figura da pessoa jurídica que, como característica principal tem a autonomia patrimonial da pessoa jurídica em relação a seus sócios.

Nas palavras de Kelsen, tanto a pessoa natural quanto a pessoa jurídica são entidade jurídicas que refletem a incidência de normas jurídicas sobre seu comportamento. A diferença está no fato de que, na pessoa natural, este impacto se dá na conduta do indivíduo considerado em si mesmo. Na pessoa jurídica, o impacto se dá na conduta de um grupo juridicamente considerado. A pessoa jurídica, para Kelsen, nada mais é do que a personificação de uma ordem que regula a conduta de vários indivíduos. É o ponto comum de interpretação para todos os atos humanos que são determinados por esta ordem.

Existem várias teorias sobre a personalidade jurídica: teoria da ficção legal (Savigny); teoria da equiparação (Windscheid); teoria institucionalista (Hauriou); teoria da realidade objetiva orgânica (Gierke); teoria da realidade das instituições jurídicas.

Todas estas teorias são formas diferentes de ver o mesmo fenômeno.

Esses benefícios só permanecem se a pessoa jurídica não for utilizada como instrumento de fraude ou se não for desviada de sua finalidade. Se isso ocorrer, incide a desconsideração da personalidade jurídica (*disregard doctrine*), que autoriza o Poder Judiciário desconsiderar a autonomia patrimonial.

O problema das pessoas jurídicas é que, no fundo, ela é apenas o *alter ego* de seus controladores. Seus controladores podem levá-la a desvios de finalidade e confusão patrimonial. No direito privado brasileiro a teoria da desconsideração da personalidade jurídica aparece primeiro no Código de Defesa do Consumidor (art. 28), que tem uma redação mais ampla do que a redação do art. 50 do Código Civil.

Para o CDC (art. 28), as hipóteses são: abuso de direito; excesso de poder; infração de lei, fato ou ato ilícito; falência; insolvência; violação dos estatutos ou do contrato social; má administração.

Para o CC (art. 50), as hipóteses são: desvio de finalidade e confusão patrimonial.

Aplicando-se a teoria da desconsideração da personalidade jurídica, o patrimônio dos sócios é alcançado na reparação dos danos provocados pela sociedade, sem limitação e de forma solidária. Pelo CC, esta declaração deve ser feita a requerimento da parte ou do MP (art. 50) e deve determinadas em que medida os efeitos desta declaração devem afetar o patrimônio do sócio.

Havia regulação no direito material, mas não havia a regulação no direito processual. A crítica era de que, muitas vezes, a declaração não respeitava o contraditório e a ampla defesa. O novo CPC disciplina a instauração do incidente de desconsideração da personalidade jurídica da seguinte forma:

> Art. 133. O incidente de desconsideração da personalidade jurídica será instaurado a pedido da parte ou do Ministério Público, quando lhe couber intervir no processo.
>
> § 1º O pedido de desconsideração da personalidade jurídica observará os pressupostos previstos em lei.
>
> § 2º Aplica-se o disposto neste Capítulo à hipótese de desconsideração inversa da personalidade jurídica.

O novo CPC também admite a desconsideração da personalidade jurídica inversa, ou seja, o sócio esvaziar completamente seu patrimônio e o integraliza na sociedade, que, no caso não é devedora, deixando seus credores sem acesso à garantia patrimonial.

No Processo do Trabalho houve muita discussão com a antiga Súmula n. 205 do TST (cancelada em 2003), relativamente a grupos econômicos, mas que, de forma análoga, era utilizada com relação aos sócios e eventual pedido de desconsideração da personalidade jurídica. A Súmula exigia que o responsável solidário, integrante do grupo econômico, tivesse participado da relação processual na instrução para, posteriormente, poder ser executado. Em 2003 a Súmula foi cancelada e, por este motivo, abriu-se a possibilidade de se declarar incidentalmente a existência de grupo econômico (art. 2, § 2º, da CLT) na execução e, por analogia, também a desconsideração da personalidade jurídica.

Em geral, os despachos que autorizam a desconsideração da personalidade jurídica, dispensam maior fundamentação, satisfazendo-se com o indício de dissolução irregular ("mudou-se sem deixar novo endereço", "não mais funciona no local"). O novo procedimento é compatível com o Processo do Trabalho, pois não há norma expressa sobre este tema e o CPC é subsidiariamente aplicável no caso de inexistência de previsão específica na CLT (art. 769, CLT). O problema a ser verificado, na prática, é se o novo procedimento pode trazer ineficácia na constrição de bens, em face do retardamento de eventuais atos executórios de garantia, pois o prazo do CPC é de 15 dias (art. 135). Há uma forte resistência à aplicação do incidente de desconsideração da personalidade jurídica no âmbito do Processo do trabalho, sob a alegação de que a adoção da teoria da desconsideração torna desnecessária a aferição de dolo ou culpa do sócio. Também se defende que a execução trabalhista é processada de ofício, sem prejuízo do contraditório e da ampla defesa.

Na realidade, o incidente de desconsideração da personalidade jurídica estabelece um procedimento para uma forma de intervenção de terceiros no processo. Coíbe certos abusos de constrição patrimonial sem um mínimo de direito de defesa e formação regular de uma relação processual. Com a finalidade de diminuir os problemas de inadimplemento ou de inviabilidade da execução por fuga patrimonial, a IN n. 39/2016 — TST, refere que a instauração do incidente poderá ser feita pelo próprio Juiz na fase de execução (art. 6º, *caput*) suspenderá o processo, sem prejuízo de concessão da tutela de urgência de natureza cautelar de que trata o art. 301 do CPC (art. 6º, § 2º).

Sobre o momento da instauração do incidente, assim dispõe o art. 134 do CPC:

> Art. 134. O incidente de desconsideração é cabível em todas as fases do processo de conhecimento, no cumprimento de sentença e na execução fundada em título executivo extrajudicial.
>
> § 1º A instauração do incidente será imediatamente comunicada ao distribuidor para as anotações devidas.
>
> § 2º Dispensa-se a instauração do incidente se a desconsideração da personalidade jurídica for requerida na petição inicial, hipótese em que será citado o sócio ou a pessoa jurídica.
>
> § 3º A instauração do incidente suspenderá o processo, salvo na hipótese do § 2º.
>
> § 4º O requerimento deve demonstrar o preenchimen*to dos pressupostos legais específicos para desconsideração da personalidade jurídica.*

Uma das principais discussões sobre a desconsideração da personalidade jurídica gira em torno do momento e da forma de sua declaração. O novo CPC permite que seja declarada, de forma incidental, em todas as fases do processo de conhecimento, no cumprimento da sentença e na execução fundada em título executivo extrajudicial. Portanto, pode ser requerida na inicial ou no curso do processo.

A necessidade de comunicação ao distribuidor (§ 1º) pode ter reflexos na Certidão Negativa de Debito Trabalhista, depois de transitada em julgado a decisão, nos termos do art. 1º da Resolução Administrativa n. 1470/2011 — TST.

O efeito da instauração do incidente é a suspensão do processo. Como mencionado anteriormente, nada impede que o Juiz de ofício, na fase de execução, ou a parte, em qualquer momento do processo, mediante o manejo da tutela de urgência, que sejam determinados atos cautelares a fim de evitar a fuga patrimonial e o esvaziamento da responsabilidade.

Um vez determinada a suspensão do processo, o sócio ou a pessoa jurídica (se houver desconsideração inversa) serão citados para defesa. O texto do art. 135 do CPC disciplina a citação:

> Art. 135. Instaurado o incidente, o sócio ou a pessoa jurídica será citado para manifestar-se e requerer as provas cabíveis no prazo de 15 (quinze) dias.

Vencida a discussão sobre o cabimento do incidente no Processo do Trabalho, resta analisar se o prazo seria de 15 dias (úteis) ou de 8 dias (prazo de recursos) ou de cinco dias (prazo geral quando não há prazo a ser definido). A IN n. 39/2016 — TST não refere expressamente o prazo. Apenas menciona que o prazo para a interposição de todo e qualquer recurso será de 8 dias (art. 1º, § 2º). Entretanto, o prazo mencionado no art. 135 não é de recurso, mas sim prazo para contestar, o que faz concluir que este será o prazo a ser observado.

Se houver bem penhorado antes da declaração de desconsideração de personalidade jurídica, a medida cabível seria embargos de terceiro, pois ainda não havia sido formalmente incluído no processo. Acaso já tivesse o sócio sido formalmente incluído, a medida de defesa seriam os embargos à execução, pois a execução já se volta contra a pessoa do sócio na condição de parte no processo. Esta tem sido a posição da Jurisprudência trabalhista. O incidente de desconsideração da personalidade jurídica entra como exigência preliminar para eu se defina o polo passivo da execução, para depois se examinar a correção da conta, vícios formais ou o excesso de penhora.

A forma da decisão será uma decisão interlocutória, nos termos do art. 136 do CPC, cujo texto é o seguinte:

> Art. 136. Concluída a instrução, se necessária, o incidente será resolvido por decisão interlocutória.
>
> Parágrafo único. Se a decisão for proferida pelo relator, cabe agravo interno.

No Processo Civil, o recurso próprio a incidente é o Agravo de Instrumento (art. 1.015, IV). Se for pelo relator, o recurso é Agravo interno.

No Processo do Trabalho, não há recurso próprio, em face da hipótese restritiva do art. 987, *b*, da CLT. A Instrução Normativa n. 39/2016 — TST refere expressamente quais são os recursos cabíveis da decisão que decide o incidente de desconsideração da personalidade jurídica, levando em consideração a fase do processo. Na fase de cognição, não cabe recurso de imediato, na forma do art. 893, § 1º da CLT (art. 6º, I); na fase de execução, cabe agravo de petição, independentemente de garantia do juízo (art. 6º, II); cabe agravo interno se proferida pelo Relator, em incidente instaurado originariamente no tribunal, conforme os poderes alcançados pelo art. 932, inciso VI, do CPC (art. 6º, III).

A consequência do acolhimento do pedido de desconsideração da personalidade jurídica será a ineficácia da alienação ou oneração de bens. Este é o disposto no art. 137 do CPC:

> Art. 137. Acolhido o pedido de desconsideração, a alienação ou a oneração de bens, havida em fraude de execução, será ineficaz em relação ao requerente.

Esse artigo representa uma espécie de garantia para os autores da ação no que diz respeito à ineficácia da decisão por esvaziamento do patrimônio dos devedores/réus. A lei não fixa o momento, mas em tese, a ineficácia se dá a partir da realização dos atos considerados fraudulentos, desde que realizados ao tempo da existência da relação de direito material entre as partes. Na relação de emprego, estes atos considerados fraudulentos deverão ter sido realizados ao tempo da existência do vínculo de emprego. Se ocorreram em período anterior, não estão abrangidos pela decisão.

Por isso a importância da parte manejar corretamente a tutela de urgência no novo CPC a fim de impedir atos que, na prática, podem se tornar irreversíveis ou podem levar ao desaparecimento ou depreciação do bem que representa a garantia patrimonial da execução. Um exemplo desse tipo de tutela é a cautelar genérica do art. 799, VIII, CPC (na propositura da execução).

Este tema tem conexão com o art. 792, § 3º, do CPC (fraude à execução) no que diz respeito ao marco de presunção de fraude a partir da citação da personalidade que se pretende desconsiderar. Este artigo é considerado compatível com o Processo do Trabalho pela IN n. 39/2016 — TST (art. 3º, XIII).

Art. 7º Aplicam-se ao Processo do Trabalho as normas do art. 332 do CPC, com as necessárias adaptações à legislação processual trabalhista, cumprindo ao juiz do trabalho julgar liminarmente improcedente o pedido que contrariar:

I — enunciado de súmula do Supremo Tribunal Federal ou do Tribunal Superior do Trabalho (CPC, art. 927, inciso V);

II — acórdão proferido pelo Supremo Tribunal Federal ou pelo Tribunal Superior do Trabalho em julgamento de recursos repetitivos (CLT, art. 896-B; CPC, art. 1046, § 4º);

III — entendimento firmado em incidente de resolução de demandas repetitivas ou de assunção de competência;

IV — enunciado de súmula de Tribunal Regional do Trabalho sobre direito local, convenção coletiva de trabalho, acordo coletivo de trabalho, sentença normativa ou regulamento empresarial de observância obrigatória em área territorial que não exceda à jurisdição do respectivo Tribunal (CLT, art. 896, "b", *a contrario sensu*).

Parágrafo único. O juiz também poderá julgar liminarmente improcedente o pedido se verificar, desde logo, a ocorrência de decadência.

Comentários

O julgamento liminar diz respeito ao mérito da causa e envolve a política de efetividade, segurança jurídica e unificação de jurisprudência. Trata-se de uma medida excepcional, que somente pode ser utiliza em casos muito específicos, que estejam em condições de serem julgados desde logo. Envolve questões como processos massivos, de posições jurisprudenciais definidas, versando exclusivamente sobre matéria de direito ou de situações fáticas consolidadas que dispensam prova. Para que o Juiz dispense a contestação e a fase instrutória, as posições jurisprudenciais têm de ser muito claras e estarem de acordo com o procedimento específico para a sua formação, de acordo com o novo CPC. Por essa razão é que o art. 332 menciona as hipóteses de maneira objetiva:

Art. 332. Nas causas que dispensem a fase instrutória, o juiz, independentemente da citação do réu, julgará liminarmente improcedente o pedido que contrariar:

I — enunciado de súmula do Supremo Tribunal Federal ou do Superior Tribunal de Justiça;

II — acórdão proferido pelo Supremo Tribunal Federal ou pelo Superior Tribunal de Justiça em julgamento de recursos repetitivos;

III — entendimento firmado em incidente de resolução de demandas repetitivas ou de assunção de competência;

IV — enunciado de súmula de Tribunal de Justiça sobre direito local.

§ 1º O juiz também poderá julgar liminarmente improcedente o pedido se verificar, desde logo, a ocorrência de decadência ou de prescrição.

§ 2º Não interposta a apelação, o réu será intimado do trânsito em julgado da sentença, nos termos do art. 241.

§ 3º Interposta a apelação, o juiz poderá retratar-se em 5 (cinco) dias.

§ 4º Se houver retratação, o juiz determinará o prosseguimento do processo, com a citação do réu, e, se não houver retratação, determinará a citação do réu para apresentar contrarrazões, no prazo de 15 (quinze) dias.

Alguns autores, como Nelson Nery Júnior, entendem que este artigo é inconstitucional, por ferir as garantias de isonomia (art. 5º, *caput*, CF), devido processo legal (art. 5º, LIV, CF), direito de ação (art. 5º, XXXV, CF) e contraditório e ampla defesa (art. 5º, LV, CF). Outros, como Humberto Theodoro Júnior, não veem inconstitucionalidade, pois o juízo de retratação e a apelação, asseguram ao autor o suficiente debate de seu direito perante o Poder Judiciário.

A IN n. 39/2016 — TST entendeu pela compatibilidade e adaptou a redação do artigo à realidade do Processo do Trabalho. O fenômeno dos julgamentos de teses em massa também ocorre no Processo do Trabalho. Embora as lides trabalhistas apresentem, com muito mais frequência, a pluralidade de pedidos e a discussão fática mais detalhada, nada impede que determinados pedidos sejam julgados liminarmente, ainda mais no contexto em que se permite o julgamento parcial de mérito pelo art. 356 do CPC.

No Processo Civil, se houver cumulação de pedidos e o julgamento parcial, essa será uma decisão interlocutória de mérito, cabendo agravo (art. 1015, II e 354, parágrafo único, CPC). No Processo do Trabalho, o recurso cabível é o Recurso Ordinário. Nesse sentido, ver os comentários ao art. 5º da IN n. 39/2016 — TST.

> Art. 8º Aplicam-se ao Processo do Trabalho as normas dos arts. 976 a 986 do CPC que regem o incidente de resolução de demandas repetitivas (IRDR).
>
> § 1º Admitido o incidente, o relator suspenderá o julgamento dos processos pendentes, individuais ou coletivos, que tramitam na Região, no tocante ao tema objeto de IRDR, sem prejuízo da instrução integral das causas e do julgamento dos eventuais pedidos distintos e cumulativos igualmente deduzidos em tais processos, inclusive, se for o caso, do julgamento antecipado parcial do mérito.
>
> § 2º Do julgamento do mérito do incidente caberá recurso de revista para o Tribunal Superior do Trabalho, dotado de efeito meramente devolutivo, nos termos dos arts. 896 e 899 da CLT.
>
> § 3º Apreciado o mérito do recurso, a tese jurídica adotada pelo Tribunal Superior do Trabalho será aplicada no território nacional a todos os processos, individuais ou coletivos, que versem sobre idêntica questão de direito.

Comentários

O Incidente de Resolução de Demandas Repetitivas (IRDR) tem como pressupostos a efetiva repetição de processos que contenham controvérsia unicamente de direito, com risco de ofensa à isonomia e à segurança jurídica (art. 976, I e II, CPC). Está inserido dentro de uma das grandes linhas do novo CPC, que é a formação de precedentes com a finalidade de uniformizar e racionalizar a jurisprudência. Provavelmente, pode vir a ser um dos instrumentos mais importantes para atingir a esse fim.

Difere do incidente de assunção de competência porque neste, há apenas uma questão, mas com grande repercussão social (art. 947, CPC). No IRDR, há um grande número de processos sobre a mesma questão de direito e o risco de decisões díspares sobre a mesma matéria. A multiplicação das demandas não pode ser potencial. Deve ser real.

Não se refere apenas ao recurso extraordinário e recurso especial, como previsto nos arts. 543-B e 543-C (com a redação da Lei n. 11.418/06). Pode ser aplicado em todos os tipos de recurso. Esse dispositivo abre uma grande perspectiva de unificação de jurisprudência nos tribunais inferiores. Somente não poderá ser instaurado nas instâncias inferiores quando um tribunal superior, no âmbito de sua respectiva competência, tiver afetado recurso para a definição de tese sobre a mesma questão (§ 4º).

No Processo do Trabalho, a Lei n. 13.015/14 introduziu a repercussão geral nos processos com Recurso de Revista, modificando os arts. 896-B e 896-C, da CLT. A regulamentação do procedimento está na IN n. 38/2015 — TST e no ato SEG-JUD 491/14 do TST. O próprio art. 896-B, da CLT, dispõe que se aplicam ao Recurso de Revista "os dispositivos do CPC relativos aos julgamentos dos recursos extraordinário e especial repetitivos", ou seja, os arts. 543-B e 543-C, do CPC/73.

A questão que se coloca, com o novo CPC, é que o IRDR não se aplica apenas aos recursos mencionados, mas, em tese, também aos recursos nos tribunais regionais (TRTs, TRFs ou TJs). Portanto, o IRDR previsto no novo CPC (art. 976) poderá ser instaurado em sede de Recurso Ordinário (Justiça do Trabalho) ou Apelação (Justiça Estadual e Justiça Federal), desde que presentes os requisitos previstos de efetiva repetição de processos que contenham controvérsia unicamente de direito e risco de ofensa à isonomia e segurança jurídica. Em regra, decisões diferentes sobre uma mesma questão envolvem riscos à isonomia de tratamento dada aos jurisdicionados.

Poderão ser objeto de IRDR tanto questões de direito material quanto de direito processual (art. 928, parágrafo único, CPC). Uma vez instaurado o IRDR, mesmo que a parte desista da ação ou a abandone, não impede que o incidente seja julgado (art. 976. § 1º, CPC). Nessa circunstância, o MP será o titular do incidente e dará prosseguimento até o final (art. 976, § 2º).

As hipóteses estão assim descritas no art. 976 do CPC:

Art. 976. É cabível a instauração do incidente de resolução de demandas repetitivas quando houver, simultaneamente:

I — efetiva repetição de processos que contenham controvérsia sobre a mesma questão unicamente de direito;

II — risco de ofensa à isonomia e à segurança jurídica.

§ 1º A desistência ou o abandono do processo não impede o exame de mérito do incidente.

§ 2º Se não for o requerente, o Ministério Público intervirá obrigatoriamente no incidente e deverá assumir sua titularidade em caso de desistência ou de abandono.

§ 3º A inadmissão do incidente de resolução de demandas repetitivas por ausência de qualquer de seus pressupostos de admissibilidade não impede que, uma vez satisfeito o requisito, seja o incidente novamente suscitado.

§ 4º É incabível o incidente de resolução de demandas repetitivas quando um dos tribunais superiores, no âmbito de sua respectiva competência, já tiver afetado recurso para definição de tese sobre questão de direito material ou processual repetitiva.

§ 5º Não serão exigidas custas processuais no incidente de resolução de demandas repetitivas.

As duas hipóteses previstas nos incisos I (efetiva repetição de processos que contenham controvérsia sobre a mesma questão unicamente de direito) e II (risco de ofensa à isonomia e à segurança jurídica) devem estar presentes simultaneamente.

O IRDR, por se tratar de matéria de direito e por sua relevância para a racionalização da jurisprudência, gera uma situação abstrata, que servirá de paradigma para os demais casos. Por essa razão, se houver desistência ou abandono do processo (art. 976, § 1º, CPC), o incidente não deixa de ser julgado, cabendo ao Ministério Público intervir e assumir a titularidade (art. 976, § 2º, CPC). Aqui surge a questão se, no caso concreto, mesmo havendo a desistência da ação, mas o IRDR prosseguindo com a titularidade assumida pelo MP, os efeitos caberiam naquele caso ou somente poderiam ser verificados em casos que se enquadrassem no precedente firmado. Uma parte da doutrina entende que o direito de desistência da ação é um negócio jurídico unilateral não receptício, que não necessita da concordância da outra parte, nem de homologação judicial para ter eficácia. Por este motivo, os efeitos do IRDR somente seriam sentidos em outros processos (Nelson Nery Júnior).

Se o IRDR for instaurado e constatado que faltam seus requisitos, ele não será processado. Todavia, se mais adiante os requisitos estiverem presentes, ele poderá ser novamente instaurado (art. 976, § 3º, CPC). Isso ocorre por economia processual e também porque o objeto é sempre uma discussão jurídica em tese, e não em concreto, não havendo preclusão.

O IRDR é incabível quando um dos tribunais superiores, no âmbito de sua respectiva competência, já tiver afetado recurso para definição de tese sobre questão de direito material ou processual repetitiva (art. 976, § 4º, CPC). Não lhe serão exigidas custas processuais (art. 976, § 5º, CPC).

Por fim, cabe mencionar a discussão sobre a constitucionalidade do IRDR. Os argumentos pela inconstitucionalidade do IRDR são: a) ofensa à independência funcional dos juízes e separação funcional dos poderes; b) ofensa ao contraditório (art. 5º, LV, Constituição); c) ofensa à garantia do direito de ação (art. 5º, XXXV,

Constituição); d) ofensa ao sistema constitucional dos juizados especiais, porque prevê vinculação dos juizados especiais à decisão proferida em IRDR (art. 982, I, CPC). Além disso, a única fonte jurisprudencial prevista na Constituição como fonte de direito é a Súmula Vinculante. Não havendo previsão constitucional para que outro tipo de jurisprudência seja vinculante, a lei ordinária não pode fazê-lo (inconstitucionalidade formal). Por outro lado, existem todos os argumentos pela constitucionalidade do sistema, em especial a função unificadora da Jurisprudência. Sobre este tema, ver os comentários ao art. 3º, XXIII, da IN n. 39/2016 — TST, acima realizado.

A legitimação para propor o IRDR está prevista no art. 977, CPC:

Art. 977. O pedido de instauração do incidente será dirigido ao presidente de Tribunal:

I — pelo juiz ou relator, por ofício;

II — pelas partes, por petição;

III — pelo Ministério Público ou pela Defensoria Pública, por petição.

Parágrafo único. O ofício ou a petição será instruído com os documentos necessários à demonstração do preenchimento dos pressupostos para a instauração do incidente.

Os legitimados para propor o IRDR são: o Juiz ou Relator do processo; as partes; o MP; a defensoria Pública.

Quanto ao MP, a legitimidade é ampla e decorre de suas atribuições constitucionais (art. 127, Constituição). No que diz respeito à Defensoria Pública, será limitada às questões de direito que enfrentar no interesse dos "necessitados" (art. 134, Constituição). Seria uma espécie de pertinência temática.

Para instauração, deverá ser pré-constituída prova (documental), a qual deve consistir, basicamente, na demonstração dos diferentes julgados que evidenciam a divergência jurisprudencial que se pretende unificar.

Não há prazo específico para a instauração do IRDR. Em princípio, enquanto o processo-base não transitar em julgado, poderá ser instaurado.

Caberá ao Regimento Interno de cada tribunal dispor sobre qual o órgão responsável pela uniformização de jurisprudência. Esse é o conteúdo do art. 978, CPC, cujo texto é o seguinte:

Art. 978. O julgamento do incidente caberá ao órgão indicado pelo regimento interno dentre aqueles responsáveis pela uniformização de jurisprudência do tribunal.

Parágrafo único. O órgão colegiado incumbido de julgar o incidente e de fixar a tese jurídica julgará igualmente o recurso, a remessa necessária ou o processo de competência originária de onde se originou o incidente.

O Regimento Interno do Tribunal deverá indicar o órgão competente para o julgamento. O órgão que julgar o IRDR se tornará prevento para julgar o recurso, a remessa necessária ou o processo de competência originária de onde nasceu o incidente (parágrafo único). Se não houver disposição no Regimento Interno, a competência é da composição Plena.

Sobre a divulgação e publicidade do IRDR, ver o art. 979, do CPC:

> Art. 979. A instauração e o julgamento do incidente serão sucedidos da mais ampla e específica divulgação e publicidade, por meio de registro eletrônico no Conselho Nacional de Justiça.
>
> § 1º Os tribunais manterão banco eletrônico de dados atualizados com informações específicas sobre questões de direito submetidas ao incidente, comunicando-o imediatamente ao Conselho Nacional de Justiça para inclusão no cadastro.
>
> § 2º Para possibilitar a identificação dos processos abrangidos pela decisão do incidente, o registro eletrônico das teses jurídicas constantes do cadastro conterá, no mínimo, os fundamentos determinantes da decisão e os dispositivos normativos a ela relacionados.
>
> § 3º Aplica-se o disposto neste artigo ao julgamento de recursos repetitivos e da repercussão geral em recurso extraordinário.

Serão formados bancos de dados específicos a respeito das questões de direito submetidas ao IRDR. Deve haver um cadastro especial no CNJ. Devem ser específicos para permitir a exatidão de dados e os parâmetros de comparação para que as partes possam fazer as respectivas subsunções aos precedentes julgados e distinções em relação a outros casos não idênticos (art. 979, § 1º, CPC).

Deverá conter, no mínimo, os fundamentos determinantes da decisão e os dispositivos normativos a ela relacionados (§ 2º).

No Processo do Trabalho, no que tange aos processos de repercussão geral, quanto ao cadastro de decisões, ver art. 896, § 13, da CLT e art. 21 da Instrução Normativa n. 38/2015 — TST:

> Art. 21. O Tribunal Superior do Trabalho deverá manter e dar publicidade às questões de direito objeto dos recursos repetitivos já julgados, pendentes de julgamento ou já reputadas sem relevância, bem como daquelas objeto das decisões proferidas por sua composição plenária, nos termos do § 13 do art. 896 da CLT e do art. 20 desta Instrução Normativa.
>
> Parágrafo único. As decisões, organizadas por questão jurídica julgada, serão divulgadas, preferencialmente, na rede mundial de computadores e constarão do Banco Nacional de Jurisprudência Uniformizadora — BANJUR, instituído pelo art. 7º da Instrução Normativa n. 37/2015, aprovada pela Resolução n. 195, de 2.3.2015, do Tribunal Superior do Trabalho.

O prazo máximo para julgamento será de um ano. A previsão está no art. 980, do CPC, cujo texto é o que segue:

> Art. 980. O incidente será julgado no prazo de 1 (um) ano e terá preferência sobre os demais feitos, ressalvados os que envolvam réu preso e os pedidos de *habeas corpus*.
>
> Parágrafo único. Superado o prazo previsto no *caput*, cessa a suspensão dos processos prevista no art. 982, salvo decisão fundamentada do relator em sentido contrário.

Haverá preferência sobre os demais feitos e, superado o prazo, o processo segue seu trâmite normal, com o fim da eficácia suspensiva do IRDR.

No IRDR o juízo de admissibilidade é feito pelo órgão colegiado, não pelo Relator, conforme dispõe o art. 981, do CPC:

> Art. 981. Após a distribuição, o órgão colegiado competente para julgar o incidente procederá ao seu juízo de admissibilidade, considerando a presença dos pressupostos do art. 976.

Uma vez admitido pelo Tribunal, ao Relator cabe dar a eficácia suspensiva nos processos afetados, requisitar informações e mandar intimar o MP. O procedimento está previsto no art. 982, CPC:

> Art. 982. Admitido o incidente, o relator:
>
> I — suspenderá os processos pendentes, individuais ou coletivos, que tramitam no Estado ou na região, conforme o caso;
>
> II — poderá requisitar informações a órgãos em cujo juízo tramita processo no qual se discute o objeto do incidente, que as prestarão no prazo de 15 (quinze) dias;
>
> III — intimará o Ministério Público para, querendo, manifestar-se no prazo de 15 (quinze) dias.
>
> § 1º A suspensão será comunicada aos órgãos jurisdicionais competentes.
>
> § 2º Durante a suspensão, o pedido de tutela de urgência deverá ser dirigido ao juízo onde tramita o processo suspenso.
>
> § 3º Visando à garantia da segurança jurídica, qualquer legitimado mencionado no art. 977, incisos II e III, poderá requerer, ao tribunal competente para conhecer do recurso extraordinário ou especial, a suspensão de todos os processos individuais ou coletivos em curso no território nacional que versem sobre a questão objeto do incidente já instaurado.
>
> § 4º Independentemente dos limites da competência territorial, a parte no processo em curso no qual se discuta a mesma questão objeto do incidente é legitimada para requerer a providência prevista no § 3º deste artigo.
>
> § 5º Cessa a suspensão a que se refere o inciso I do *caput* deste artigo se não for interposto recurso especial ou recurso extraordinário contra a decisão proferida no incidente.

Os poderes do Relator incluem: a) determinar a suspensão dos processos pendentes, individuais ou coletivos, no Estado ou na Região, se for o caso (inciso I); b) poder de requisitar informações (inciso II); e c) intimar o MP para manifestação em 15 dias (inciso III).

A participação do MP no IRDR é obrigatória, sob pena de nulidade (art. 178, III: 976, § 2º; e 982, III, do CPC). O MP não pode declinar de intervir.

Durante a suspensão do processo, eventuais pedidos de tutela deverão ser dirigidos ao Juízo onde tramita o processo (§ 2º). O prazo de suspensão é improrrogável.

Cessa a suspensão se não for interposto recurso especial ou recurso extraordinário contra a decisão proferida no incidente. Na Justiça do Trabalho, o sucedâneo seria o recurso de revista.

A instrução deverá ser feita conforme o disposto no art. 983, cujo texto é o que segue:

Art. 983. O relator ouvirá as partes e os demais interessados, inclusive pessoas, órgãos e entidades com interesse na controvérsia, que, no prazo comum de 15 (quinze) dias, poderão requerer a juntada de documentos, bem como as diligências necessárias para a elucidação da questão de direito controvertida, e, em seguida, manifestar-se-á o Ministério Público, no mesmo prazo.

§ 1º Para instruir o incidente, o relator poderá designar data para, em audiência pública, ouvir depoimentos de pessoas com experiência e conhecimento na matéria.

§ 2º Concluídas as diligências, o relator solicitará dia para o julgamento do incidente.

A instrução do processo deverá ser feita levando em consideração a relevância social da matéria. Por sua relevância social, pode ser feita a expansão do debate, com a intervenção de *amicus curiae* e a realização de audiência pública.

A forma do julgamento deve ser conforme o disposto no art. 984, CPC:

Art. 984. No julgamento do incidente, observar-se-á a seguinte ordem:

I — o relator fará a exposição do objeto do incidente;

II — poderão sustentar suas razões, sucessivamente:

a) o autor e o réu do processo originário e o Ministério Público, pelo prazo de 30 (trinta) minutos;

b) os demais interessados, no prazo de 30 (trinta) minutos, divididos entre todos, sendo exigida inscrição com 2 (dois) dias de antecedência.

§ 1º Considerando o número de inscritos, o prazo poderá ser ampliado.

§ 2º O conteúdo do acórdão abrangerá a análise de todos os fundamentos suscitados concernentes à tese jurídica discutida, sejam favoráveis ou contrários.

O procedimento do julgamento do IRDR inicia com a exposição do Relator, realização de sustentação oral pelo autor ou réu do processo originário, pelo MP e pelos demais interessados.

O conteúdo do acórdão deve ser abrangente, tanto tenham sido alegados pelos órgãos jurisdicionais suscitantes quanto com relação aos argumentos das partes e terceiros.

Os efeitos do IRDR e a aplicação da tese jurídica dele resultante estão previstos no art. 985, do CPC:

Art. 985. Julgado o incidente, a tese jurídica será aplicada:

I — a todos os processos individuais ou coletivos que versem sobre idêntica questão de direito e que tramitem na área de jurisdição do respectivo tribunal, inclusive àqueles que tramitem nos juizados especiais do respectivo Estado ou região;

II — aos casos futuros que versem idêntica questão de direito e que venham a tramitar no território de competência do tribunal, salvo revisão na forma do art. 986.

§ 1º Não observada a tese adotada no incidente, caberá reclamação.

§ 2º Se o incidente tiver por objeto questão relativa a prestação de serviço concedido, permitido ou autorizado, o resultado do julgamento será comunicado ao órgão, ao ente ou à agência reguladora competente para fiscalização da efetiva aplicação, por parte dos entes sujeitos a regulação, da tese adotada.

A tese será aplicada a todos os processos individuais ou coletivos que contenham a mesma discussão, dentro da respectiva área de jurisdição do Tribunal prolator. Os efeitos se expandem em escala territorial (no âmbito da competência territorial do tribunal) e escala temporal, tanto para os casos ajuizados quanto para os futuros (controle corretivo e preventivo).

Pode haver necessidade de revisão da tese julgada no IRDR, cuja previsão está no art. 986, do CPC:

Art. 986. A revisão da tese jurídica firmada no incidente far-se-á pelo mesmo tribunal, de ofício ou mediante requerimento dos legitimados mencionados no art. 977, inciso III.

Aplica-se o mesmo raciocínio do *overruling* para os precedentes previsto no art. 927, §§ 2º a 4º, CPC. Fundamentação específica, observância de valores como a alteração das condições econômicas, políticas, sociais ou ambientais, preservando a segurança jurídica e protegendo a isonomia e a confiança.

Os recursos cabíveis estão previstos no art. 987

Art. 987. Do julgamento do mérito do incidente caberá recurso extraordinário ou especial, conforme o caso.

§ 1º O recurso tem efeito suspensivo, presumindo-se a repercussão geral de questão constitucional eventualmente discutida.

§ 2º Apreciado o mérito do recurso, a tese jurídica adotada pelo Supremo Tribunal Federal ou pelo Superior Tribunal de Justiça será aplicada no território nacional a todos os processos individuais ou coletivos que versem sobre idêntica questão de direito.

São cabíveis os seguintes recursos: Embargos de Declaração (1.022, CPC), recurso extraordinário ou recurso especial, conforme o caso. No Processo do Trabalho, o recurso cabível é o Recurso de Revista, que abrange tanto matéria legal quanto constitucional.

O recurso tem efeito suspensivo (§ 1º).

Após julgado o recurso, a tese poderá ser aplicada em todo o território nacional (§ 2º).

> Art. 9º O cabimento dos embargos de declaração no Processo do Trabalho, para impugnar qualquer decisão judicial, rege-se pelo art. 897-A da CLT e, supletivamente, pelo Código de Processo Civil (arts. 1022 a 1025; §§ 2º, 3º e 4º do art. 1026), excetuada a garantia de prazo em dobro para litisconsortes (§ 1º do art. 1023).
>
> Parágrafo único. A omissão para fins do prequestionamento ficto a que alude o art. 1025 do CPC dá-se no caso de o Tribunal Regional do Trabalho, mesmo instado mediante embargos de declaração, recusar-se a emitir tese sobre questão jurídica pertinente, na forma da Súmula n. 297, item III, do Tribunal Superior do Trabalho.

Comentários

Pela CLT, cabem embargos de declaração para as hipóteses de omissão, contradição e manifesto equívoco no exame dos pressupostos extrínsecos do recurso.

A CLT original não trazia a previsão do cabimento de embargos de declaração na redação do art. 893. Aplicava-se subsidiariamente o CPC, até o advento da Lei n. 9.957/2000, que referiu expressamente o recurso, inserindo nova redação no art. 897-A. Atualmente, as hipóteses de cabimento dos embargos de declaração estão no art. 897-A, da CLT:

> Art. 897-A Caberão embargos de declaração da sentença ou acórdão, no prazo de cinco dias, devendo seu julgamento ocorrer na primeira audiência ou sessão subsequente a sua apresentação, registrado na certidão, admitido efeito modificativo da decisão nos casos de omissão e contradição no julgado e manifesto equívoco no exame dos pressupostos extrínsecos do recurso. *(Incluído pela Lei n. 9.957, de 2000)*
>
> § 1º Os erros materiais poderão ser corrigidos de ofício ou a requerimento de qualquer das partes. *(Redação dada pela Lei n. 13.015, de 2014)*
>
> § 2º Eventual efeito modificativo dos embargos de declaração somente poderá ocorrer em virtude da correção de vício na decisão embargada e desde que ouvida a parte contrária, no prazo de 5 (cinco) dias. *(Incluído pela Lei n. 13.015, de 2014)*
>
> § 3º Os embargos de declaração interrompem o prazo para interposição de outros recursos, por qualquer das partes, salvo quando intempestivos, irregular a representação da parte ou ausente a sua assinatura.

Havendo eventual efeito modificativo (Súmula n. 278, TST), a parte contrária deverá ser intimada para se manifestar (art. 897-A, § 2º, CLT). Erros materiais poderão ser corrigidos a qualquer tempo, de ofício ou a requerimento das partes (Art. 897-A, § 1º e art. 833 da CLT).

Segundo o art. 9º da IN n. 39/2016 — TST, o cabimento dos embargos de declaração no Processo do Trabalho rege-se pelo art. 897-A, da CLT e, supletivamente, pelo CPC (arts. 1022 a 1025 e §§ 2º, 3º e 4º do art. 1026) excetuada a garantia de prazo em dobro para litisconsortes (art. 1023, § 1º). O texto do CPC é o seguinte:

Art. 1.022. Cabem embargos de declaração contra qualquer decisão judicial para:

I — esclarecer obscuridade ou eliminar contradição;

II — suprir omissão de ponto ou questão sobre o qual devia se pronunciar o juiz de ofício ou a requerimento;

III — corrigir erro material.

Parágrafo único. Considera-se omissa a decisão que:

I — deixe de se manifestar sobre tese firmada em julgamento de casos repetitivos ou em incidente de assunção de competência aplicável ao caso sob julgamento;

II — incorra em qualquer das condutas descritas no art. 489, § 1º.

A primeira questão é comparar as hipóteses de cabimento na CLT com as do novo CPC. Pela CLT, as hipóteses são omissão, contradição e manifesto equívoco no exame nos pressupostos extrínsecos de recurso. Para o CPC, as hipóteses são esclarecer obscuridade, eliminar contradição, suprir omissão ou corrigir erro material. Se a IN n. 39/2016 — TST fala em aplicação supletiva, entende-se que as hipóteses do novo CPC, não tratadas pela CLT, devem ser observadas, ampliando as hipóteses de cabimento originais da lei procedimental trabalhista. A consequência é acrescentar a hipótese da obscuridade (inciso I) e acrescentar à hipóteses de omissão a ausência de manifestação de tese firmada em julgamento de casos repetitivos em IRDR ou IAC, ou deixar de fundamentar a sentença de acordo com as exigência do art. 489, § 1º, do CPC.

O procedimento, prazo e intimação sobre eventual efeito modificativo estão no art. 1023, CPC, cujo texto é o que segue:

Art. 1.023. Os embargos serão opostos, no prazo de 5 (cinco) dias, em petição dirigida ao juiz, com indicação do erro, obscuridade, contradição ou omissão, e não se sujeitam a preparo.

§ 1º Aplica-se aos embargos de declaração o art. 229.

§ 2º O juiz intimará o embargado para, querendo, manifestar-se, no prazo de 5 (cinco) dias, sobre os embargos opostos, caso seu eventual acolhimento implique a modificação da decisão embargada.

A única exceção é que não se aplica ao Processo do Trabalho o prazo em dobro para os litisconsortes (art. 229, CPC), porquanto a contagem de prazos no Processo do trabalho não prevê tal benefício. A IN n. 39/2016 — TST excepciona expressamente esta regra.

A forma do julgamento, tanto na primeira instância quanto nos tribunais está no art. 1024, CPC:

Art. 1.024. O juiz julgará os embargos em 5 (cinco) dias.

§ 1º Nos tribunais, o relator apresentará os embargos em mesa na sessão subsequente, proferindo voto, e, não havendo julgamento nessa sessão, será o recurso incluído em pauta automaticamente.

§ 2º Quando os embargos de declaração forem opostos contra decisão de relator ou outra decisão unipessoal proferida em tribunal, o órgão prolator da decisão embargada decidi-los-á monocraticamente.

§ 3º O órgão julgador conhecerá dos embargos de declaração como agravo interno se entender ser este o recurso cabível, desde que determine previamente a intimação do recorrente para, no prazo de 5 (cinco) dias, complementar as razões recursais, de modo a ajustá-las às exigências do art. 1.021, § 1º.

§ 4º Caso o acolhimento dos embargos de declaração implique modificação da decisão embargada, o embargado que já tiver interposto outro recurso contra a decisão originária tem o direito de complementar ou alterar suas razões, nos exatos limites da modificação, no prazo de 15 (quinze) dias, contado da intimação da decisão dos embargos de declaração.

§ 5º Se os embargos de declaração forem rejeitados ou não alterarem a conclusão do julgamento anterior, o recurso interposto pela outra parte antes da publicação do julgamento dos embargos de declaração será processado e julgado independentemente de ratificação.

O prazo para julgamento é de 5 dias para o Juiz (art. 1024, *caput*, CPC). Nos tribunais, deve-se observar que o relator apresentará os embargos em mesa na sessão subsequente, proferindo voto, e, não havendo julgamento nessa sessão, será o recurso incluído em pauta automaticamente (art. 1024, § 1º, CPC). Na hipótese de férias do Relator, o processo será pautado após o retorno do período de gozo.

Podem ser interpostos embargos declaratórios em face de decisão monocrática do Relator. Nesse caso, observa-se que, quando os embargos de declaração forem opostos contra decisão de relator ou outra decisão unipessoal proferida em tribunal, o órgão prolator da decisão embargada decidi-los-á monocraticamente (art. 1024, § 2º, CPC).

No caso do Agravo de Instrumento for recebido como Agravo Interno, existe necessidade de impugnação específica (art. 1024, § 3º, CPC). Se assim não for feita, a parte tem o direito de ser intimada, com prazo de 5 dias para fazê-lo (art. 1024, § 3º, CPC).

O recurso poderá ser complementado se os embargos Declaratórios tiverem provimento com efeito modificativo. O CPC dispõe que, caso o acolhimento dos embargos de declaração implique modificação da decisão embargada, o embargado que já tiver interposto outro recurso contra a decisão originária tem o direito de complementar ou alterar suas razões, nos exatos limites da modificação, no prazo de 15 (quinze) dias, contado da intimação da decisão dos embargos de declaração (art. 1024, § 4º, CPC). Se os embargos de declaração forem rejeitados ou não alterarem a conclusão do julgamento anterior, o recurso interposto pela outra parte antes da publicação do julgamento dos embargos de declaração será processado e julgado independentemente de ratificação (art. 1024, § 5º, CPC).

A questão do prequestionamento é enfrentada pelo art. 1025 do novo CPC, cujo conteúdo é o que segue:

Art. 1.025. Consideram-se incluídos no acórdão os elementos que o embargante suscitou, para fins de pré-questionamento, ainda que os embargos de declaração sejam inadmitidos ou rejeitados, caso o tribunal superior considere existentes erro, omissão, contradição ou obscuridade.

O prequestionamento é um requisito de admissibilidade dos recursos para as instâncias extraordinárias relacionado com a função do próprio recurso. No Processo do Trabalho, é exigido pelo Recurso de Revista, nos termos da Súmula n. 184, TST:

Súmula n. 184 do TST — EMBARGOS DECLARATÓRIOS. OMISSÃO EM RECURSO DE REVISTA . PRECLUSÃO (mantida) — Res. 121/2003, DJ 19, 20 e 21.11.2003

Ocorre preclusão se não forem opostos embargos declaratórios para suprir omissão apontada em recurso de revista ou de embargos.

Esta Súmula está na mesma linha interpretativa das Súmulas ns. 356, do STF e 98, do STJ.

Os embargos declaratórios com natureza de prequestionamento estão relacionados com a função do Recurso de Revista, que é um recurso de natureza extraordinária. A função do Recurso de Revista não é julgar novamente o caso, mas verificar se a decisão recorrida não afronta à Constituição, à Lei ou traz elemento conflitivo com outra decisão dada em caso semelhante por outro tribunal (unificação de jurisprudência). O direito da parte é de ver sua questão debatida sob a ótica da uniformidade do direito objetivo, e não da equidade do caso em si. Por isso a afirmação de que o Recurso de Revista não visa à revisão da justiça da aplicação da lei no caso concreto, mas visa à proteção do direito objetivo, sendo imediato em relação à aplicação da norma jurídica e mediata em relação às partes (Vantuil Abdala). Essas funções estão, indiretamente, nas hipóteses específicas de cabimento do Recurso de revista, previstas no art. 896, *a*, *b* e *c*, da CLT.

Não julgando imediatamente o caso concreto, mas sim as teses sobre a interpretação do direito objetivo que dele decorrem, é necessário que tais teses estejam explícitas na decisão que se recorre. Por isso a necessidade de prequestionamento. Se a tese não estiver no acórdão, cabe à parte prequestionar, sob pena de preclusão e ser impossível prosseguir na admissibilidade do recurso de natureza extraordinária. Nesse sentido, o prequestionamento não é a simples invocação da matéria no acórdão regional (TRT), mas a existência de pronunciamento específico sobre a matéria. Esse é o sentido do art. 896, § 1º-A, da CLT, cujo texto é o que segue:

Art. 896 — ...

§ 1º-A. Sob pena de não conhecimento, é ônus da parte: *(Incluído pela Lei n. 13.015, de 2014)*

I — indicar o trecho da decisão recorrida que consubstancia o prequestionamento da controvérsia objeto do recurso de revista; *(Incluído pela Lei n. 13.015, de 2014)*

II — indicar, de forma explícita e fundamentada, contrariedade a dispositivo de lei, súmula ou orientação jurisprudencial do Tribunal Superior do Trabalho que conflite com a decisão regional; *(Incluído pela Lei n. 13.015, de 2014)*

III — expor as razões do pedido de reforma, impugnando todos os fundamentos jurídicos da decisão recorrida, inclusive mediante demonstração analítica de cada dispositivo de lei, da Constituição Federal, de súmula ou orientação jurisprudencial cuja contrariedade aponte. *(Incluído pela Lei n. 13.015, de 2014)*

Não basta haver menção implícita no acórdão, a menção deve ser explícita. À parte cabe transcrever o trecho que entende caracterizador do prequestionamento. Se o acórdão não o fizer, a parte deve opor embargos declaratórios com esta finalidade para indicar expressamente o trecho da decisão que caracteriza o prequestionamento. A Súmula n. 297, TST, assim disciplina o tema:

> Súmula n. 297 do TST — PREQUESTIONAMENTO. OPORTUNIDADE. CONFIGURAÇÃO (nova redação) — Res. 121/2003, DJ 19, 20 e 21.11.2003
>
> I — Diz-se prequestionada a matéria ou questão quando na decisão impugnada haja sido adotada, explicitamente, tese a respeito.
>
> II — Incumbe à parte interessada, desde que a matéria haja sido invocada no recurso principal, opor embargos declaratórios objetivando o pronunciamento sobre o tema, sob pena de preclusão.
>
> III — Considera-se prequestionada a questão jurídica invocada no recurso principal sobre a qual se omite o Tribunal de pronunciar tese, não obstante opostos embargos de declaração.

Portanto, a parte não será prejudicada se, depois de opostos os embargos declaratórios, o acórdão não mencionar a tese invocada, desde que ela esteja claramente delineada nos próprios embargos. Se a matéria é alegada no Recurso Ordinário ou no Agravo de Petição, mas o TRT sobre ela não se manifesta, não se pode falar em prequestionamento. Cabe à parte "forçar" a manifestação sobre a tese pela via dos Embargos Declaratórios. Se isso não for feito, não poderá alegar a nulidade da decisão por negativa de prestação jurisdicional e o mérito não poderá ser conhecido, por ausência de prequestionamento.

Salienta-se que os embargos declaratórios devem ser opostos inclusive quando o TRT adotar os fundamentos da sentença de primeiro grau e não explicitar suas próprias razões. A exceção é se o processo tiver tramitado no rito sumaríssimo, pois a norma legal (art. 895, § 1º, IV, CLT) permite que o TRT confirme a decisão por seus próprios fundamentos. Mesmo nessa circunstância, a jurisprudência do TST exige que a parte transcreva a parte da sentença que a parte entende caracterizadora da tese que pretende demonstrar. Esse entendimento jurisprudencial está expresso na OJ-SDI1-151, do TST:

> OJ-SDI1-151. PREQUESTIONAMENTO. DECISÃO REGIONAL QUE ADOTA A SENTENÇA. AUSÊNCIA DE PREQUESTIONAMENTO (inserida em 27.11.1998) Decisão regional que simplesmente adota os fundamentos da decisão de primeiro grau não preenche a exigência do prequestionamento, tal como previsto na Súmula n. 297.

Na hipótese de o Recurso tratar sobre violação literal da Constituição ou de lei, também cabe a parte indicar o dispositivo legal que entende violado. Se o acórdão não o fizer expressamente, cabe à parte impor Embargos de Declaração, sob pena de não ser caracterizado o prequestionamento. Assim dispõe a Súmula n. 221 do TST:

> Súmula n. 221 do TST — RECURSO DE REVISTA. VIOLAÇÃO DE LEI. INDICAÇÃO DE PRECEITO. (cancelado o item II e conferida nova redação na sessão do Tribunal Pleno realizada em 14.9.2012) — Res. 185/2012, DEJT divulgado em 25, 26 e 27.9.2012
>
> A admissibilidade do recurso de revista por violação tem como pressuposto a indicação expressa do dispositivo de lei ou da Constituição tido como violado.

Se o Recurso de Revista não for admitido pelo TRT e a parte entrar com Agravo de Instrumento, também deverá realizar o prequestionamento, matéria por matéria, em relação ao despacho que denegou o seguimento, sob pena de preclusão. O meio para fazer tal prequestionamento também será pela via dos Embargos de Declaração. Nesse sentido, o art. 1º da IN n. 40/2016 — TST, cujo texto é o seguinte:

> Art. 1º Admitido apenas parcialmente o recurso de revista, constitui ônus da parte impugnar, mediante agravo de instrumento, o capítulo denegatório da decisão, sob pena de preclusão.
>
> § 1º Se houver omissão no juízo de admissibilidade do recurso de revista quanto a um ou mais temas, é ônus da parte interpor embargos de declaração para o órgão prolator da decisão embargada supri-la (CPC, art. 1024, § 2º), sob pena de preclusão.
>
> § 2º Incorre em nulidade a decisão regional que se abstiver de exercer controle de admissibilidade sobre qualquer tema objeto de recurso de revista, não obstante interpostos embargos de declaração (CF/88, art. 93, inciso IX e § 1º do art. 489 do CPC de 2015).
>
> § 3º No caso do parágrafo anterior, sem prejuízo da nulidade, a recusa do Presidente do Tribunal Regional do Trabalho a emitir juízo de admissibilidade sobre qualquer tema equivale à decisão denegatória. É ônus da parte, assim, após a intimação da decisão dos embargos de declaração, impugná-la mediante agravo de instrumento (CLT, art. 896, § 12), sob pena de preclusão.
>
> § 4º Faculta-se ao Ministro Relator, por decisão irrecorrível (CLT, art. 896, § 5º, por analogia), determinar a restituição do agravo de instrumento ao Presidente do Tribunal Regional do Trabalho de origem para que complemente o juízo de admissibilidade, desde que interpostos embargos de declaração.

Com relação à necessidade de prequestionamento com relação ao acórdão de segundo grau, assim dispõe a Súmula n. 422 do TST:

> Súmula n. 422 do TST — RECURSO. FUNDAMENTO AUSENTE OU DEFICIENTE. NÃO CONHECIMENTO (redação alterada, com inserção dos itens I, II e III) — Res. 199/2015, DEJT divulgado em 24, 25 e 26.6.2015. Com errata publicado no DEJT divulgado em 1º.7.2015.
>
> I — Não se conhece de recurso para o Tribunal Superior do Trabalho se as razões do recorrente não impugnam os fundamentos da decisão recorrida, nos termos em que proferida.
>
> II — O entendimento referido no item anterior não se aplica em relação à motivação secundária e impertinente, consubstanciada em despacho de admissibilidade de recurso ou em decisão monocrática.

III — Inaplicável a exigência do item I relativamente ao recurso ordinário da competência de Tribunal Regional do Trabalho, exceto em caso de recurso cuja motivação é inteiramente dissociada dos fundamentos da sentença.

A primeira parte da Súmula n. 422 do TST estabelece que não se conhece de recurso para o Tribunal Superior do Trabalho se as razões do recorrente não impugnam os fundamentos da decisão recorrida, nos termos em que proferida (inciso I). Não se aplica este raciocínio se a motivação for secundária ou impertinente, estabelecida em despacho de admissibilidade ou decisão monocrática (inciso II). Tal exigência não se aplica aos recursos ordinários de competência dos Tribunal Regional do Trabalho, exceto em caso de recurso cuja motivação seja inteiramente dissociada dos fundamentos da sentença (inciso III). Portanto, como decorrência, não é necessário opor Embargos de Declaração à sentença de primeiro grau, bastando levantar a questão no Recurso Ordinário, em face da devolução da matéria prevista no art. 1.013 do CPC. Somente será necessário embargar quando a motivação for inteiramente dissociada dos fundamentos da sentença. Portanto, A Súmula n. 422 do c. TST é de aplicação restrita aos recursos dirigidos a esta Corte Superior, revelando-se inadequada a sua indicação como óbice ao conhecimento do recurso ordinário, ao qual é atribuído efeito devolutivo em profundidade, a teor do art. 1.013, do CPC.

Somente não será exigido prequestionamento e, por consequência, Embargos Declaratórios com esta finalidade, se a controvérsia sobre a violação alegada no recurso de Revista nasceu na própria decisão recorrida. Dito de outra maneira, o fundamento jurídico foi levantado pelo próprio TRT e a parte não tinha condições de apresentar argumentos prévios nas suas razões de Recurso Ordinário. Nesse sentido, a OJ n. 119, SBDI-1, do TST:

> 119. PREQUESTIONAMENTO INEXIGÍVEL. VIOLAÇÃO NASCIDA NA PRÓPRIA DECISÃO RECORRIDA. SÚMULA N. 297 DO TST. INAPLICÁVEL (inserido dispositivo) — DEJT divulgado em 16, 17 e 18.11.2010
>
> É inexigível o prequestionamento quando a violação indicada houver nascido na própria decisão recorrida. Inaplicável a Súmula n. 297 do TST.

Os Embargos de Declaração interrompem o prazo para interposição do recurso e não possuem efeito suspensivo, conforme disposto no art. 1.026 do CPC, cujo texto é o seguinte:

> Art. 1.026. Os embargos de declaração não possuem efeito suspensivo e interrompem o prazo para a interposição de recurso.
>
> § 1º A eficácia da decisão monocrática ou colegiada poderá ser suspensa pelo respectivo juiz ou relator se demonstrada a probabilidade de provimento do recurso ou, sendo relevante a fundamentação, se houver risco de dano grave ou de difícil reparação.
>
> § 2º Quando manifestamente protelatórios os embargos de declaração, o juiz ou o tribunal, em decisão fundamentada, condenará o embargante a pagar ao embargado multa não excedente a dois por cento sobre o valor atualizado da causa.

§ 3º Na reiteração de embargos de declaração manifestamente protelatórios, a multa será elevada a até dez por cento sobre o valor atualizado da causa, e a interposição de qualquer recurso ficará condicionada ao depósito prévio do valor da multa, à exceção da Fazenda Pública e do beneficiário de gratuidade da justiça, que a recolherão ao final.

§ 4º Não serão admitidos novos embargos de declaração se os 2 (dois) anteriores houverem sido considerados protelatórios.

Por expressa disposição do artigo comentado, não se aplica ao Processo do Trabalho o § 1º do art. 1.026 do CPC, porquanto os recursos trabalhistas, como regra, não possuem efeito suspensivo (art. 899, CLT). Se os embargos forem manifestamente protelatórios, poderá ser aplicada multa em decisão fundamentada, até 2% do valor da causa (§ 2º), podendo ser aumentada até 10% no caso de reiteração (§ 3º). O pagamento desta multa constituíra pressuposto para o recebimento de qualquer outro recurso, à exceção da fazenda Pública e do beneficiário da justiça gratuita, que recolherão ao final (§ 3º). Sendo considerados protelatórios os dois embargos anteriores, não serão admitidos novos embargos (§ 4º).

Sobre a possibilidade de retratação do Juiz, nas hipóteses de julgamento sem resolução de mérito, até cinco dias após a interposição da apelação, independentemente dos Embargos Declaratórios, ver art. 485, § 7º, do CPC:

Art. 485. O juiz não resolverá o mérito quando:

...

§ 7º Interposta a apelação em qualquer dos casos de que tratam os incisos deste artigo, o juiz terá 5 (cinco) dias para retratar-se.

Art. 10. Aplicam-se ao Processo do Trabalho as normas do parágrafo único do art. 932 do CPC, §§ 1º a 4º do art. 938 e §§ 2º e 7º do art. 1007.

Parágrafo único. A insuficiência no valor do preparo do recurso, no Processo do Trabalho, para os efeitos do § 2º do art. 1007 do CPC, concerne unicamente às custas processuais, não ao depósito recursal.

Comentários

Os poderes do relator estão descritos no art. 932 do CPC, cujo texto é o seguinte:

Art. 932. Incumbe ao relator:

I — dirigir e ordenar o processo no tribunal, inclusive em relação à produção de prova, bem como, quando for o caso, homologar autocomposição das partes;

II — apreciar o pedido de tutela provisória nos recursos e nos processos de competência originária do tribunal;

III — não conhecer de recurso inadmissível, prejudicado ou que não tenha impugnado especificamente os fundamentos da decisão recorrida;

IV — negar provimento a recurso que for contrário a:

a) súmula do Supremo Tribunal Federal, do Superior Tribunal de Justiça ou do próprio Tribunal;

b) acórdão proferido pelo Supremo Tribunal Federal ou pelo Superior Tribunal de Justiça em julgamento de recursos repetitivos;

c) entendimento firmado em incidente de resolução de demandas repetitivas ou de assunção de competência;

V — depois de facultada a apresentação de contrarrazões, dar provimento ao recurso se a decisão recorrida for contrária a:

a) súmula do Supremo Tribunal Federal, do Superior Tribunal de Justiça ou do próprio Tribunal;

b) acórdão proferido pelo Supremo Tribunal Federal ou pelo Superior Tribunal de Justiça em julgamento de recursos repetitivos;

c) entendimento firmado em incidente de resolução de demandas repetitivas ou de assunção de competência;

VI — decidir o incidente de desconsideração da personalidade jurídica, quando este for instaurado originariamente perante o tribunal;

VII — determinar a intimação do Ministério Público, quando for o caso;

VIII — exercer outras atribuições estabelecidas no regimento interno do tribunal.

Parágrafo único. Antes de considerar inadmissível o recurso, o relator concederá o prazo de 5 (cinco) dias ao recorrente para que seja sanado vício ou complementada a documentação exigível.

O recurso, por definição, sempre será julgado por órgão fracionário. Os poderes do relator sempre serão uma espécie de delegação de poderes para que resolva algumas questões mencionadas na lei. O Relator tem os mesmos deveres impostos ao Juiz (art. 139, CPC).

O Relator tem poderes para: a) dirigir o processo (art. 932, I, VII e VIII, 933 e 938, CPC); b) decidir questões incidentais (art. 932, II, IV e V, CPC); c) decidir o próprio recurso em determinadas situações (art. 932, III, IV e V, CPC).

Um exemplo de tutela provisória é a concessão de efeito suspensivo ao recurso. No Processo do Trabalho, a regra geral é o princípio da manutenção dos efeitos da sentença (art. 899, *caput*, da CLT).

Excepcionalmente, nos recursos trabalhistas, a parte pode obter o efeito suspensivo de antecipação de tutela, nos termos da Súmula n. 414, TST:

Súmula n. 414 do TST — MANDADO DE SEGURANÇA. ANTECIPAÇÃO DE TUTELA (OU LIMINAR) CONCEDIDA ANTES OU NA SENTENÇA (conversão das Orientações Jurisprudenciais ns. 50, 51, 58, 86 e 139 da SBDI-2) — Res. 137/2005, DJ 22, 23 e 24.8.2005

I — A antecipação da tutela concedida na sentença não comporta impugnação pela via do mandado de segurança, por ser impugnável mediante recurso ordinário. A ação cautelar é o meio próprio para se obter efeito suspensivo a recurso. *(ex-OJ n. 51 da SBDI-2 — inserida em 20.9.2000)*

II — No caso da tutela antecipada (ou liminar) ser concedida antes da sentença, cabe a impetração do mandado de segurança, em face da inexistência de recurso próprio. *(ex-OJs ns. 50 e 58 da SBDI-2 — inseridas em 20.9.2000)*

III — A superveniência da sentença, nos autos originários, faz perder o objeto do mandado de segurança que impugnava a concessão da tutela antecipada (ou liminar). *(ex-Ojs da SBDI-2 ns. 86 — inserida em 13.3.2002 — e 139 — DJ 4.5.2004)*

As decisões monocráticas do relator são recorríveis por Agravo Interno (art. 1.021, CPC). No Processo do Trabalho, são recorríveis por Agravo Regimental, no prazo de 8 dias. As competências de seções e turmas dos Tribunais do Trabalho estão previstas na Lei n. 7.701/88.

Quando instaurado incidente de desconsideração de personalidade jurídica (pode ser a qualquer tempo, inclusive em sede de recurso), a decisão fica a cargo do Relator (art. 134, CPC). O incidente suspende o processo (art. 134, § 3º, CPC).

O Relator, quando for o caso, poderá determinar a intimação do MP, se necessária a atuação no processo (art. 178, CPC).

O Relator tem seus poderes também para o reexame necessário (Súmula n. 253, STJ).

O Relator tem poderes de prevenção, visando a evitar eventual vício processual (art. 932, parágrafo único, CPC). Dessa decisão cabe agravo interno (art. 1.021, CPC).

O Regimento Interno de cada tribunal poderá prever outras competências específicas para o Relator.

A IN n. 39/2016 — TST refere expressamente a necessidade de o Relator, antes de considerar inadmissível o recurso, conceder o prazo de 5 (cinco) dias ao recorrente para que seja sanado vício ou complementada a documentação exigível (art. 932, parágrafo único, CPC).

No mesmo sentido de possibilitar o saneamento do processo, a IN n. 39/2016 — TST, prevê a aplicabilidade do art. 938 do CPC, cujo texto dispõe:

> Art. 938. A questão preliminar suscitada no julgamento será decidida antes do mérito, deste não se conhecendo caso seja incompatível com a decisão.
>
> § 1º Constatada a ocorrência de vício sanável, inclusive aquele que possa ser conhecido de ofício, o relator determinará a realização ou a renovação do ato processual, no próprio tribunal ou em primeiro grau de jurisdição, intimadas as partes.
>
> § 2º Cumprida a diligência de que trata o § 1º, o relator, sempre que possível, prosseguirá no julgamento do recurso.
>
> § 3º Reconhecida a necessidade de produção de prova, o relator converterá o julgamento em diligência, que se realizará no tribunal ou em primeiro grau de jurisdição, decidindo-se o recurso após a conclusão da instrução.

§ 4º Quando não determinadas pelo relator, as providências indicadas nos §§ 1º e 3º poderão ser determinadas pelo órgão competente para julgamento do recurso.

O artigo trata das questões preliminares e conversão do julgamento em diligência.

As questões preliminares são julgadas prioritariamente. Podem ser processuais (pressupostos processuais) ou materiais (prescrição ou decadência).

No Processo do Trabalho, devido às características das lides trabalhistas, por envolverem muitos pedidos, pode ocorrer que a preliminar diga respeito a apenas um dos pedidos, e não a todos. Nesse caso, a boa técnica recomenda que seja julgada com prioridade em relação a todos os demais pedidos, mas ocorre, com certa frequência, que seja analisada dentro do tópico específico quando necessário, sem prejuízo da integridade do julgamento. Em outras palavras, não se decreta a nulidade do julgamento, ainda que o julgamento das preliminares não tenha precedido o julgamento das questões posteriores, se da quebra da ordem da apreciação não resultar prejuízo às partes e/ou ao processo.

Se houver vício sanável (por exemplo, falta de intimação), o julgamento poderá ser convertido em diligência. O ato que converte em diligência é uma decisão interlocutória irrecorrível, mas parte da doutrina controverte sobre esta possibilidade.

O ato que converte em diligência não declara a nulidade da sentença. Apenas determina o saneamento de um vício sanável. Outra situação é a reforma da sentença e a decretação da nulidade do processo a partir da declarada nulidade.

Uma questão polêmica diz respeito à juntada de procuração depois da interposição do recurso. A posição tradicional do TST estava na Súmula n. 164, que dispunha que a ausência de procuração importava o não conhecimento do recurso, salvo na hipótese de mandato tácito. Esta Súmula foi revogada, mas parte de seu texto foi transferido para a Súmula n. 383 do TST, que assim está redigida:

Súmula n. 383 do TST — RECURSO. MANDATO. IRREGULARIDADE DE REPRESENTAÇÃO. CPC DE 2015, ARTS. 104 E 76, § 2º (nova redação em decorrência do CPC de 2015) — Res. 210/2016, DEJT divulgado em 30.6.2016 e 01 e 4.7.2016

I — É inadmissível recurso firmado por advogado sem procuração juntada aos autos até o momento da sua interposição, salvo mandato tácito. Em caráter excepcional (art. 104 do CPC de 2015), admite-se que o advogado, independentemente de intimação, exiba a procuração no prazo de 5 (cinco) dias após a interposição do recurso, prorrogável por igual período mediante despacho do juiz. Caso não a exiba, considera-se ineficaz o ato praticado e não se conhece do recurso.

II — Verificada a irregularidade de representação da parte em fase recursal, em procuração ou substabelecimento já constante dos autos, o relator ou o órgão competente para julgamento do recurso designará prazo de 5 (cinco) dias para que seja sanado o vício. Descumprida a determinação, o relator não conhecerá do recurso, se a providência couber ao recorrente, ou determinará o desentranhamento das contrarrazões, se a providência couber ao recorrido (art. 76, § 2º, do CPC de 2015).

A mudança da Súmula decorre, em parte, da redação do art. 76, § 2º, do CPC, que permite que tal irregularidade de representação seja saneada mediante intimação da parte. Esse dispositivo foi considerado aplicável ao Processo do Trabalho, por força da IN n. 39/2016 — TST, art. 3º, I. O texto legal é o seguinte:

> Art. 76. Verificada a incapacidade processual ou a irregularidade da representação da parte, o juiz suspenderá o processo e designará prazo razoável para que seja sanado o vício.
>
> § 1º Descumprida a determinação, caso o processo esteja na instância originária:
>
> I — o processo será extinto, se a providência couber ao autor;
>
> II — o réu será considerado revel, se a providência lhe couber;
>
> III — o terceiro será considerado revel ou excluído do processo, dependendo do polo em que se encontre.
>
> § 2º Descumprida a determinação em fase recursal perante Tribunal de Justiça, Tribunal Regional Federal ou Tribunal Superior, o relator:
>
> I — não conhecerá do recurso, se a providência couber ao recorrente;
>
> II — determinará o desentranhamento das contrarrazões, se a providência couber ao recorrido.

Entretanto, a posição exposta na Súmula n. 383 condicionou a possibilidade de apresentação de nova procuração a duas circunstâncias: a) em caráter excepcional (art. 104 do CPC de 2015, ou seja, para evitar preclusão, decadência ou prescrição, ou para praticar ato considerado urgente), admite-se que o advogado, independentemente de intimação, exiba a procuração no prazo de 5 (cinco) dias após a interposição do recurso, prorrogável por igual período mediante despacho do juiz. Caso não a exiba, considera-se ineficaz o ato praticado e não se conhece do recurso; e b) se houver irregularidade de representação da parte em fase recursal, em procuração ou substabelecimento já constante dos autos, o relator ou o órgão competente para julgamento do recurso designará prazo de 5 (cinco) dias para que seja sanado o vício. Descumprida a determinação, o relator não conhecerá do recurso, se a providência couber ao recorrente, ou determinará o desentranhamento das contrarrazões, se a providência couber ao recorrido, por aplicação do art. 76, § 2º, do CPC.

Sobre o preparo, a IN n. 39/2016 — TST considera aplicáveis os §§ 2º e 7º do art. 1007, mas estabelece que a insuficiência no valor do preparo do recurso, no Processo do Trabalho, para os efeitos do § 2º do art. 1.007 do CPC, concerne unicamente às custas processuais, não ao depósito recursal. O texto legal mencionado assim dispõe:

> Art. 1.007. No ato de interposição do recurso, o recorrente comprovará, quando exigido pela legislação pertinente, o respectivo preparo, inclusive porte de remessa e de retorno, sob pena de deserção.
>
> ...

§ 2º A insuficiência no valor do preparo, inclusive porte de remessa e de retorno, implicará deserção se o recorrente, intimado na pessoa de seu advogado, não vier a supri-lo no prazo de 5 (cinco) dias.

...

§ 7º O equívoco no preenchimento da guia de custas não implicará a aplicação da pena de deserção, cabendo ao relator, na hipótese de dúvida quanto ao recolhimento, intimar o recorrente para sanar o vício no prazo de 5 (cinco) dias.

O preparo do recurso é o custeio das despesas inerente ao processo. Inclui custas e outras despesas. Trata-se de um pressuposto extrínseco. A comprovação se dá no ato de interposição do recurso (preparo imediato).

As normas que regulam o preparo têm natureza jurídica de taxa (posição do STF), não se incluindo no conceito de tributo. Não pode ser exigido pagamento de taxa sem lei anterior que as estabeleça (art. 150, I, Constituição). A dispensa do preparo está prevista no parágrafo primeiro. Embargos de Declaração não necessitam de preparo (art. 1.023, CPC).

O novo CPC prevê a complementação do preparo, no prazo de cinco dias. Isso serve para evitar a deserção por valores ínfimos ou erros de digitação nas guias (§ 2º e § 7º). Entretanto, a intimação, para a IN n. 39/2016 — TST, será concernente apenas às custas, e não ao depósito recursal. Isso decorre da posição do TST a respeito da natureza jurídica do depósito recursal. A IN n. 3/93 — TST, no artigo I, afirma que a natureza jurídica do depósito recursal é de garantia do juízo recursal, que pressupõe decisão condenatória ou executória de obrigação de pagamento em pecúnia, com valor líquido ou arbitrado, e não como taxa recursal. Portanto, para o TST, o depósito recursal é garantia da execução, e não taxa processual. Isso faz com que não seja dispensado quando deferido o benefício da justiça gratuita e não seja a parte intimada para a sua complementação, conforme estabelecido no art. 10, parágrafo único, da IN n. 39/2016 — TST, ora comentado.

A decisão que releva a deserção pode ser atacada pelo recorrido nas contrarrazões do recurso.

No Processo do Trabalho, sobre custas, emolumentos e outras despesas processuais, ver arts. 789 e 790, da CLT:

Art. 789. Nos dissídios individuais e nos dissídios coletivos do trabalho, nas ações e procedimentos de competência da Justiça do Trabalho, bem como nas demandas propostas perante a Justiça Estadual, no exercício da jurisdição trabalhista, as custas relativas ao processo de conhecimento incidirão à base de 2% (dois por cento), observado o mínimo de R$ 10,64 (dez reais e sessenta e quatro centavos) e serão calculadas: *(Redação dada pela Lei n. 10.537, de 27.8.2002)*

I — quando houver acordo ou condenação, sobre o respectivo valor; *(Redação dada pela Lei n. 10.537, de 27.8.2002)*

II — quando houver extinção do processo, sem julgamento do mérito, ou julgado totalmente improcedente o pedido, sobre o valor da causa; *(Redação dada pela Lei n. 10.537, de 27.8.2002)*

III — no caso de procedência do pedido formulado em ação declaratória e em ação constitutiva, sobre o valor da causa; *(Redação dada pela Lei n. 10.537, de 27.8.2002)*

IV — quando o valor for indeterminado, sobre o que o juiz fixar. *(Redação dada pela Lei n. 10.537, de 27.8.2002)*

§ 1º As custas serão pagas pelo vencido, após o trânsito em julgado da decisão. No caso de recurso, as custas serão pagas e comprovado o recolhimento dentro do prazo recursal. *(Redação dada pela Lei n. 10.537, de 27.8.2002)*

§ 2º Não sendo líquida a condenação, o juízo arbitrar-lhe-á o valor e fixará o montante das custas processuais. *(Redação dada pela Lei n. 10.537, de 27.8.2002)*

§ 3º Sempre que houver acordo, se de outra forma não for convencionado, o pagamento das custas caberá em partes iguais aos litigantes. *(Redação dada pela Lei n. 10.537, de 27.8.2002)*

§ 4º Nos dissídios coletivos, as partes vencidas responderão solidariamente pelo pagamento das custas, calculadas sobre o valor arbitrado na decisão, ou pelo Presidente do Tribunal. *(Redação dada pela Lei n. 10.537, de 27.8.2002)*

Art. 789-A. No processo de execução são devidas custas, sempre de responsabilidade do executado e pagas ao final, de conformidade com a seguinte tabela: *(Incluído pela Lei n. 10.537, de 27.8.2002)*

I — autos de arrematação, de adjudicação e de remição: 5% (cinco por cento) sobre o respectivo valor, até o máximo de R$ 1.915,38 (um mil, novecentos e quinze reais e trinta e oito centavos); *(Incluído pela Lei n. 10.537, de 27.8.2002)*

II — atos dos oficiais de justiça, por diligência certificada: *(Incluído pela Lei n. 10.537, de 27.8.2002)*

a) em zona urbana: R$ 11,06 (onze reais e seis centavos); *(Incluído pela Lei n. 10.537, de 27.8.2002)*

b) em zona rural: R$ 22,13 (vinte e dois reais e treze centavos); *(Incluído pela Lei n. 10.537, de 27.8.2002)*

III — agravo de instrumento: R$ 44,26 (quarenta e quatro reais e vinte e seis centavos); *(Incluído pela Lei n. 10.537, de 27.8.2002)*

IV — agravo de petição: R$ 44,26 (quarenta e quatro reais e vinte e seis centavos); *(Incluído pela Lei n. 10.537, de 27.8.2002)*

V — embargos à execução, embargos de terceiro e embargos à arrematação: R$ 44,26 (quarenta e quatro reais e vinte e seis centavos); *(Incluído pela Lei n. 10.537, de 27.8.2002)*

VI — recurso de revista: R$ 55,35 (cinqüenta e cinco reais e trinta e cinco centavos); *(Incluído pela Lei n. 10.537, de 27.8.2002)*

VII — impugnação à sentença de liquidação: R$ 55,35 (cinqüenta e cinco reais e trinta e cinco centavos); *(Incluído pela Lei n. 10.537, de 27.8.2002)*

VIII — despesa de armazenagem em depósito judicial — por dia: 0,1% (um décimo por cento) do valor da avaliação; *(Incluído pela Lei n. 10.537, de 27.8.2002)*

IX — cálculos de liquidação realizados pelo contador do juízo — sobre o valor liquidado: 0,5% (cinco décimos por cento) até o limite de R$ 638,46 (seiscentos e trinta e oito reais e quarenta e seis centavos). *(Incluído pela Lei n. 10.537, de 27.8.2002)*

Art. 789-B. Os emolumentos serão suportados pelo Requerente, nos valores fixados na seguinte tabela: *(Incluído pela Lei n. 10.537, de 27.8.2002)*

I — autenticação de traslado de peças mediante cópia reprográfica apresentada pelas partes — por folha: R$ 0,55 (cinqüenta e cinco centavos de real); *(Incluído pela Lei n. 10.537, de 27.8.2002)*

II — fotocópia de peças — por folha: R$ 0,28 (vinte e oito centavos de real); *(Incluído pela Lei n. 10.537, de 27.8.2002)*

III — autenticação de peças — por folha: R$ 0,55 (cinqüenta e cinco centavos de real); *(Incluído pela Lei n. 10.537, de 27.8.2002)*

IV — cartas de sentença, de adjudicação, de remição e de arrematação — por folha: R$ 0,55 (cinqüenta e cinco centavos de real); *(Incluído pela Lei n. 10.537, de 27.8.2002)*

V — certidões — por folha: R$ 5,53 (cinco reais e cinqüenta e três centavos). *(Incluído pela Lei n. 10.537, de 27.8.2002)*

Art. 790. Nas Varas do Trabalho, nos Juízos de Direito, nos Tribunais e no Tribunal Superior do Trabalho, a forma de pagamento das custas e emolumentos obedecerá às instruções que serão expedidas pelo Tribunal Superior do Trabalho. *(Redação dada pela Lei n. 10.537, de 27.8.2002)*

§ 1º Tratando-se de empregado que não tenha obtido o benefício da justiça gratuita, ou isenção de custas, o sindicato que houver intervindo no processo responderá solidariamente pelo pagamento das custas devidas. *(Redação dada pela Lei n. 10.537, de 27.8.2002)*

§ 2º No caso de não-pagamento das custas, far-se-á execução da respectiva importância, segundo o procedimento estabelecido no Capítulo V deste Título. *(Redação dada pela Lei n. 10.537, de 27.8.2002)*

§ 3º É facultado aos juízes, órgãos julgadores e presidentes dos tribunais do trabalho de qualquer instância conceder, a requerimento ou de ofício, o benefício da justiça gratuita, inclusive quanto a traslados e instrumentos, àqueles que perceberem salário igual ou inferior ao dobro do mínimo legal, ou declararem, sob as penas da lei, que não estão em condições de pagar as custas do processo sem prejuízo do sustento próprio ou de sua família. *(Redação dada pela Lei n. 10.537, de 27.8.2002)*

Art. 790-A. São isentos do pagamento de custas, além dos beneficiários de justiça gratuita: *(Incluído pela Lei n. 10.537, de 27.8.2002)*

I — a União, os Estados, o Distrito Federal, os Municípios e respectivas autarquias e fundações públicas federais, estaduais ou municipais que não explorem atividade econômica; *(Incluído pela Lei n. 10.537, de 27.8.2002)*

II — o Ministério Público do Trabalho. *(Incluído pela Lei n. 10.537, de 27.8.2002)*

Parágrafo único. A isenção prevista neste artigo não alcança as entidades fiscalizadoras do exercício profissional, nem exime as pessoas jurídicas referidas no inciso I da obrigação de reembolsar as despesas judiciais realizadas pela parte vencedora. *(Incluído pela Lei n. 10.537, de 27.8.2002)*

Art. 790-B. A responsabilidade pelo pagamento dos honorários periciais é da parte sucumbente na pretensão objeto da perícia, salvo se beneficiária de justiça gratuita. *(Incluído pela Lei n. 10.537, de 27.8.2002)*

Sobre o depósito recursal, ver art. 899, da CLT:

> Art. 899. Os recursos serão interpostos por simples petição e terão efeito meramente devolutivo, salvo as exceções previstas neste Título, permitida a execução provisória até a penhora. *(Redação dada pela Lei n. 5.442, de 24.5.1968) (Vide Lei n. 7.701, de 1988)*
>
> § 1º Sendo a condenação de valor até 10 (dez) vezes o salário-mínimo regional, nos dissídios individuais, só será admitido o recurso inclusive o extraordinário, mediante prévio depósito da respectiva importância. Transitada em julgado a decisão recorrida, ordenar-se-á o levantamento imediato da importância de depósito, em favor da parte vencedora, por simples despacho do juiz. *(Redação dada pela Lei n. 5.442, 24.5.1968)*
>
> § 2º Tratando-se de condenação de valor indeterminado, o depósito corresponderá ao que fôr arbitrado, para efeito de custas, pela Junta ou Juízo de Direito, até o limite de 10 (dez) vêzes o salário-mínimo da região. *(Redação dada pela Lei n. 5.442, 24.5.1968)*
>
> § 3º *(Revogado pela Lei n. 7.033, de 5.10.1982).*
>
> § 4º O depósito de que trata o § 1º far-se-á na conta vinculada do empregado a que se refere o art. 2º da Lei n. 5.107, de 13 de setembro de 1966, aplicando-se-lhe os preceitos dessa Lei observado, quanto ao respectivo levantamento, o disposto no § 1º. *(Redação dada pela Lei n. 5.442, 24.5.1968)*
>
> § 5º Se o empregado ainda não tiver conta vinculada aberta em seu nome, nos termos do art. 2º da Lei n. 5.107, de 13 de setembro de 1966, a empresa procederá à respectiva abertura, para efeito do disposto no § 2º. *(Redação dada pela Lei n. 5.442, 24.5.1968)*
>
> § 6º Quando o valor da condenação, ou o arbitrado para fins de custas, exceder o limite de 10 (dez) vêzes o salário-mínimo da região, o depósito para fins de recursos será limitado a êste valor. *(Incluído pela Lei n. 5.442, 24.5.1968)*
>
> § 7º No ato de interposição do agravo de instrumento, o depósito recursal corresponderá a 50% (cinquenta por cento) do valor do depósito do recurso ao qual se pretende destrancar. *(Incluído pela Lei n. 12.275, de 2010)*
>
> § 8º Quando o agravo de instrumento tem a finalidade de destrancar recurso de revista que se insurge contra decisão que contraria a jurisprudência uniforme do Tribunal Superior do Trabalho, consubstanciada nas suas súmulas ou em orientação jurisprudencial, não haverá obrigatoriedade de se efetuar o depósito referido no § 7º deste artigo. *(Incluído pela Lei n. 13.015, de 2014)*

Art. 11. Não se aplica ao Processo do Trabalho a norma do art. 459 do CPC no que permite a inquirição direta das testemunhas pela parte (CLT, art. 820).

Comentários

A prova testemunhal é a prova que se obtém em Juízo, pelo depoimento de pessoas que conhecem os fatos sobre os quais recai o objeto do litígio. São as pessoas que vêm a juízo depor sobre fato controvertido. O objeto da prova testemunhal são fatos pretéritos, mas também podem ser ouvidas testemunhas para relatar algumas situações de perigo, a fim de que se possa formar convicção a respeito de alguma tutela inibitória. As testemunhas não podem ter interesse na causa, salvo hipóteses previstas em lei.

Pelo princípio da imediação, a prova testemunhal é produzida perante o Juiz e as partes.

As testemunhas podem ser presenciais, de referência (as que sabem do fato por terceiros) ou referidas. Também podem ser apenas abonatórias.

É o mais antigo meio de prova, ao mesmo tempo falha, como todo o ato humano, mas imprescindível. Evidentemente que nenhuma pessoa depõe de maneira neutra a respeito dos fatos que presenciou ou dos quais ouviu relatos. Isso é inerente ao ser humano, realizar juízo de valor sobre aquilo que lhe chega ao conhecimento, muitas vezes de forma inconsciente. Por isso é que a prova testemunhal deve ser valorada em seu contexto. Aplica-se à prova testemunhal o princípio de unidade de prova: as provas são produzidas por diversos meios e analisadas em conjunto.

O CPC de 73 (art. 401) e o CC (art. 227) previam que a prova exclusivamente documental somente poderia ser aceita em contratos que não excedessem ao décuplo do salário mínimo. Mas essa norma foi revogada expressamente pelo novo CPC (art. 1072, II), bem como os arts. 229 e 230, que também tratam sobre provas. Para alguns autores (Nelson Nery Júnior), com a revogação, a prova testemunhal somente cabe como complementar, qualquer que seja o valor da causa. Pode-se pensar em sentido contrário, pois, embora tenha sido mantido o parágrafo único do art. 227 do CC, existem muitos casos em que não existe nenhum outro meio de prova.

Casos em que a lei dispõe de modo diverso: a) fiança (art. 819, CC); b) estado de casado (art. 1543, CC); c) distrato de contrato escrito (art. 472, CC); d) existência de sociedade nas questões entre os sócios (art. 987, CC); e) seguro (art. 758, CC); f) depósito voluntário (art. 646, CC); g) mandato para ato em que se exige documento público (art. 657, CC);

O art. 459, do CPC, tem a seguinte redação:

> Art. 459. As perguntas serão formuladas pelas partes diretamente à testemunha, começando pela que a arrolou, não admitindo o juiz aquelas que puderem induzir a resposta, não tiverem relação com as questões de fato objeto da atividade probatória ou importarem repetição de outra já respondida.
>
> § 1º O juiz poderá inquirir a testemunha tanto antes quanto depois da inquirição feita pelas partes.
>
> § 2º As testemunhas devem ser tratadas com urbanidade, não se lhes fazendo perguntas ou considerações impertinentes, capciosas ou vexatórias.
>
> § 3º As perguntas que o juiz indeferir serão transcritas no termo, se a parte o requerer.

O Juiz realiza uma espécie de "filtro", indeferindo as perguntas desnecessárias ou impertinentes. A decisão é irrecorrível, mas a parte pode lançar seu protesto para evitar preclusão. Essa é uma prática muito comum no Processo do Trabalho.

A CLT tem regra específica sobre a forma de inquirição das testemunhas, o que torna incompatível com o Processo do Trabalho apenas a parte do art. 459 que dispõe sobre este tema. O texto da CLT é o seguinte:

> Art. 820. As partes e testemunhas serão inquiridas pelo juiz ou presidente, podendo ser reinquiridas, por seu intermédio, a requerimento dos vogais, das partes, seus representantes ou advogados.

Entretanto, a regra que estabelece que as testemunhas devem ser tratadas com urbanidade, não se lhes fazendo perguntas ou considerações impertinentes, capciosas ou vexatórias, deve ser observada (§ 2º), bem como a que estabelece que a transcrição das perguntas que o Juiz indeferir, é de aplicação obrigatória (§ 3º).

Art. 12. Aplica-se ao Processo do Trabalho o parágrafo único do art. 1.034 do CPC. Assim, admitido o recurso de revista por um fundamento, devolve-se ao Tribunal Superior do Trabalho o conhecimento dos demais fundamentos para a solução apenas do capítulo impugnado.

Comentários

O art. 1.034 do CPC trata do juízo de revisão nas cortes superiores. A IN n. 39/2016 — TST faz a adaptação do referido artigo, que trata do Recurso Especial e do Recurso Extraordinário, para o Processo do Trabalho, dizendo ser aplicável ao processamento do Recurso de Revista. No âmbito trabalhista, o Recurso de Revista acumula as funções de Recurso Especial e Recurso extraordinário. O texto legal é o seguinte:

> Art. 1.034. Admitido o recurso extraordinário ou o recurso especial, o Supremo Tribunal Federal ou o Superior Tribunal de Justiça julgará o processo, aplicando o direito.
>
> Parágrafo único. Admitido o recurso extraordinário ou o recurso especial por um fundamento, devolve-se ao tribunal superior o conhecimento dos demais fundamentos para a solução do capítulo impugnado.

A posição expressa pelo art. 1.034, do CPC, era conhecida da jurisprudência, por meio da Súmula n. 456 do STF. Como afirmado anteriormente, Recurso de Revista tem a função de uniformização de jurisprudência e resguarda a aplicação do direito objetivo, tanto em relação à literalidade da Lei quanto em relação à Constituição. Estas funções estão expressas nas alíneas *a*, *b* e *c* do art. 896 da CLT. Portanto, para que seja conhecido, é necessário que preencha uma série de pressupostos gerais (relativos a todo e qualquer recurso) e pressupostos específicos (relativos ao cabimento do Recurso de Revista). Após ultrapassada a barreira de conhecimento do recurso, o TST não se limita a cassar a decisão atacada, mas deve aplicar o direito à espécie. Portanto, nesse segundo momento exerce também uma função revisional, julgando o caso concreto. Esse é o sentido do disposto no *caput* do art. 1.034, que é considerado compatível com o Processo do Trabalho.

Se o recurso tiver duplo fundamento, e apenas um deles tiver sido admitido por apenas um deles, o tribunal superior poderá analisar todos os demais relacionados com o capítulo impugnado (art. 1.034, parágrafo único, CPC).

A matéria relaciona-se com o art. 896, § 1º-A, com a redação dada pela Lei n. 13.015/2014, que trouxe novos pressupostos processuais extrínsecos específicos para o Recurso de Revista e levou ao cancelamento da Súmula n. 285, TST, em março de 2016. O texto legal é o seguinte:

> Art. 896. ...
>
> § 1º-A. Sob pena de não conhecimento, é ônus da parte: *(Incluído pela Lei n. 13.015, de 2014)*
>
> I — indicar o trecho da decisão recorrida que consubstancia o prequestionamento da controvérsia objeto do recurso de revista; *(Incluído pela Lei n. 13.015, de 2014)*
>
> II — indicar, de forma explícita e fundamentada, contrariedade a dispositivo de lei, súmula ou orientação jurisprudencial do Tribunal Superior do Trabalho que conflite com a decisão regional; *(Incluído pela Lei n. 13.015, de 2014)*
>
> III — expor as razões do pedido de reforma, impugnando todos os fundamentos jurídicos da decisão recorrida, inclusive mediante demonstração analítica de cada dispositivo de lei, da Constituição Federal, de súmula ou orientação jurisprudencial cuja contrariedade aponte. *(Incluído pela Lei n. 13.015, de 2014)*

Como se percebe, a exigência de fundamentação específica para o prequestionamento, prevista no artigo mencionado, força o Desembargador presidente do TRT, que faz a admissibilidade do recurso de Revista, a ser mais rigoroso em relação a cada um dos itens do recurso. Dito de outra maneira, não há mais a chamada admissibilidade por extensão, que permitia a parte recorrer sobre vários temas e comprovar a admissibilidade de apenas um deles, levando o exame de todos os demais para o TST, independentemente de análise específica item por item.

A Súmula n. 285, TST, revogada, tinha a seguinte redação:

> Súmula n. 285 do TST — RECURSO DE REVISTA. ADMISSIBILIDADE PARCIAL PELO JUIZ-PRESIDENTE DO TRIBUNAL REGIONAL DO TRABALHO. EFEITO (cancelada) — Res. 204/2016, DEJT divulgado em 17, 18 e 21.3.2016
>
> O fato de o juízo primeiro de admissibilidade do recurso de revista entendê-lo cabível apenas quanto a parte das matérias veiculadas não impede a apreciação integral pela Turma do Tribunal Superior do Trabalho, sendo imprópria a interposição de agravo de instrumento.

Por consequência dessa nova posição, a matéria foi normatizada pela IN n. 40/2016 — TST, art. 1º, que tem a seguinte redação:

> Art. 1º Admitido apenas parcialmente o recurso de revista, constitui ônus da parte impugnar, mediante agravo de instrumento, o capítulo denegatório da decisão, sob pena de preclusão. (Artigo com vigência a partir de 15 de abril de 2016, conforme art. 3º desta Resolução)
>
> § 1º Se houver omissão no juízo de admissibilidade do recurso de revista quanto a um ou mais temas, é ônus da parte interpor embargos de declaração para o órgão prolator da decisão embargada supri-la (CPC, art. 1024, § 2º), sob pena de preclusão.

§ 2º Incorre em nulidade a decisão regional que se abstiver de exercer controle de admissibilidade sobre qualquer tema objeto de recurso de revista, não obstante interpostos embargos de declaração (CF/88, art. 93, inciso IX e § 1º do art. 489 do CPC de 2015).

§ 3º No caso do parágrafo anterior, sem prejuízo da nulidade, a recusa do Presidente do Tribunal Regional do Trabalho a emitir juízo de admissibilidade sobre qualquer tema equivale à decisão denegatória. É ônus da parte, assim, após a intimação da decisão dos embargos de declaração, impugná-la mediante agravo de instrumento (CLT, art. 896, § 12), sob pena de preclusão.

§ 4º Faculta-se ao Ministro Relator, por decisão irrecorrível (CLT, art. 896, § 5º, por analogia), determinar a restituição do agravo de instrumento ao Presidente do Tribunal Regional do Trabalho de origem para que complemente o juízo de admissibilidade, desde que interpostos embargos de declaração.

Pela nova posição do TST, a parte deve impugnar capítulo por capítulo, com a consequente demonstração específica do juízo de admissibilidade. Se houver omissão no juízo de admissibilidade do recurso de revista quanto a um ou mais temas, é ônus da parte interpor embargos de declaração para o órgão prolator da decisão embargada supri-la (CPC, art. 1024, § 2º), sob pena de preclusão. O Regional, por sua vez, deve exercer o controle de admissibilidade item por item, não obstante a interposição de embargos de declaração, sob pena de nulidade (§ 2º). No caso mencionado, sem prejuízo da nulidade, a recusa do Presidente do Tribunal Regional do Trabalho a emitir juízo de admissibilidade sobre qualquer tema equivale à decisão denegatória. É ônus da parte, assim, após a intimação da decisão dos embargos de declaração, impugná-la mediante agravo de instrumento (CLT, art. 896, § 12), sob pena de preclusão (§ 3º). Faculta-se ao Ministro Relator, por decisão irrecorrível (CLT, art. 896, § 5º, por analogia), determinar a restituição do agravo de instrumento ao Presidente do Tribunal Regional do Trabalho de origem para que complemente o juízo de admissibilidade, desde que interpostos embargos de declaração (§ 4º).

Art. 13. Por aplicação supletiva do art. 784, I (art. 15 do CPC), o cheque e a nota promissória emitidos em reconhecimento de dívida inequivocamente de natureza trabalhista também são títulos extrajudiciais para efeito de execução perante a Justiça do Trabalho, na forma do art. 876 e segs. da CLT.

Comentários

Originalmente, o Processo do Trabalho não continha a possibilidade de execução de títulos extrajudiciais. As dívidas trabalhistas a serem executadas decorriam de condenações judiciais. Portanto, a execução, no Processo do Trabalho, se dava em função de títulos judiciais. Os títulos executivos extrajudiciais são documentos particulares que a lei dá expressamente força executiva, sem necessidade de processo de cognição. Possuem previsão expressa e constituem *numerus clausus*. O art. 876 da CLT, com a redação dada pela Lei n. 9.958/2000, trouxe a previsão de dois títulos executivos extrajudiciais para o Processo do Trabalho: os termos de ajuste de conduta firmados perante o Ministério Público do Trabalho e os termos de conciliação firmados perante as Comissões de Conciliação Prévia. A competência para julgar estas execuções é do mesmo Juiz que julgaria o feito no processo de conhecimento relativo à matéria (art. 877-A, CLT).

Os demais títulos executivos extrajudiciais são mencionados expressamente pelo CPC, no art. 784, cujo texto é o seguinte:

Art. 784. São títulos executivos extrajudiciais:

I — a letra de câmbio, a nota promissória, a duplicata, a debênture e o cheque;

II — a escritura pública ou outro documento público assinado pelo devedor;

III — o documento particular assinado pelo devedor e por 2 (duas) testemunhas;

IV — o instrumento de transação referendado pelo Ministério Público, pela Defensoria Pública, pela Advocacia Pública, pelos advogados dos transatores ou por conciliador ou mediador credenciado por tribunal;

V — o contrato garantido por hipoteca, penhor, anticrese ou outro direito real de garantia e aquele garantido por caução;

VI — o contrato de seguro de vida em caso de morte;

VII — o crédito decorrente de foro e laudêmio;

VIII — o crédito, documentalmente comprovado, decorrente de aluguel de imóvel, bem como de encargos acessórios, tais como taxas e despesas de condomínio;

IX — a certidão de dívida ativa da Fazenda Pública da União, dos Estados, do Distrito Federal e dos Municípios, correspondente aos créditos inscritos na forma da lei;

X — o crédito referente às contribuições ordinárias ou extraordinárias de condomínio edilício, previstas na respectiva convenção ou aprovadas em assembleia geral, desde que documentalmente comprovadas;

XI — a certidão expedida por serventia notarial ou de registro relativa a valores de emolumentos e demais despesas devidas pelos atos por ela praticados, fixados nas tabelas estabelecidas em lei;

XII — todos os demais títulos aos quais, por disposição expressa, a lei atribuir força executiva.

§ 1º A propositura de qualquer ação relativa a débito constante de título executivo não inibe o credor de promover-lhe a execução.

§ 2º Os títulos executivos extrajudiciais oriundos de país estrangeiro não dependem de homologação para serem executados.

§ 3º O título estrangeiro só terá eficácia executiva quando satisfeitos os requisitos de formação exigidos pela lei do lugar de sua celebração e quando o Brasil for indicado como o lugar de cumprimento da obrigação.

Os títulos extrajudiciais como o cheque e a nota promissória vinham sendo cogitados pela doutrina para, quando associados a dívidas trabalhistas, serem executados imediatamente, sem a necessidade de um processo de cognição. Entretanto, tais títulos têm a característica da cartularidade, ou seja, enunciam uma dívida registrada no próprio título, sem a necessidade demonstração de nexo causal. A IN n. 39/2016 — TST entende pela compatibilidade da execução extrajudicial desses dois títulos de crédito previstos no art. 784, I, do CPC, mas condiciona à demonstração no nexo causal inequívoco com uma dívida trabalhista. Um exemplo disso é confrontar o valor do termo de rescisão contratual com o valor do cheque e, havendo coincidência, presumir-se o nexo. Uma questão que surge é o momento em que se fará esta prova, acaso seja impugnada pelo executado, uma vez que se o processo executivo estará iniciado. Caberá ao Juiz abrir o espaço para o contraditório e para a devida instrução, se necessário.

Outra questão a ser levantada é o motivo pelo qual o TST não incluiu a hipótese do inciso II do art. 784 (documento particular assinado pelo devedor e duas testemunhas) que, embora de difícil configuração prática, também poderia ter nexo causal relacionado a uma dívida trabalhista. O Inciso IV (instrumento de transação extrajudicial) não foi incluído porquanto o TST não admitiu a audiência de mediação prevista no novo CPC (art. 2º, IV, IN n. 39/2016 — TST) e manteve os poderes do Juiz para presidir as conciliações nos feitos submetidos à jurisdição da Justiça do Trabalho (art. 3º, III, IN n. 39/2016 — TST).

Título extrajudicial estrangeiro não depende de homologação do STJ. Os requisitos formais regem-se pela lei do país em que o título foi criado, mas o título deve indicar o Brasil como local de cumprimento da obrigação (art. 21, II e 784, §§ 2º e 3º, CPC).

Art. 14. Não se aplica ao Processo do Trabalho o art. 165 do CPC, salvo nos conflitos coletivos de natureza econômica (Constituição Federal, art. 114, §§ 1º e 2º).

Comentários

As formas de resolução de conflitos são normalmente enunciadas como autodefesa, autocomposição e heterocomposição. A autodefesa consiste na atuação da própria parte, que enfrenta a outra para defender seu interesse, a autocomposição ocorre quando ambos os litigantes chegam a uma solução negociada e a heterocomposição ocorre quando a solução é imposta por um terceiro, o Estado. Mediação e Arbitragem são formas de autocomposição. A Mediação tem um caráter mais preventivo de conflitos enquanto que a Arbitragem visa à solução de conflitos já existentes. O novo CPC utiliza a expressão "convenção de arbitragem", que abrange a cláusula arbitral e o compromisso arbitral, imprimindo-se, assim, o mesmo regime jurídico a ambos os fenômenos. Ambos visam a atingir a transação.

A transação está prevista no art. 840, CC. No CC/1916, era considerada causa de extinção de obrigações. No CC/2002, foi levada para uma forma de solução de demandas judiciais. Portanto, saiu do capítulo de extinção de obrigações para ser meio de extinção de litigiosa, podendo envolver obrigações complexas ou múltiplas.

A transação atinge apenas direitos patrimoniais de caráter privado (art. 841, CC), podendo ser feita por escritura pública ou particular, conforme disciplinar a lei (art. 842, CC). Se recair sobre direitos contestados em juízo, será feita por escritura pública, ou por termo nos autos, assinado pelos transigentes e homologado pelo juiz (art. 842, CC). É interpretada restritivamente, e por ela não se transmitem, apenas se declaram ou reconhecem direitos (art. 843, CC). Quanto ao aspecto subjetivo, a transação não aproveita, nem prejudica senão aos que nela intervierem, ainda que diga respeito a coisa indivisível (art. 844, CC). Se for concluída entre o credor e o devedor, desobrigará o fiador (art. 844, § 1º, CC). Se entre um dos credores solidários e o devedor, extingue a obrigação deste para com os outros credores (art. 844, § 2º, CC). Se entre um dos devedores solidários e seu credor, extingue a dívida em relação aos co-devedores (art. 844, § 3º, CC). Dada a evicção da coisa renunciada por um dos transigentes, ou por ele transferida à outra parte, não revive a obrigação extinta pela transação; mas ao evicto cabe o direito de reclamar perdas e danos e se um dos transigentes adquirir, depois da transação, novo direito sobre a coisa renunciada ou transferida, a transação feita não o inibirá de exercê-lo (art. 845, CC). A transação concernente a obrigações resultantes de delito não extingue a ação penal pública (art. 846, CC), sendo admissível, na transação, a pena convencional (art. 847, CC).

Quanto à possível nulidade, a transação só se anula por dolo, coação, ou erro essencial quanto à pessoa ou coisa controversa (art. 849, CC). A transação não se anula por erro de direito a respeito das questões que foram objeto de controvérsia entre as partes (art. 847, CC). Sendo nula qualquer das cláusulas da transação, nula será esta. Quando a transação versar sobre diversos direitos contestados, independentes entre si, o fato de não prevalecer em relação a um não prejudicará os demais (art. 848, CC). É nula a transação a respeito do litígio decidido por sentença passada em julgado, se dela não tinha ciência algum dos transatores, ou quando, por título ulteriormente descoberto, se verificar que nenhum deles tinha direito sobre o objeto da transação (art. 850, CC).

A transação implica concessões mútuas em litígios de caráter privado de direitos patrimoniais. A sua instrumentalidade processual está disciplinada pela Lei n. 9.307/96, para a arbitragem privada, com as modificações da Lei n. 13.129/2015, em especial a que permite à Administração Pública, que também pode se utilizar da arbitragem quando se tratar de direito patrimonial disponível.

O novo CPC alçou os conciliadores à estatura de auxiliares da Justiça. Assim, estabelece a obrigação dos tribunais em criar centros judiciários de solução consensual dos conflitos, na tentativa de dar uma alternativa às partes para a celeridade e a efetividade de seus direitos, que não passe pela solução imposta pelo Estado-jurisdição, num verdadeiro estímulo à autocomposição. O texto legal é o seguinte:

> Art. 165. Os tribunais criarão centros judiciários de solução consensual de conflitos, responsáveis pela realização de sessões e audiências de conciliação e mediação e pelo desenvolvimento de programas destinados a auxiliar, orientar e estimular a autocomposição.
>
> § 1º A composição e a organização dos centros serão definidas pelo respectivo tribunal, observadas as normas do Conselho Nacional de Justiça.
>
> § 2º O conciliador, que atuará preferencialmente nos casos em que não houver vínculo anterior entre as partes, poderá sugerir soluções para o litígio, sendo vedada a utilização de qualquer tipo de constrangimento ou intimidação para que as partes conciliem.
>
> § 3º O mediador, que atuará preferencialmente nos casos em que houver vínculo anterior entre as partes, auxiliará aos interessados a compreender as questões e os interesses em conflito, de modo que eles possam, pelo restabelecimento da comunicação, identificar, por si próprios, soluções consensuais que gerem benefícios mútuos

Entretanto, a própria IN n. 39/2016 — TST, no art. 3º, III, refere que os poderes do Juiz do Trabalho devem ser exercidos em sua plenitude com relação à conciliação, que é um princípio do Processo do Trabalho (art. 764, CLT). Por esse motivo, não se aplica a norma processual civil no que diz respeito à atividade conciliadora do Juiz com o auxílio de mediadores e conciliadores. Pelos mesmos motivos não se aplica o art. 165 do CPC.

O Processo do Trabalho tem normas específicas sobre a conciliação judicial. No procedimento ordinário, ela deverá ser proposta na abertura da audiência (art. 846, CLT) e após as razões finais (art. 850, CLT). No procedimento sumaríssimo, poderá ser proposta a qualquer tempo (art. 852-E, CLT). A autocomposição, uma vez ajuizada a ação, no Processo do Trabalho, sempre será intermediada por um Juiz. A esse respeito, o Poder Judiciário Trabalhista tem uma longa tradição na composição de litígios, alcançando índices notáveis, que muitas vezes superam mais da metade das ações ajuizadas, sendo parte da cultura processual a possibilidade de acordo e o espírito de negociação. É prudente a atitude de manter a conciliação sob a direção de um membro do Poder Judiciário, principalmente se for levado em conta que, em regra, a relação de emprego envolve uma parte hipossuficiente e o objeto principal dessas conciliações é o salário, que tem natureza alimentar e indisponível.

A IN n. 39/2016 — TST excepciona a possibilidade de autocomposição extrajudicial em relação aos conflitos coletivos. Parte de uma distinção entre autonomia da vontade individual e autonomia coletiva, típica do Direito do Trabalho, conceito este com amparo constitucional (CF, art. 7º, XXVI — reconhecimento das convenções e acordos coletivos de trabalho e art. 114, §§, 1º e 2º — Frustrada a negociação coletiva, as partes poderão eleger árbitros e, recusando-se qualquer das partes à negociação coletiva ou à arbitragem, é facultado às mesmas, de comum acordo, ajuizar dissídio coletivo de natureza econômica, podendo a Justiça do Trabalho decidir o conflito, respeitadas as disposições mínimas legais de proteção ao trabalho, bem como as convencionadas anteriormente).

A convenção coletiva e o acordo coletivo de trabalho são instrumentos negociados, resultado de negociações coletivas, a partir do comando da assembleia geral que define os interesses coletivos. Nos chamados instrumentos normativos negociados, os próprios interessados chegam a um consenso sobre determinadas normas (o que é chamado de autocomposição), de caráter irrevogável, que vão reger as relações entre os indivíduos componentes das categorias envolvidas durante um determinado lapso de tempo. Tais normas passam a integrar os contratos individuais, e qualquer cláusula contratual que contrarie suas disposições, é considerada nula (art. 619, CLT).

É importante destacar que a pactuação das normas coletivas é de natureza privada, mas deve ser dentro dos limites da legislação, quanto ao conteúdo e abrangência. Uma vez observados esses requisitos, a norma coletiva resultante tem coercitividade como qualquer outra, podendo, inclusive, ser objeto de demanda judicial, por meio das chamadas ações de cumprimento (que podem ser individuais ou coletivas).

A ação de cumprimento é uma ação de conhecimento, do tipo condenatória, que visa obrigar ao(s) empregador(es) a satisfazer os direitos abstratos criados por sentença normativa, acordo coletivo ou convenção coletiva de trabalho não observados espontaneamente pelas partes (art. 872 da CLT, combinado com o art. 1º da Lei n. 8.984/95 e a Súmula n. 286 do TST).

A existência de concessões mútuas é a marca da negociação coletiva e a importância da observância dessa diretriz revela-se decisiva no processo do trabalho, quando o judiciário trabalhista é provocado a analisar a validade da negociação coletiva quando pretendido a nulidade de cláusula de acordo ou convenção coletiva.

Convenção Coletiva de Trabalho é o acordo de caráter normativo, pelo qual dois ou mais Sindicatos representativos de categorias econômicas e profissionais estipulam condições de trabalho aplicáveis, no âmbito das respectivas representações, às relações individuais de trabalho (art. 611, CLT). As convenções coletivas de trabalho são os instrumentos de solução de conflitos coletivos celebrados entre: um ou mais sindicatos dos empregados e um ou mais sindicatos de empregadores. Suas normas se aplicam a toda(s) as categoria(s) de trabalhadores e empregadores que firmaram o pacto. Os acordos coletivos são os instrumentos de solução de conflitos coletivos celebrados entre: um ou mais sindicatos dos empregados e um ou mais sindicatos de empregadores.

Dito de outro modo, é facultado aos Sindicatos representativos de categorias profissionais celebrar Acordos Coletivos com uma ou mais empresas da correspondente categoria econômica, que estipulem condições de trabalho, aplicáveis no âmbito da empresa ou das acordantes respectivas relações de trabalho (art. 611, § 1º, CLT).

As Federações e, na falta desta, as Confederações representativas de categorias econômicas ou profissionais poderão celebrar convenções coletivas de trabalho para reger as relações das categorias a elas vinculadas, não organizadas em Sindicatos, no âmbito de suas representações.

É importante lembrar que esses efeitos atingem a todos os integrantes da categoria profissional, e não apenas os trabalhadores associados ao sindicato representativo da categoria (conforme art. 8º, III, da Constituição Federal). Isso significa que tem direito e deveres sobre as normas coletivas não apenas os filiados (sócios do sindicato), mas todos que integrem a coletividade dos trabalhadores que compõem a categoria (convenção coletiva) ou que trabalham nas empresas que celebraram o pacto (acordo coletivo).

Tem direito e deveres sobre as normas coletivas não apenas os filiados (sócios do sindicato), mas todos que integrem a coletividade dos trabalhadores que compõem a categoria (convenção coletiva) ou que trabalham nas empresas que celebraram o pacto (acordo coletivo). Este é o efeito *erga omnes* que torna as convenções e os acordos coletivos, fontes do Direito e não apenas uma cláusula contratual (efeitos entre as partes contratantes).

No Direito Coletivo, se foge à ideia contratual irradiada pelo princípio da relatividade dos contratos, segundo a qual os contratos somente obrigam as partes contratantes, uma vez que nesse âmbito do Direito do Trabalho as partes que negociam geram direitos e obrigações para terceiros, integrantes da categoria profissional ou categoria econômica, independentemente de sua anuência com o processo de negociação, de serem associados ou não, e do resultado da negociação. A validade da norma coletiva está relacionada apenas à observância dos requisitos legais para legitimidade de participação e regularidade formal do processo.

As convenções e dos acordos coletivos não necessitam da homologação dos Tribunais do Trabalho, nem do Ministério do Trabalho e Emprego, para terem validade e eficácia, passando a ter vigência em 3 (três) dias após a data de entrega dos mesmos no Ministério do Trabalho, sendo que os Sindicatos convenentes ou as empresas acordantes promoverão, conjunta ou separadamente, dentro de 8 (oito) dias da assinatura da Convenção ou Acordo, o depósito de uma via do mesmo, para fins de registro e arquivo, no Departamento Nacional do Trabalho, em se tratando de instrumento de caráter nacional ou interestadual, ou nos órgãos regionais do Ministério do Trabalho e Emprego (art. 614, CLT).

Embora não tenham nenhum controle prévio de "legalidade" ou "constitucionalidade", nada impede que os interessados questionem, de forma posterior, a aplicação de alguma norma coletiva. No momento em que passam a integrar o ordenamento jurídico, as fontes autônomas estão sujeitas à estrutura escalonada das normas jurídicas e ao princípio da vinculação positiva, segundo o qual o ordenamento jurídico é um bloco e a aplicação da norma hierarquicamente inferior depende de estar de acordo com o pressuposto de validade da norma hierarquicamente superior. Portanto, tais normas estão sujeitas a juízos de "legalidade", "constituição" e "validade".

Os acordos e as convenções coletivas terão prazo de no mínimo 1 (um) ano e no máximo dois anos e serão celebrados por escrito, sem emendas nem rasuras, em tantas vias quantos forem os Sindicatos convenentes ou as empresas acordantes, além de uma destinada a registro (arts. 613 e 614, CLT). As Convenções e os Acordos entrarão em vigor 3 (três) dias após a data da entrega dos mesmos no órgão referido neste artigo (art. 614, CLT).

Os Sindicatos representativos de categorias econômicas ou profissionais e as empresas, inclusive as que não tenham representação sindical, quando provocados, não podem recusar-se à negociação coletiva (art. 617, CLT).

Os empregados de uma ou mais empresas que decidirem celebrar Acordo Coletivo de Trabalho com as respectivas empresas darão ciência de sua resolução, por escrito, ao Sindicato representativo da categoria profissional, que terá o prazo de 8 (oito) dias para assumir a direção dos entendimentos entre os interessados, devendo igual procedimento ser observado pelas empresas interessadas com relação ao Sindicato da respectiva categoria econômica. Expirado o prazo de 8 (oito) dias sem que o Sindicato tenha se desincumbido do encargo recebido, poderão os interessados dar conhecimento do fato à Federarão a que estiver vinculado o Sindicato e, em falta dessa, à correspondente Confederação, para que, no mesmo prazo, assuma a direção dos entendimentos. Esgotado esse prazo, poderão os interessados prosseguir diretamente na negociação coletiva até final. Para o fim de deliberar sobre o Acordo, a entidade sindical convocará assembleia geral dos diretamente interessados, sindicalizados ou não (art. 617, CLT).

As empresas e instituições que não estiverem incluídas no enquadramento sindical a que se refere o art. 577 desta Consolidação poderão celebrar Acordos Coletivos de Trabalho com os Sindicatos representativos dos respectivos empregados (art. 618, CLT).

Nenhuma disposição de contrato individual de trabalho que contrarie normas de Convenção ou Acordo Coletivo de Trabalho poderá prevalecer na sua execução, sendo considerada nula de pleno direito (art. 619, CLT). Os empregados e as empresas que celebrarem contratos individuais de trabalho, estabelecendo condições contrárias ao que tiver sido ajustado em Convenção ou Acordo que lhes for aplicável, serão passíveis da multa neles fixada. A multa a ser imposta ao empregado não poderá exceder da metade daquela que, nas mesmas condições seja estipulada para a empresa (art. 622, CLT). As condições estabelecidas em Convenção quando mais favoráveis, prevalecerão sobre as estipuladas em Acordo (art. 620, CLT).

As Convenções e os Acordos poderão incluir entre suas cláusulas disposição sobre a constituição e funcionamento de comissões mistas de consulta e colaboração, no plano da empresa e sobre participação, nos lucros. Estas disposições mencionarão a forma de constituição, o modo de funcionamento e as atribuições das comissões, assim como o plano de participação, quando for o caso (art. 621, CLT). Será nula de pleno direito disposição de Convenção ou Acordo que, direta ou indiretamente, contrarie proibição ou norma disciplinadora da política econômico-financeira do Governo ou concernente à política salarial vigente, não produzindo quaisquer efeitos perante autoridades e repartições públicas, inclusive para fins de revisão de preços e tarifas de mercadorias e serviços (art. 623, CLT). A vigência de cláusula de aumento ou reajuste salarial, que implique elevação de tarifas ou de preços sujeitos à fixação por autoridade pública ou repartição governamental, dependerá de prévia audiência dessa autoridade ou repartição e sua expressa declaração no tocante à possibilidade de elevação da tarifa ou do preço e quanto ao valor dessa elevação (art. 624, CLT).

Dentro do estudo dos chamados instrumentos negociados alguns autores fazem uma referência ao chamado contrato coletivo de trabalho, que objetiva fixar normas mais abrangentes que as dirigidas ao universo delimitado de uma única categoria como no acordo e na convenção coletiva. O contrato coletivo de trabalho foi implantado como resposta à evolução e modificação dos meios de produção e das relações de trabalho. A abrangência da contratação varia de país para país.

É importante deixar claro que no ordenamento jurídico brasileiro atual, contrato coletivo de trabalho não é sinônimo de convenção coletiva do trabalho, ainda que uma leitura apurada da Consolidação das Leis do Trabalho possa levar a essa conclusão.

Antes da reforma de 1967, a Consolidação das Leis do Trabalho utilizava a expressão "contrato coletivo de trabalho", que correspondia ao que hoje se chama convenção coletiva de trabalho, expressão que deixou de ser utilizada em face do Dec.-Lei n. 229/67 que passou a diferenciar em dois os instrumentos da negociação coletiva: a convenção coletiva de trabalho (que substituía o antigo contrato coletivo) e o então recém-criado acordo coletivo de trabalho.

Entretanto, vários dispositivos da Consolidação das Leis do Trabalho não tiveram sua redação alterada e ainda possuem a redação originária "contrato coletivo", como os arts. 59, *caput* e § 1º, 61, § 1º, 71, 462, 513, *b*. Entretanto, deve-se interpretar que tais dispositivos querem se referir a convenção coletiva de trabalho e não ao contrato coletivo de trabalho, em face da alteração do art. 611 e § 1º da Consolidação das Leis do Trabalho pelo Decreto Lei n. 229/67.

A finalidade principal do contrato coletivo de trabalho é de autorizar a autoregulamentação do trabalho, dentro de um segmento da atividade laboral, portanto, com nível de abrangência superior ao acordo coletivo (aplicável ao uma ou mais empresas) e a convenção coletiva (aplicável a uma ou mais categorias).

Ainda que o ordenamento jurídico brasileiro não proíba a utilização do contrato coletivo de trabalho, a legislação trabalhista brasileira como atualmente se apresenta não autoriza a sua implementação, razão pela qual se entende não se tratar de uma fonte formal autônoma de Direito do Trabalho.

O que continua sendo objeto de importante discussão doutrinária e jurisprudencial é se essa integração (alguns preferem o termo incorporação) aos contratos individuais de trabalho é definitiva (nunca mais podendo ser retirada pelo empregador), ou temporária (integrando o contrato de trabalho apenas durante a vigência da norma coletiva, podendo ser retirada apenas por não ser mais prevista na norma coletiva subsequente, ou, ainda, mediante necessária revogação expressa da norma coletiva posterior).

Por último, a controversa questão da eficácia temporal das normas coletivas. Predomina, atualmente, no TST, o entendimento de que as cláusulas normativas dos acordos coletivos ou convenções coletivas integram os contratos individuais de trabalho, podendo ser modificadas ou suprimidas apenas mediante negociação coletiva de trabalho. Tal entendimento foi firmado a partir da nova redação da Súmula n. 277, publicada em 25.9.2012. O texto da Súmula é o seguinte:

> Súmula n. 277 do TST — CONVENÇÃO COLETIVA DE TRABALHO OU ACORDO COLETIVO DE TRABALHO. EFICÁCIA. ULTRATIVIDADE (redação alterada na sessão do Tribunal Pleno realizada em 14.09.2012) — Res. 185/2012, DEJT divulgado em 25, 26 e 27.09.2012
>
> As cláusulas normativas dos acordos coletivos ou convenções coletivas integram os contratos individuais de trabalho e somente poderão ser modificadas ou suprimidas mediante negociação coletiva de trabalho.

Em linhas gerais, há três teorias sobre esse tema polêmico: a) teoria da aderência irrestrita, que sustenta no sentido de que os dispositivos dos instrumentos coletivos de trabalho ingressam para sempre nos contratos individuais, não mais podendo deles ser suprimidos, tendo por base o direito adquirido (princípio constitucional) e o princípio trabalhista da proteção, sob a modalidade da condição mais benéfica; seus efeitos seriam aqueles inerentes às cláusulas contratuais que se submetem à regra do art. 468 da Consolidação das Leis do Trabalho; para essa corrente a alteração posterior só atinge os empregados que foram admitidos posteriormente a vigência da nova convenção coletiva que altera tais direitos; b) teoria da aderência limitada pelo prazo: defende que os instrumentos coletivos negociados vigoram no prazo de vigência dos mesmos, não aderindo indefinidamente a eles ou seja, a Convenção Coletiva posterior sempre teria que renovar o direito, e, se não ocorrer há tal renovação, não haverá mais tal direito; e c) teoria da aderência limitada por revogação: os dispositivos dos instrumentos coletivos negociados vigoram até que novo instrumento negocial os revogue (expressa ou tacitamente). Essa última é a posição adotada pelo TST e o que dispõe o § 1º, do art. 1º da Lei n. 8.542/92, que trata sobre a política nacional de salários: "Art. 1º A política nacional de salários, respeitado o princípio da irredutibilidade, tem por fundamento a livre negociação coletiva e reger-se-á pelas normas estabelecidas nesta Lei... § 1º As cláusulas dos acordos, convenções ou contratos coletivos de trabalho integram os contratos individuais de trabalho e somente poderão ser reduzidas ou suprimidas por posterior acordo, convenção ou contrato coletivo de trabalho".

Entretanto, a Súmula n. 277 do TST teve sua aplicação suspensa por meio de liminar proferida no processo ADPF 323 MC / DF, de relatoria do Min. Gilmar Mendes. O argumento da liminar é de que o tratamento dado pelo TST, ao permitir a ultraeficácia das normas coletivas para beneficiar os trabalhadores, quebra o princípio da isonomia e a natureza sinalagmática da negociação coletiva. Os argumentos do ministro são no sentido de que "ao mesmo tempo que a própria doutrina exalta o princípio da ultratividade da norma coletiva como instrumento de manutenção de uma certa ordem para o suposto vácuo existente entre o antigo e o novo instrumento negocial, trata-se de lógica voltada para beneficiar apenas os trabalhadores". Prossegue a argumentação no sentido de que "da jurisprudência trabalhista, constata-se que empregadores precisam seguir honrando benefícios acordados, sem muitas vezes, contudo, obter o devido contrabalanceamento. Ora, se acordos e convenções coletivas são firmados após amplas negociações e mútuas concessões, parece evidente que as vantagens que a Justiça Trabalhista pretende ver incorporadas ao contrato individual de trabalho certamente têm como base prestações sinalagmáticas acordadas com o empregador". Por fim, sustenta que "essa é, afinal, a essência da negociação trabalhista. Parece estranho, desse modo, que apenas um lado da relação continue a ser responsável pelos compromissos antes assumidos — ressalte-se, em processo negocial de concessões mútuas". A questão deverá ser resolvida pelo Pleno do STF.

A Resolução n. 125/10 do CNJ, trata sobre conciliação e estipula as normas respectivas no âmbito da administração de justiça.

> Art. 15. O atendimento à exigência legal de fundamentação das decisões judiciais (CPC, art. 489, § 1º) no Processo do Trabalho observará o seguinte:
>
> I — por força dos arts. 332 e 927 do CPC, adaptados ao Processo do Trabalho, para efeito dos incisos V e VI do § 1º do art. 489 considera-se "precedente" apenas: a) acórdão proferido pelo Supremo Tribunal Federal ou pelo Tribunal Superior do Trabalho em julgamento de recursos repetitivos (CLT, art. 896-B; CPC, art. 1046, § 4º); b) entendimento firmado em incidente de resolução de demandas repetitivas ou de assunção de competência; c) decisão do Supremo Tribunal Federal em controle concentrado de constitucionalidade; d) tese jurídica prevalecente

> em Tribunal Regional do Trabalho e não conflitante com súmula ou orientação jurisprudencial do Tribunal Superior do Trabalho (CLT, art. 896, § 6º); e) decisão do plenário, do órgão especial ou de seção especializada competente para uniformizar a jurisprudência do tribunal a que o juiz estiver vinculado ou do Tribunal Superior do Trabalho.
>
> II — para os fins do art. 489, § 1º, incisos V e VI do CPC, considerar-se-ão unicamente os precedentes referidos no item anterior, súmulas do Supremo Tribunal Federal, orientação jurisprudencial e súmula do Tribunal Superior do Trabalho, súmula de Tribunal Regional do Trabalho não conflitante com súmula ou orientação jurisprudencial do TST, que contenham explícita referência aos fundamentos determinantes da decisão (*ratio decidendi*).
>
> III — não ofende o art. 489, § 1º, inciso IV do CPC a decisão que deixar de apreciar questões cujo exame haja ficado prejudicado em razão da análise anterior de questão subordinante.
>
> IV — o art. 489, § 1º, IV, do CPC não obriga o juiz ou o Tribunal a enfrentar os fundamentos jurídicos invocados pela parte, quando já tenham sido examinados na formação dos precedentes obrigatórios ou nos fundamentos determinantes de enunciado de súmula.
>
> V — decisão que aplica a tese jurídica firmada em precedente, nos termos do item I, não precisa enfrentar os fundamentos já analisados na decisão paradigma, sendo suficiente, para fins de atendimento das exigências constantes no art. 489, § 1º, do CPC, a correlação fática e jurídica entre o caso concreto e aquele apreciado no incidente de solução concentrada.
>
> VI — é ônus da parte, para os fins do disposto no art. 489, § 1º, V e VI, do CPC, identificar os fundamentos determinantes ou demonstrar a existência de distinção no caso em julgamento ou a superação do entendimento, sempre que invocar precedente ou enunciado de súmula.

Comentários

A sentença é a criação da norma jurídica aplicável ao caso concreto. É nítida a intenção do novo CPC em especificar e forçar uma melhor fundamentação das sentenças, desenvolvendo o conteúdo do art. 93, IX, da Constituição.

A aplicação do Direito exige a sua concreção, ou seja, a adequação do conteúdo normativo genérico e abstrato a uma determinada situação de fato concreta. O Juiz deve fundamentar a sentença tendo em vista este objetivo. Mas este também é um dever da parte, que não pode formar um rol infinito de alegações vazias, inviabilizando a prestação jurisdicional com pedidos e argumentos inúteis ou irrelevantes.

As normas jurídicas (dever-ser) podem incidir sobre a substância das relações entre os indivíduos (direito material) ou sobre a forma (direito processual). Buscam determinar, por um lado, o conteúdo das relações e por outro, visam a determinar a forma como serão resolvidos os conflitos que porventura venham a aparecer. Para a primeira possibilidade (incidir sobre as relações substanciais entre os indivíduos) o Estado edita normas de caráter material (código civil, código penal, código do trabalho, leis esparsas, decretos, etc.) que dispõem sobre como os indivíduos devem se portar segundo a situação em que se encontram. Para a segunda (determinar a forma como serão resolvidos os conflitos), o ordenamento jurídico conta com normas de caráter processual (códigos de processo).

O Direito não regula todas as situações possíveis entre os indivíduos. Tal tarefa encontraria a impossibilidade material de prever todos os fatos da vida humana. Em geral, o Direito apenas sanciona condutas que considera reprováveis, existindo um amplo espaço de liberdade para o indivíduo, ou seja, pode-se atuar livremente, desde que não se atue de forma a que a conduta se enquadre na norma que dispõe uma sanção para esse caso. Existem, evidentemente, exceções a esse modo de dispor do Direito. Algumas de suas normas dispõem o que se deve fazer especificamente em determinados casos. Em resumo, em geral as normas jurídicas impõem sanções para determinadas condutas e, por consequência, as proíbem. A regra geral é fazer tudo aquilo que não está proibido, embora também existam regras que estabeleçam permissões específicas em um sistema geral de proibições.

Ocorre que existe uma relação de instrumentalidade entre as normas de direito processual e as normas de direito material. O direito processual só tem sentido de existir se for utilizado para a realização do direito material. Embora constituam direitos subjetivos de natureza distinta, o direito material e o direito de ação estão relacionados pelo caráter de instrumentalidade das normas processuais. Não há sentido na existência de um processo regulados por normas de tal natureza se não for com o objetivo de dirimir um conflito que ocorreu por divergência de interpretação de normas de caráter material. Portanto, no final das contas, tanto o direito material quanto o direito processual são normas do âmbito do dever-ser que visam a condicionar o ser. A diferença é que as normas de direito material têm essa pretensão de forma direta enquanto que as normas de direito processual realizam o seu objetivo de forma indireta.

Se for aplicado esse raciocínio ao direito probatório, tem-se que as normas que regulam a produção e a avaliação da prova visam a reconstituir um fato que servirá de base para que o intérprete faça seu juízo de valor a respeito de se uma norma jurídica de direito material vai ou não ser aplicada a um caso concreto. As normas sobre provas, assim, atuam indiretamente na formação do juízo de valor que, no final das contas, será justificado em uma sentença. Essa sentença, ao aplicar o ordenamento jurídico, será a síntese de juízos envolvendo substância observado determinado procedimento. Além disso, a sentença prolatada no processo em questão visa a um efeito real, pois seria inconcebível uma sentença que não fizesse a conexão entre os planos do dever-ser e do ser. Portanto, as normas sobre provas tanto dizem respeito ao plano do ser quanto ao plano do dever-ser.

A sentença, portanto, é a criação da norma jurídica aplicável ao caso concreto. Ocorre que o Juiz não apenas cria uma norma jurídica aplicável ao caso concreto. Sua criação tem um fim determinado: provocar mudança no mundo do ser. Pode condenar alguém a pagar algo para outro, fazendo, para tanto, uma transferência de propriedade ou de direitos. Se o devedor não concordar poderá utilizar dos meios de execução forçada existentes nas normas de direito processual. Poderá, também, constituir ou desconstituir uma relação jurídica, com os seus respectivos efeitos no mundo dos fatos, como, por exemplo, o reconhecimento de paternidade ou a reintegração de um empregado estável. Também nesses casos contará com instrumentos jurídicos para dar eficácia à sua decisão.

Não há, portanto, como separar, em termos absolutos, ser de dever-ser, nem normas de caráter material e normas de caráter processual. Se o Direito for considerado como um todo, todas essas definições tem o intuito de auxiliar na compreensão de determinados fenômenos, mas não constituem um fim em si mesmo. É preciso compreender o processo dentro desse contexto, sob pena de perder-se muito da sua real dimensão. Esse é o sentido do art. 488, do CPC, cujo texto é o seguinte:

> Art. 488. Desde que possível, o juiz resolverá o mérito sempre que a decisão for favorável à parte a quem aproveitaria eventual pronunciamento nos termos do art. 485.

Portanto, a própria legislação demonstra a preferência da sentença definitiva sobre a terminativa. A função do processo não é o debate teórico sobre regras e princípios. O objetivo é proporcionar às partes uma solução ao litígio que prejudica a paz social. O mesmo princípio se aplica às nulidades.

A sentença, segundo Pontes de Miranda, "é emitida como prestação do Estado, em virtude da obrigação assumida na relação jurídico-processual (processo), quando a parte ou as partes vierem a juízo, isto é, exercerem a pretensão à tutela jurídica".

A sentença terminativa sem resolução de mérito é aquela que não aprecia o fundo do litígio. Sobre ela se forma apenas preclusão temporal. Nesse caso, é impossível rediscutir a lide nos termos em que foi proposta. Tem autoridade apenas *endoprocessual* (expressão de Marinoni). A sentença sem resolução de mérito é uma terminologia trazida a partir da Lei n. 11.232/05. Está prevista no art. 485 do novo CPC e o texto legal é o seguinte:

> Art. 485. O juiz não resolverá o mérito quando:
>
> I — indeferir a petição inicial;
>
> II — o processo ficar parado durante mais de 1 (um) ano por negligência das partes;
>
> III — por não promover os atos e as diligências que lhe incumbir, o autor abandonar a causa por mais de 30 (trinta) dias;
>
> IV — verificar a ausência de pressupostos de constituição e de desenvolvimento válido e regular do processo;

V — reconhecer a existência de perempção, de litispendência ou de coisa julgada;

VI — verificar ausência de legitimidade ou de interesse processual;

VII — acolher a alegação de existência de convenção de arbitragem ou quando o juízo arbitral reconhecer sua competência;

VIII — homologar a desistência da ação;

IX — em caso de morte da parte, a ação for considerada intransmissível por disposição legal; e

X — nos demais casos prescritos neste Código.

§ 1º Nas hipóteses descritas nos incisos II e III, a parte será intimada pessoalmente para suprir a falta no prazo de 5 (cinco) dias.

§ 2º No caso do § 1º, quanto ao inciso II, as partes pagarão proporcionalmente as custas, e, quanto ao inciso III, o autor será condenado ao pagamento das despesas e dos honorários de advogado.

§ 3º O juiz conhecerá de ofício da matéria constante dos incisos IV, V, VI e IX, em qualquer tempo e grau de jurisdição, enquanto não ocorrer o trânsito em julgado.

§ 4º Oferecida a contestação, o autor não poderá, sem o consentimento do réu, desistir da ação.

§ 5º A desistência da ação pode ser apresentada até a sentença.

§ 6º Oferecida a contestação, a extinção do processo por abandono da causa pelo autor depende de requerimento do réu.

§ 7º Interposta a apelação em qualquer dos casos de que tratam os incisos deste artigo, o juiz terá 5 (cinco) dias para retratar-se.

A sentença com resolução de mérito é a sentença que resolve a questão de fundo e faz coisa julgada material. É a sentença definitiva. É o último ato jurisdicional antes do encerramento da relação processual de conhecimento. Na execução, é o ato que decreta o fim do processo executivo. Também será sentença com resolução do mérito a que aprecia a questão de fundo na Reconvenção. Está prevista no art. 487 do CPC, que assim dispõe:

Art. 487. Haverá resolução de mérito quando o juiz:

I — acolher ou rejeitar o pedido formulado na ação ou na reconvenção;

II — decidir, de ofício ou a requerimento, sobre a ocorrência de decadência ou prescrição;

III — homologar:

a) o reconhecimento da procedência do pedido formulado na ação ou na reconvenção;

b) a transação;

c) a renúncia à pretensão formulada na ação ou na reconvenção.

Parágrafo único. Ressalvada a hipótese do § 1º do art. 332, a prescrição e a decadência não serão reconhecidas sem que antes seja dada às partes oportunidade de manifestar-se.

Pode ocorrer que o Juiz se pronuncie sobre uma das hipóteses do artigo, antes da sentença antes de finalizar o processo, como, por exemplo, pronunciar a decadência de um dos pedidos. Nesse caso, será uma decisão interlocutória de mérito.

Decadência e prescrição são pronunciamentos sobre o mérito da causa, porque são temas de direito material. Dizem respeito a uma exceção de direito material, relacionada com o transcurso do tempo posterior à lesão. Trata-se de matéria de fato.

Pelo novo CPC, o juiz deve declarar a prescrição e a decadência de ofício ou a requerimento da parte. Segue a linha introduzida a partir da Lei n. 11.280/06, que revogou o art. 194 do CC, que vedava a declaração de ofício da prescrição.

Também são pronunciamentos de mérito as homologações de acordo/ transação, renúncia ao direito ou reconhecimento do pedido. A transação está prevista no art. 840, CC. Os comentários a respeito deste instituto foram feitos no art. 14 da IN n. 39/2016 — TST.

Os elementos essenciais da sentença são o relatório, a fundamentação e o dispositivo (art. 489, I, II e III, CPC). A previsão legal é a que segue:

> Art. 489. São elementos essenciais da sentença:
>
> I — o relatório, que conterá os nomes das partes, a identificação do caso, com a suma do pedido e da contestação, e o registro das principais ocorrências havidas no andamento do processo;
>
> II — os fundamentos, em que o juiz analisará as questões de fato e de direito;
>
> III — o dispositivo, em que o juiz resolverá as questões principais que as partes lhe submeterem.
>
> § 1º Não se considera fundamentada qualquer decisão judicial, seja ela interlocutória, sentença ou acórdão, que:
>
> I — se limitar à indicação, à reprodução ou à paráfrase de ato normativo, sem explicar sua relação com a causa ou a questão decidida;
>
> II — empregar conceitos jurídicos indeterminados, sem explicar o motivo concreto de sua incidência no caso;
>
> III — invocar motivos que se prestariam a justificar qualquer outra decisão;
>
> IV — não enfrentar todos os argumentos deduzidos no processo capazes de, em tese, infirmar a conclusão adotada pelo julgador;
>
> V — se limitar a invocar precedente ou enunciado de súmula, sem identificar seus fundamentos determinantes nem demonstrar que o caso sob julgamento se ajusta àqueles fundamentos;
>
> VI — deixar de seguir enunciado de súmula, jurisprudência ou precedente invocado pela parte, sem demonstrar a existência de distinção no caso em julgamento ou a superação do entendimento.

§ 2º No caso de colisão entre normas, o juiz deve justificar o objeto e os critérios gerais da ponderação efetuada, enunciando as razões que autorizam a interferência na norma afastada e as premissas fáticas que fundamentam a conclusão.

§ 3º A decisão judicial deve ser interpretada a partir da conjugação de todos os seus elementos e em conformidade com o princípio da boa-fé.

O relatório é uma síntese descritiva dos principais acontecimentos do processo, demonstrando que o julgador conhece o que nele ocorreu. No Processo do Trabalho, o relatório é obrigatório nas sentenças prolatadas no procedimento ordinário e dispensado nas sentenças prolatadas no procedimento sumaríssimo (art. 852 – I, CLT).

A fundamentação é onde se faz a análise racional das alegações de fato e de direito levantadas pelas partes ou por terceiros e onde o Juiz emite sua interpretação das normas jurídicas, criando a norma para o caso concreto. O dever de fundamentar é uma exigência constitucional (art. 93, IX, CF). No novo CPC, o dever de fundamentar incluir o dever de levar em consideração os argumentos das partes, considerando-os na sua plenitude. O Juiz não decide apenas com sua vontade. Decide com base na linguagem revelada pelos textos legais, que são intersubjetivos. É bem verdade que o juiz não deixa de ser pessoa, nem sublima sua personalidade e toda a sua forma de ver o mundo quando decide. Isso é humanamente impossível. Mas deve interpretar as normas jurídicas sopesando todos os interesses envolvidos, colocando-se no lugar das partes e sempre revisando a validade de seus raciocínios, em equilíbrio reflexivo (Habermas). A fundamentação é o sentido da decisão, realizada de forma estruturada e da forma mais completa possível.

Ressalte-se que o juiz não está obrigado a enfrentar, um a um, todos os argumentos utilizados pela parte para sustentar sua tese, quando pelo enfrentamento de apenas um deles puder solucionar a lide. Não havendo necessidade, para prestar jurisdição suficiente, que o Judiciário analise cada um dos pontos de vista a partir dos quais as partes propõem suas questões, a decisão deve evitar de fazê-lo, até mesmo em homenagem ao princípio da duração razoável do processo, que é direito fundamental de ambas as partes (art. 5º, LXXVIII, da Constituição da República). O que se faz necessário é que a jurisdição entregue pelo julgador solucione a lide, e que o faça mediante fundamentação razoável e intersubjetivamente controlável, baseada no direito positivo. Não deve o julgador manifestar-se sobre todas as alegações das partes, nem se ater aos fundamentos indicados por elas ou a responder, um por um, a todos os seus argumentos, quando já encontrou motivo suficiente para fundamentar a decisão, o que de fato ocorreu.

Por este motivo, a IN n. 39/2016 – TST, no art. 15, inciso III, expressamente refere que não ofende o art. 489, § 1º, inciso IV do CPC a decisão que deixar de apreciar questões cujo exame haja ficado prejudicado em razão da análise anterior de questão subordinante.

O dispositivo é o comando que resulta das conclusões a que se chegou na fundamentação. Tem natureza novamente de síntese, relacionada ao resultado. Coisa julgada formal é a peça processual que traz a decisão. Coisa julgada material é o efeito da coisa julgada formal, ou seja, é a autoridade da sentença (imutabilidade e indiscutibilidade). A definição está no art. 502, do CPC, que assim dispõe:

> Art. 502. Denomina-se coisa julgada material a autoridade que torna imutável e indiscutível a decisão de mérito não mais sujeita a recurso.

A imutabilidade é relativa, pois a sentença projeta seus efeitos em uma realidade que pode se alterar com o passar do tempo. É uma questão filosófica: tudo se transforma com o passar do tempo. O Direito tenta "paralisar" a realidade, mas o tempo cria, modifica e extingue relações jurídicas. Algumas delas depois de prolatada a sentença. O efeito principal da sentença de mérito é a resolução/composição do litígio. Visa a extinguir o conflito jurídico que levou as partes ao Judiciário. Esta composição se dá por meio da certeza do direito declarada (carga declaratória), ou pela relação constituída na sentença (carga constitutiva), ou, ainda, pela imposição de sanção àquele que descumpriu obrigação legal ou derivada de negócio feito de acordo com a lei (carga condenatória). A partir de determinado momento, tornar-se-á imutável e indiscutível (segurança jurídica), de maneira a impedir que outros processos, entre as mesmas partes, venham a rediscutir a matéria. Nesse sentido, a coisa julgada não é um efeito da sentença, mas uma qualidade que o ato judicial e seus efeitos assumem.

A coisa julgada material tem limites subjetivos e objetivos. Sua eficácia restringe-se às partes que participaram do litígio e dentro dos limites objetivos da lide (princípio da congruência). Pode também se projetar para questões prejudiciais de mérito, como a prescrição e decadência.

A coisa julgada tem eficácia positiva, negativa e preclusiva. Pode servir de base para que a parte deduza outra pretensão em juízo (eficácia positiva). Pode consistir em veto para que outros Juízes examinem aquilo que já foi decidido com eficácia de coisa julgada (eficácia negativa). Torna irrelevante, para efeitos de controverter as questões decididas com força de coisa julgada, eventuais alegações e defesas que poderiam ter sido formuladas em juízo, mas não o foram (eficácia preclusiva). Sobre eficácia preclusiva, ver art. 508, CPC.

Apenas o dispositivo da sentença é que faz a coisa julgada. Assim prescreve o art. 504, do CPC:

> Art. 504. Não fazem coisa julgada:
>
> I – os motivos, ainda que importantes para determinar o alcance da parte dispositiva da sentença;
>
> II – a verdade dos fatos, estabelecida como fundamento da sentença.

A coisa julgada não envolve a sentença como um todo. Somente o comando concreto torna-se imutável e indiscutível. Os motivos puros, ainda que relevantes para a fixação do dispositivo, limitam-se ao plano lógico da elaboração do julgado. O Julgamento que se torna imutável e indiscutível é o comendo, e não o "porquê" dessa resposta. Os motivos dizem respeito ao mundo da cognição. O dispositivo diz respeito à criação da norma para o caso concreto.

Mas é possível que o fundamento seja tão precípuo que, uma vez abstraído, o julgamento seria outro. Na prática, ele faz parte do dispositivo da sentença. Aqui entra uma questão de forma. Às vezes, o dispositivo remete a algum ponto específico da fundamentação. Por exemplo, na Justiça do Trabalho, é comum que constem condenações no dispositivo em matéria de diferenças salariais ao longo do contrato "conforme demonstrativo de fls. tais e tais...". Nesse caso, o dispositivo incorpora, expressamente, os demonstrativos mencionados como parte do comando sentencial. O que tem de ser questionado é aquilo que, dentro do pronunciamento judicial, tem de ser conservado como imutável para que não perca a autoridade do que restou decidido. Do contrário, o processo não atinge o seu fim.

Pelo novo CPC, há uma série de circunstâncias em que a decisão judicial, seja ela interlocutória, sentença ou acórdão, pode ser considerada não fundamentada. Essas hipóteses estão no art. 489, § 1º e são as seguintes: a) quando se limitar à indicação, à reprodução ou à paráfrase de ato normativo, sem explicar sua relação com a causa ou a questão decidida; b) quando empregar conceitos jurídicos indeterminados, sem explicar o motivo concreto de sua incidência no caso; c) quando invocar motivos que se prestariam a justificar qualquer outra decisão; d) quando não enfrentar todos os argumentos deduzidos no processo capazes de, em tese, infirmar a conclusão adotada pelo julgador; e) quando se limitar a invocar precedente ou enunciado de súmula, sem identificar seus fundamentos determinantes nem demonstrar que o caso sob julgamento se ajusta àqueles fundamentos; f) quando deixar de seguir enunciado de súmula, jurisprudência ou precedente invocado pela parte, sem demonstrar a existência de distinção no caso em julgamento ou a superação do entendimento.

No fundo, o novo CPC nada mais faz do que determinar que a fundamentação contenha todos os passos lógicos e os fundamentos em quais se baseou a decisão, refutando os fatos trazidos pelas partes, respeitando a vedação de decisão surpresa e esclarecendo os mecanismos que levaram à decisão, sendo desnecessários abordar aqueles argumentos que não poderiam, em tese, infirmar a conclusão adotada. Nada mais é do explicitar a aplicação da lei e a criação do comando para o caso concreto.

A IN n. 39/2016 — TST (art. 15, I e II) esclarece alguns pontos em relação ao que considera precedentes para fins de adequação da fundamentação ao que dispõe o art. 489, § 1º, do CPC. Pelo referido texto normativo, por força dos arts. 332 e 927 do CPC, adaptados ao Processo do Trabalho, para efeito dos incisos V e VI do § 1º do art. 489 considera-se "precedente" apenas: a) acórdão proferido pelo Supremo Tribunal Federal ou pelo Tribunal Superior do Trabalho em julgamento de recursos repetitivos (CLT, art. 896-B; CPC, art. 1046, § 4º); b) entendimento firmado em incidente de resolução de demandas repetitivas ou de assunção de competência; c) decisão do Supremo Tribunal Federal em controle concentrado de constitucionalidade; d) tese jurídica prevalecente em Tribunal Regional do Trabalho e não conflitante com súmula ou orientação jurisprudencial do Tribunal Superior do Trabalho (CLT, art. 896, § 6º); e) decisão do plenário, do órgão especial ou de seção especializada competente para uniformizar a jurisprudência do tribunal a que o juiz estiver vinculado ou do Tribunal Superior do Trabalho. Prossegue, afirmando que, para os fins do art. 489, § 1º, incisos V e VI do CPC, considerar-se-ão unicamente os precedentes referidos anteriormente, súmulas do Supremo Tribunal Federal, orientação jurisprudencial e súmula do Tribunal Superior do Trabalho, súmula de Tribunal Regional do Trabalho não conflitante com súmula ou orientação jurisprudencial do TST, que contenham explícita referência aos fundamentos determinantes da decisão (*ratio decidendi*). Segundo a própria exposição de motivos da IN n. 39/2016 — TST, a ideia era trazer "algumas regras elucidativas e atenuadoras, sobretudo de modo a prevenir controvérsia sobre o alcance dos incisos V e VI do § 1º do art. 489 do CPC".

Também para fins de interpretação, a IN n. 39/2016 — TST (art. 15, IV), dispõe que o disposto no art. 489, § 1º, IV, do CPC não obriga o juiz ou o Tribunal a enfrentar os fundamentos jurídicos invocados pela parte, quando já tenham sido examinados na formação dos precedentes obrigatórios ou nos fundamentos determinantes de enunciado de súmula. Ou seja, se o Tribunal fundamentou e explicitou os argumentos na formação do precedente, para a sua aplicação a um novo caso, não é necessário buscar todos os argumentos já analisados. Prossegue o texto normativo afirmando que a decisão que aplica a tese jurídica firmada em precedente, nos termos do item I, não precisa enfrentar os fundamentos já analisados na decisão paradigma, sendo suficiente, para fins de atendimento das exigências constantes no art. 489, § 1º, do CPC, a correlação fática e jurídica entre o caso concreto e aquele apreciado no incidente de solução concentrada (art. 15, V).

No caso de a parte entender que o precedente não se aplica ao seu caso (*distinguishing*), é seu ônus, para os fins do disposto no art. 489, § 1º, V e VI, do CPC, identificar os fundamentos determinantes ou demonstrar a existência de distinção no caso em julgamento ou a superação do entendimento (*overruling*), sempre que invocar precedente ou enunciado de súmula (art. 15, VI). Aplica-se o mesmo raciocínio do *overruling* para os precedentes previsto no art. 927, §§ 2º a 4º, CPC. Devem ser respeitados a fundamentação específica e a observância de valores como a alteração das condições econômicas, políticas, sociais ou ambientais, preservando a segurança jurídica e protegendo a isonomia e a confiança (art. 986, CPC).

O CPC também trata, no artigo que se refere à fundamentação da sentença, sobre a possível colisão de normas jurídicas. Refere que, no caso de isto ocorrer, o juiz deve justificar o objeto e os critérios gerais da ponderação efetuada, enunciando as razões que autorizam a interferência na norma afastada e as premissas fáticas que fundamentam a conclusão (art. 489, § 2º).

A teoria das fontes do direito pode ser considerada como a base de todos os estudos jurídicos, a ela se prendendo as questões fundamentais da própria essência do direito. Uma dessas questões fundamentais da essência do direito é o questionamento que indaga se as normas jurídicas têm hierarquia uma sobre a outra e, em caso positivo, como funcionaria esse sistema.

Quando se fala em hierarquia das normas jurídicas (fontes formais), comumente vêm à cabeça a lembrança da pirâmide (estrutura escalonada) formulada por Kelsen. O conceito de hierarquia está ligado ao possível conflito de normas. Sob uma perspectiva formal, Hans Kelsen traz notável contribuição ao estudo da norma jurídica e de suas fontes. Em sua concepção, a aplicação do Direito é simultaneamente produção do Direito. Assim, existe uma norma fundamental (pressuposto teórico) vazia de conteúdo, mas que justifica a existência de uma Constituição, sem que ela (norma fundamental) seja, ao mesmo tempo, aplicação de uma norma superior. Mas a criação dessa Constituição realiza-se por aplicação desta norma fundamental.

Sucessivamente, a legislação ordinária, de natureza infra-constitucional, nasce da aplicação da Constituição. Em aplicação dessas normas gerais, realiza-se, por meio da concreção judicial (atividade jurisdicional) e das resoluções administrativas, a criação de novas regras. Por último, somente os atos de execução material é que não criariam uma norma, mas consistiriam em apenas aplicação.

Em outras palavras, a aplicação do Direito é criação de uma norma inferior com base numa norma superior ou execução do ato coercitivo estatuído por uma norma. Nos polos extremos, haveria ou só produção legal (norma fundamental), ou só execução (ato executivo). Nessas condições, Kelsen situa a norma fundamental como o supremo fundamento de validade de uma ordem normativa. Sem a norma fundamental, conforme afirma Bobbio, as normas seriam um amontoado, e não um ordenamento.

Essa é a tradicional hierarquia das fontes do Direito, segundo o positivismo-normativista, que cria uma pirâmide de normas, em cujo vértice se encontra a norma fundamental, e, em sentido decrescente, vêm as normas constitucionais, as leis ordinárias, os regulamentos, as decisões jurisprudenciais e, por último, os atos de execução material. Por uma limitação do objetivo desta exposição, não será abordado o problema do pluralismo jurídico, que inclui ordens jurídicas de origem não-estatal. O pressuposto, portanto, é que as fontes formais aqui analisadas são de origem estatal, ou têm, ainda que secundariamente, como no caso dos acordos e convenções coletivas de trabalho, a previsão legal a emprestar-lhes validade jurídica.

Dentro do critério tradicional (Kelseniano) da hierarquia formal a Constituição ocupa um papel de destaque perante as outras fontes. Em seguida, estariam a legislação infra-constitucional, a sentença normativa, os acordos e convenções coletivos e, por último, usos e costumes. A fonte negocial e o regulamento empresário são considerados isoladamente, mais restritos ao caso concreto.

Importantes autores de Direito do Trabalho brasileiro afirmam que em se tratando de hierarquia de fontes trabalhistas, a pirâmide kelseniana não é aplicável, pois sempre ocupará o vértice a norma mais favorável. Esta, aliás, é uma inclinação mundial, sob a seguinte argumentação: no Direito do Trabalho a hierarquia das fontes formais do Direito é relativizada, pois por força do princípio da proteção aplica-se a norma mais favorável ao trabalhador, mesmo que ela seja de hierarquia inferior à de outra norma, menos favorável, que também trate da mesma matéria.

Contudo, entende-se que a hierarquia das fontes formais trabalhistas não se dá por inversão de valores (quebra ou inversão da hierarquia das normas), mas por análise de espaços de poder cedidos em distintas esferas de legislação.

A hierarquia das fontes formais, em forma de pirâmide, é uma construção que vem antes do século XVIII (Puchta — hierarquia de conceitos; Kant — hierarquia de normas in Metafísica dos costumes). No século XX, com a ideia de Constituição totalmente assentada, fixou-se "a estrutura escalonada do ordenamento jurídico" (Kelsen — Teoria Pura do Direito).

A norma superior é o pressuposto de validade da norma inferior. Dito de outro modo, a norma inferior só é válida se estiver de acordo formal e materialmente com a norma superior, ou seja, deve observar a forma de produção prevista na norma superior (competências, ritos, etc — aspecto formal) e não contrariar intrinsecamente o seu conteúdo material.

As normas trabalhistas obedecem a este raciocínio. Uma norma mais benéfica só será válida se existir previsão de espaço na norma superior para que assim proceda. O problema é que as normas trabalhistas não dizem expressamente: "a norma inferior poderá determinar o pagamento de adicional superior ao previsto". Em geral, dispõem de outro modo: "o adicional mínimo é de tanto". Ou seja, preveem garantias mínimas e não máximas. Por essa razão, quando aplicada uma norma inferior que vai além da garantia mínima, ela não está contrariando a norma superior, mas indo ao seu encontro, pois foi autorizada a concessão de direito superior ao mínimo previsto.

Nada disso é inversão de hierarquia de fontes formais. É apenas aplicação do sistema jurídico em seu conjunto.

No sentido do ora explanado, a Constituição Federal de 1988, em seu art. 7º, *caput*, estabelece direitos dos trabalhadores como garantias mínimas, e nunca máximas: "São direitos dos trabalhadores urbanos e rurais, além de outros que visem à melhoria de sua condição social" (grifou-se). Note-se que mesmo aqui há a previsão expressa da Constituição Federal delegando espaços de poder para as normas inferiores.

É louvável a importância do princípio protetor especialmente na modalidade de aplicação da norma mais favorável ao trabalhador, princípio que é a base de todas as características diferenciadas do Direito Trabalho, mas sua aplicação não se trata de um critério absoluto. O princípio da proteção tem certas restrições, e a maior delas é o interesse da coletividade. Ainda que o Direito do Trabalho tenha um campo de atuação muito amplo, as relações trabalhistas e profissionais, assim como os interesses individuais dos trabalhadores ou os interesses de suas categorias profissionais, sempre terão de observar os limites do interesse público, pois o interesse da coletividade deve sempre prevalecer. Nesse sentido, Plá Rodriguez, após expor as teorias que envolvem a aplicação da norma mais favorável, propõe o seguinte: o conjunto que se leva em conta para estabelecer a comparação é o integrado pelas normas referentes à mesma matéria, que não se pode dissociar sem perda de sua harmonia interior. Mas não se pode levar a preocupação de harmonia além desse âmbito. Resumidamente, poder-se-ia dizer que, dentro do direito estatal, as normas especiais prevalecem sobre as normas de caráter geral. Depois disso, a norma oriunda de convenção ou acordo, prevalece sobre a norma especial de origem estatal. Sempre é bom lembrar que as normas que estabelecem garantias mínimas podem deixar de ser aplicadas em face de normas ampliativas de direitos.

O essencial no princípio protetor é a verdadeira dimensão do trabalho humano, descaracterizando-o como mercadoria e emprestando-lhe conteúdo mais amplo, no sentido de compreendê-lo como elemento valioso na dignidade do ser humano. A própria ordem jurídica, assume, portanto, um papel de nivelamento de desigualdades. O princípio da proteção ao trabalhador, resulta das normas imperativas (de ordem pública), que caracterizam a intervenção do Estado no âmbito da autonomia da vontade. A necessidade da proteção social dos trabalhadores constitui a raiz sociológica do Direito do Trabalho e é imanente a todo o seu sistema jurídico.

Eventuais conflitos envolvendo normas ou condições de trabalho serão resolvidos pela aplicação do princípio protetivo e suas modalidades (norma mais favorável, condição mais benéfica ou *in dubio* para o operario). Nesse contexto há norma expressa na Consolidação das Leis do Trabalho dizendo que havendo conflito entre as condições estabelecidas em Convenção Coletiva poderá prevalecer sobre as estipuladas em acordo coletivo, desde que sejam mais favoráveis e que se o disposto em acordo ou convenção coletivo for mais benéfico ao trabalhador prevalecerão em relação ao estabelecido no contrato de trabalho (arts. 619 e 620 da Consolidação das Leis do Trabalho).

Outra questão é saber o que significa ser mais favorável, pois esta noção contém, intrinsecamente, um juízo de valor. Note-se que uma determinada questão pode ser mais favorável imediatamente e ser prejudicial em um futuro um pouco mais distante. A aplicação de uma determinada norma, em outra hipótese, pode ser mais benéfica a um trabalhador, isoladamente; entretanto, se aplicada a todos os trabalhadores de uma determinada empresa, pode levar à inviabilidade econômica desta. Estes problemas exegéticos aparecem com frequência ao julgador, que deve discernir, entre várias opções, aquela que realmente atinge melhor a noção de benefício. Não há, nesse caso, como escapar da valorização do caso concreto, mas sempre é bom lembrar que o intérprete deve enxergar também os efeitos que sua decisão vai provocar no mundo real, como forma de evitar a iniquidade.

Além disso, a limitação existente no princípio da aplicação da regra mais favorável está também na prevalência do interesse público. Por questões de razoabilidade, o ordenamento jurídico proíbe que o interesse individual ou o interesse de determinadas categorias possa prevalecer sobre o interesse do conjunto da sociedade. Não poderia ser de outra forma, já que o ordenamento jurídico consiste em uma organização racional de pautas de conduta, ou diretrizes, segundo as quais, o primeiro interesse é o de toda a coletividade.

Uma outra importante decorrência da aplicação do princípio da norma mais benéfica, e que também possui reflexos diretos e diferenciados em termos de hierarquia das fontes de Direito do Trabalho se dá no âmbito do Direito Coletivo, em que duas teorias centrais buscam informar os critérios de determinação da norma mais favorável: a teoria da Acumulação e a teoria Conglobamento.

A teoria da acumulação como procedimento de seleção, análise e classificação das normas cotejadas prega o fracionamento do conteúdo dos textos normativos, retirando-se os preceitos e institutos singulares de cada um que se destaquem por seu sentido mais favorável ao trabalhador. A teoria da acumulação sustenta que se deve somar as vantagens de diferentes normas, pegando partes, artigos e cláusulas, que, separadamente, sejam mais favoráveis ao trabalhador. Essa vertente é bastante criticável do ponto de vista científico, pois ela liquida com a noção de Direito como sistema e do próprio caráter universal e democrático do Direito, por tornar sempre singular a fórmula jurídica aplicada ao caso concreto.

Para a teoria do conglobamento não se deve fracionar preceitos ou institutos jurídicos. Cada conjunto normativo é apreciado globalmente, considerado o mesmo universo temático; respeitada essa seleção, é o referido conjunto comparado aos demais, também globalmente apreendidos, encaminhando-se, então, pelo cotejo analítico, à determinação do conjunto normativo mais favorável. Ressalte-se que o parâmetro para se proceder à comparação da norma mais favorável não será o indivíduo, tomado isoladamente, mas um determinado grupo de trabalhadores (categoria, por exemplo).

Em síntese, a teoria da cumulação sustenta que o trabalhador deve ter direito ao que lhe for melhor em cada um dos textos normativos (por isso também é chamada de teoria do fracionamento), e a teoria do conglobamento defende que o trabalhador deve ter direito ao melhor texto normativo integralmente considerado.

Entende-se que a teoria do conglobamento é a mais adequada, pois respeita o Direito do Trabalho, enquanto sistema, e defende a aplicação mais razoável da norma mais benéfica ao trabalhador. Nesse sentido, dispõe também o art. 620 da Consolidação das Leis do Trabalho, segundo o qual prevalecem sobre as condições estipuladas em acordo as condições estabelecidas em convenção, quando mais favoráveis. Com base nesses dispositivos, é possível antever que o ordenamento jurídico trabalhista, inspirado pelo princípio da proteção, estabelece sempre garantias mínimas, e nunca, como já se disse, máximas.

Após a análise de todas as questões acima, resta claramente demonstrado quão rico e inquietante é o tema da hierarquia das fontes formais no Direito do Trabalho, dada suas características singulares.

Quando se estuda as fontes formais do Direito do Trabalho é importante ter em mente que as normas trabalhistas vivem num constante "equilíbrio instável", uma vez que são muito mais relacionadas com a criação da riqueza do que com a distribuição da riqueza, como as normas de Direito Civil. O Trabalho (recursos humanos), junto com a Terra (recursos naturais) e com o Capital (comodidades para produzir), é um dos fatores de produção. Todo o bem economicamente apreciável tem, na constituição do seu preço, a conjunção dos custos dos fatores de produção, além dos tributos e do lucro. Como as normas trabalhistas estão relacionadas com a produção da riqueza, é natural que as alterações econômicas sejam muito mais sentidas no âmbito das normas trabalhistas do que no âmbito das normas de Direito Civil ou Direito Comercial.

Por todo o exposto, diferentemente do que ocorre o Direito Comum, no Direito do Trabalho não há uma contradição inconciliável entre as fontes formais heterônomas e as fontes formais autônomas coletivas (entre o Direito do Estado e o Direito dos grupos sociais), mas uma espécie de incidência concorrente: a norma que disciplinar uma dada relação de modo mais favorável ao trabalhador, prevalecerá sobre as demais, sem derrogação permanente, mas mero preterimento, na situação concreta, não por inversão de valores (quebra da hierarquia das normas), mas por análise de espaços de poder cedidos em distintas esferas de legislação.

Por fim, a questão da aplicação do princípio da boa-fé na interpretação da decisão judicial (art. 489, § 3º, CPC). O texto legal determina que a decisão judicial deve ser interpretada a partir da conjugação de todos os seus elementos e em conformidade com o princípio da boa-fé.

A sentença é um todo. Uma intepretação sobre um conflito de interesses que é submetido à apreciação do Poder Judiciário. Muitos atos processuais são praticados até que seja o momento de sua prolação. Teses são oferecidas à análise, argumentos são submetidos à dialética do processo, provas são produzidas, nulidades podem ocorrer no meio do caminho, caracterizando, enfim, a sucessão de atos processuais que é o processo. A sentença, nesse sentido, é o destino e a conclusão de todo este trajeto. Portanto, sua interpretação não pode ser deslocada de todo este complexo contexto dialético. Este é o sentido de a lei determinar que deva ser interpretada a partir da conjugação de todos os elementos.

A referência ao princípio da boa-fé na interpretação da sentença, relaciona-se com a aplicação do princípio a todos os atos processuais e a todas as partes, conforme dispõe o art. 5º do CPC. O princípio geral da Boa-Fé está entre aqueles macroprincípios, segundo os quais todo o ordenamento jurídico se embasa. Nesse contexto, podem ser incluídos os princípios do respeito recíproco, da autodeterminação, da vinculação dos contratos, da equivalência, da culpa (no Direito Penal), da responsabilidade por danos, da igualdade, da legalidade, da imparcialidade do julgador, da irretroatividade das leis, do contraditório, entre outros.

Embora seu nascedouro esteja no Direito Privado, a abrangência da boa-fé tem proporcionado enormes avanços à ciência do Direito como um todo. Cada vez mais a doutrina e a jurisprudência têm-se debruçado sobre o tema, dentro dos mais variados aspectos, no sentido de encontrar aplicabilidade imediata para problemas concretos. A grande variedade de fatos da vida concreta, serve de fonte da constante renovação do Direito, e a ideia de progresso pode ser auferida na medida de adequação da ciência jurídica com essa realidade emergente. Trata-se, portanto, de assunto da mais alta relevância, principalmente se for considerada a sua capacidade de contribuir para a evolução do ordenamento jurídico através de seu aperfeiçoamento ético. A boa-fé constitui, portanto, um Princípio Geral do Direito, com ampla projeção no ordenamento jurídico.

No âmbito do direito processual, o princípio da boa-fé vinha sendo tratado sob o ponto de vista da vedação da litigância de má-fé. Com o novo CPC ganha abrangência maior, constituindo cláusula geral (art. 5º) dirigida a todos aqueles que atuam no processo (partes, procuradores, juízes, auxiliares da justiça, terceiros) e a odos os atos processuais (atos das partes, atos do juiz, atos de secretaria).

Deve-se evitar a confusão entre boa-fé subjetiva (estado de consciência do indivíduo) e boa-fé objetiva (Princípio Geral do Direito). O conteúdo ético deve prevalecer sobre o estado psicológico. O presente estudo refere-se à boa-fé objetiva, assim considerada como princípio idealmente necessário ao ordenamento jurídico, de forma a garantir-lhe um mínimo ético ao informar o conjunto de suas regras.

O valor normativo do princípio somente existe se ele estiver inserido em uma ordenação jurídica na qual ocorra um enlace sistemático, ou problemático positivo, acoplado a um procedimento de criação do Direito (formação de precedentes jurisprudenciais ou doutrina). Fora desse contexto, o princípio carece de eficácia. Assim, a boa-fé objetiva é uma cláusula geral, abstrata, que permite a resolução de conflitos, levando-se em consideração princípios gerais. Está inserida dentro de um sistema de normas, ou pode servir-lhe como fonte de inspiração normativa ou precedentes jurisprudenciais. Todo sistema de normas tem como pressupostos básicos a adequação valorativa e a unidade interior.

A efetivação da justiça deve partir da soma de princípios racionais, que são as normas jurídicas. Seria impossível buscar a solução para os litígios sem a organização racional de determinados valores. Esta adequação valorativa parte do princípio da igualdade. A outra característica, além da adequação, é a unidade do sistema, pois esta evita que a "ordem" do Direito seja dispersada em valores singulares desconexos. A organização, portanto, além de ser racional, deve ser conexa, permitindo o estabelecimento de sistemas comparativos e hierárquicos. O traço comum dos sistemas é a unidade (no sentido de um ou vários pontos de referências centrais) e de ordem (no sentido de uma conexão sem hiatos de compatibilidade lógica dos enunciados). Não é apropriado reduzir a ciência do direito a um sistema axiomático-dedutivo, no sentido da lógica, porque requereria a ausência de contradição e a integralidade dos axiomas subjacentes, o que é impossível diante da ideia de valor que existe atrás da norma. O sistema processual também é um sistema enquanto ordem axiológica ou teleológica de princípios jurídicos gerais (normalmente presentes através das cláusulas gerais), que vão ser concretizados segundo concepção valorativa. Isso caracteriza a abertura e a possibilidade de adaptação às circunstâncias históricas, representando, nesse processo, a justiça material realizada pela ordem jurídico-positiva, no sentido de que a justiça deve ser encarada sob seu ponto de vista concreto, definindo-se as coordenadas de espaço e tempo.

> Art. 16. Para efeito de aplicação do § 5º do art. 272 do CPC, não é causa de nulidade processual a intimação realizada na pessoa de advogado regularmente habilitado nos autos, ainda que conste pedido expresso para que as comunicações dos atos processuais sejam feitas em nome de outro advogado, se o profissional indicado não se encontra previamente cadastrado no Sistema de Processo Judicial Eletrônico, impedindo a serventia judicial de atender ao requerimento de envio da intimação direcionada. A decretação de nulidade não pode ser acolhida em favor da parte que lhe deu causa (CPC, art. 276).

Comentários

A regra geral das intimações é através do meio eletrônico. A intimação por publicação oficial é subsidiária. O conceito de intimação no novo CPC foi aperfeiçoado e ficou mais amplo que o conceito do CPC/73. Naquele, a intimação era o ato "para que a parte faça ou deixe de fazer" algo. No novo CPC, o conceito abrange atos que são de apenas ciência, sem que seja necessário fazer algo, como por exemplo, a ciência do trânsito em julgado da sentença liminar de improcedência (art. 332, § 2º, CPC). O texto legal é o seguinte (art. 269, CPC):

> Art. 269. Intimação é o ato pelo qual se dá ciência a alguém dos atos e dos termos do processo.
>
> § 1º É facultado aos advogados promover a intimação do advogado da outra parte por meio do correio, juntando aos autos, a seguir, cópia do ofício de intimação e do aviso de recebimento.
>
> § 2º O ofício de intimação deverá ser instruído com cópia do despacho, da decisão ou da sentença.
>
> § 3º A intimação da União, dos Estados, do Distrito Federal, dos Municípios e de suas respectivas autarquias e fundações de direito público será realizada perante o órgão de Advocacia Pública responsável por sua representação judicial.

Em regra, as intimações são feitas na pessoa do advogado da parte, a não ser que a lei determine em sentido contrário. O novo CPC traz a possibilidade de a intimação ser feita pelo próprio advogado (§ 1º). Também disciplina a intimação das pessoas de Direito Público (§ 2º). O juiz determinará de ofício as intimações em processos pendentes, ou serão de iniciativa do próprio escrivão, salvo disposição em contrário (art. 152 e art. 271, CPC) e terão preferência para que as intimações sejam realizadas pelo meio eletrônico (art. 270, CPC):

> Art. 270. As intimações realizam-se, sempre que possível, por meio eletrônico, na forma da lei.
>
> Parágrafo único. Aplica-se ao Ministério Público, à Defensoria Pública e à Advocacia Pública o disposto no § 1º do art. 246.

No que diz respeito ao processo eletrônico, assim dispõe o art. 272, do CPC, subsidiariamente aplicável ao Processo do Trabalho pela IN n. 39/2016 — TST (art. 16):

> Art. 272. Quando não realizadas por meio eletrônico, consideram-se feitas as intimações pela publicação dos atos no órgão oficial.
>
> § 1º Os advogados poderão requerer que, na intimação a eles dirigida, figure apenas o nome da sociedade a que pertençam, desde que devidamente registrada na Ordem dos Advogados do Brasil.
>
> § 2º Sob pena de nulidade, é indispensável que da publicação constem os nomes das partes e de seus advogados, com o respectivo número de inscrição na Ordem dos Advogados do Brasil, ou, se assim requerido, da sociedade de advogados.
>
> § 3º A grafia dos nomes das partes não deve conter abreviaturas.
>
> § 4º A grafia dos nomes dos advogados deve corresponder ao nome completo e ser a mesma que constar da procuração ou que estiver registrada na Ordem dos Advogados do Brasil.
>
> § 5º Constando dos autos pedido expresso para que as comunicações dos atos processuais sejam feitas em nome dos advogados indicados, o seu desatendimento implicará nulidade.

§ 6º A retirada dos autos do cartório ou da secretaria em carga pelo advogado, por pessoa credenciada a pedido do advogado ou da sociedade de advogados, pela Advocacia Pública, pela Defensoria Pública ou pelo Ministério Público implicará intimação de qualquer decisão contida no processo retirado, ainda que pendente de publicação.

§ 7º O advogado e a sociedade de advogados deverão requerer o respectivo credenciamento para a retirada de autos por preposto.

§ 8º A parte arguirá a nulidade da intimação em capítulo preliminar do próprio ato que lhe caiba praticar, o qual será tido por tempestivo se o vício for reconhecido.

§ 9º Não sendo possível a prática imediata do ato diante da necessidade de acesso prévio aos autos, a parte limitar-se-á a arguir a nulidade da intimação, caso em que o prazo será contado da intimação da decisão que a reconheça.

Para o cadastro, assim dispõe a Lei n. 11.419/2006, art. 2º e 5º:

Art. 2º O envio de petições, de recursos e a prática de atos processuais em geral por meio eletrônico serão admitidos mediante uso de assinatura eletrônica, na forma do art. 1º desta Lei, sendo obrigatório o credenciamento prévio no Poder Judiciário, conforme disciplinado pelos órgãos respectivos.

§ 1º O credenciamento no Poder Judiciário será realizado mediante procedimento no qual esteja assegurada a adequada identificação presencial do interessado.

§ 2º Ao credenciado será atribuído registro e meio de acesso ao sistema, de modo a preservar o sigilo, a identificação e a autenticidade de suas comunicações.

§ 3º Os órgãos do Poder Judiciário poderão criar um cadastro único para o credenciamento previsto neste artigo.

...

Art. 5º As intimações serão feitas por meio eletrônico em portal próprio aos que se cadastrarem na forma do art. 2º desta Lei, dispensando-se a publicação no órgão oficial, inclusive eletrônico.

§ 1º Considerar-se-á realizada a intimação no dia em que o intimando efetivar a consulta eletrônica ao teor da intimação, certificando-se nos autos a sua realização.

§ 2º Na hipótese do § 1º deste artigo, nos casos em que a consulta se dê em dia não útil, a intimação será considerada como realizada no primeiro dia útil seguinte.

§ 3º A consulta referida nos §§ 1º e 2º deste artigo deverá ser feita em até 10 (dez) dias corridos contados da data do envio da intimação, sob pena de considerar-se a intimação automaticamente realizada na data do término desse prazo.

§ 4º Em caráter informativo, poderá ser efetivada remessa de correspondência eletrônica, comunicando o envio da intimação e a abertura automática do prazo processual nos termos do § 3º deste artigo, aos que manifestarem interesse por esse serviço.

§ 5º Nos casos urgentes em que a intimação feita na forma deste artigo possa causar prejuízo a quaisquer das partes ou nos casos em que for evidenciada qualquer tentativa de burla ao sistema, o ato processual deverá ser realizado por outro meio que atinja a sua finalidade, conforme determinado pelo juiz.

§ 6º As intimações feitas na forma deste artigo, inclusive da Fazenda Pública, serão consideradas pessoais para todos os efeitos legais.

No mesmo sentido, a Resolução n. 185/2013 do CNJ, art. 19, cujo texto é o que segue:

> Art. 19. No processo eletrônico, todas as citações, intimações e notificações, inclusive da Fazenda Pública, far-se-ão por meio eletrônico, nos termos da Lei n. 11.419, de 19 de dezembro de 2006.
>
> § 1º As citações, intimações, notificações e remessas que viabilizem o acesso à íntegra do processo correspondente serão consideradas vista pessoal do interessado para todos os efeitos legais, nos termos do § 1º do art. 9º da Lei n. 11.419, de 19 de dezembro de 2006.
>
> § 2º Quando, por motivo técnico, for inviável o uso do meio eletrônico para a realização de citação, intimação ou notificação, ou nas hipóteses de urgência/determinação expressa do magistrado, esses atos processuais poderão ser praticados segundo as regras ordinárias, digitalizando-se e destruindo-se posteriormente o documento físico.
>
> § 3º Os Tribunais poderão publicar no Diário da Justiça Eletrônico as citações, intimações e notificações de processos em tramitação no sistema PJe, nos termos do art. 4º e parágrafos da Lei n. 11.419, de 19 de dezembro de 2006.

Publicações com erros graves (texto truncado, nomes errados, graves omissões, juízo trocado, entre outros) não são válidas. Devem ser republicadas e devolvido o prazo. Há determinação expressa de que conste o nome completo das partes (sem abreviaturas), advogados e número da OAB. Se houver requerimento expresso que as intimações sejam enviadas a determinado advogado, o desatendimento gera nulidade.

O novo CPC prevê a possibilidade de requerimento do advogado para que as intimações sejam encaminhadas à sociedade de advogados registrada na OAB. No Processo do Trabalho, a Súmula n. 427, do TST, dispõe sobre a indicação de advogado com pedido de notificação expressa. O texto é o seguinte:

> Súmula n. 427 do TST — INTIMAÇÃO. PLURALIDADE DE ADVOGADOS. PUBLICAÇÃO EM NOME DE ADVOGADO DIVERSO DAQUELE EXPRESSAMENTE INDICADO. NULIDADE (editada em decorrência do julgamento do processo TST-IUJERR 5400-31.2004.5.09.0017) — Res. 174/2011, DEJT divulgado em 27, 30 e 31.05.2011
>
> Havendo pedido expresso de que as intimações e publicações sejam realizadas exclusivamente em nome de determinado advogado, a comunicação em nome de outro profissional constituído nos autos é nula, salvo se constatada a inexistência de prejuízo.

A IN n. 39/2016 — TST (art. 16) entende que não é causa de nulidade processual a intimação realizada na pessoa de advogado regularmente habilitado nos autos, ainda que conste pedido expresso para que as comunicações dos atos processuais sejam feitas em nome de outro advogado, se o profissional indicado não se encontra previamente cadastrado no Sistema de Processo Judicial Eletrônico, impedindo a serventia judicial de atender ao requerimento de envio da intimação direcionada. A decretação de nulidade não pode ser acolhida em favor da parte que lhe deu causa (CPC, art. 276). A arguição de nulidade da intimação deve ser feita na primeira oportunidade que tiver para falar nos autos, sob pena de preclusão (protesto antipreclusivo). Portanto, trata-se de um complemento de raciocínio ao disposto na Súmula n. 427 do TST: a notificação é nula, se houver pedido expresso de que as intimações e publicações sejam realizadas exclusivamente em nome de determinado advogado, mas cabe ao profissional cadastrar-se previamente no sistema do PJE.

> Art. 17. Sem prejuízo da inclusão do devedor no Banco Nacional de Devedores Trabalhistas (CLT, art. 642-A), aplicam-se à execução trabalhista as normas dos arts. 495, 517 e 782, §§ 3º, 4º e 5º do CPC, que tratam respectivamente da hipoteca judiciária, do protesto de decisão judicial e da inclusão do nome do executado em cadastros de inadimplentes.

Comentários

Além da eficácia direta, a sentença pode ter eficácia reflexa e eficácia anexa. Estas últimas também são conhecidas como eficácias secundárias ou legais. A hipoteca judiciária, o protesto da decisão e a inclusão no cadastro de inadimplentes são exemplos de eficácia anexa da sentença. Visam a resguardar a parte interessada contra eventual fraude futura.

O dispositivo do novo CPC que trata da hipoteca judiciária (art. 495), subsidiariamente aplicável ao Processo do Trabalho, tem a seguinte redação:

Art. 495. A decisão que condenar o réu ao pagamento de prestação consistente em dinheiro e a que determinar a conversão de prestação de fazer, de não fazer ou de dar coisa em prestação pecuniária valerão como título constitutivo de hipoteca judiciária.

§ 1º A decisão produz a hipoteca judiciária:

I — embora a condenação seja genérica;

II — ainda que o credor possa promover o cumprimento provisório da sentença ou esteja pendente arresto sobre bem do devedor;

III — mesmo que impugnada por recurso dotado de efeito suspensivo.

§ 2º A hipoteca judiciária poderá ser realizada mediante apresentação de cópia da sentença perante o cartório de registro imobiliário, independentemente de ordem judicial, de declaração expressa do juiz ou de demonstração de urgência.

§ 3º No prazo de até 15 (quinze) dias da data de realização da hipoteca, a parte informá-la-á ao juízo da causa, que determinará a intimação da outra parte para que tome ciência do ato.

§ 4º A hipoteca judiciária, uma vez constituída, implicará, para o credor hipotecário, o direito de preferência, quanto ao pagamento, em relação a outros credores, observada a prioridade no registro.

§ 5º Sobrevindo a reforma ou a invalidação da decisão que impôs o pagamento de quantia, a parte responderá, independentemente de culpa, pelos danos que a outra parte tiver sofrido em razão da constituição da garantia, devendo o valor da indenização ser liquidado e executado nos próprios autos.

Para ter eficácia contra terceiro exige inscrição e especialização (Lei n. 6.015/73, art. 167, I, 2). No CPC/73, havia apenas o efeito de sequela, mas não o de preferência. No novo CPC, o direito de preferência fica claro, pois a hipoteca judiciária institui o direito de preferência de quem registrou (§ 4º).

A hipoteca judiciária pode ser realizada independentemente de autorização expressa do Juiz. Basta a apresentação de cópia da sentença perante o cartório de registro imobiliário. Pode ser feita também na pendência de recurso, com efeito suspensivo ou não.

O trâmite do registro é feito na forma dos arts. 1.492 a 1.498 do CC.

Art. 1.492. As hipotecas serão registradas no cartório do lugar do imóvel, ou no de cada um deles, se o título se referir a mais de um.

Parágrafo único. Compete aos interessados, exibido o título, requerer o registro da hipoteca.

Art. 1.493. Os registros e averbações seguirão a ordem em que forem requeridas, verificando-se ela pela da sua numeração sucessiva no protocolo.

Parágrafo único. O número de ordem determina a prioridade, e esta a preferência entre as hipotecas.

Art. 1.494. Não se registrarão no mesmo dia duas hipotecas, ou uma hipoteca e outro direito real, sobre o mesmo imóvel, em favor de pessoas diversas, salvo se as escrituras, do mesmo dia, indicarem a hora em que foram lavradas.

Art. 1.495. Quando se apresentar ao oficial do registro título de hipoteca que mencione a constituição de anterior, não registrada, sobrestará ele na inscrição da nova, depois de a prenotar, até trinta dias, aguardando que o interessado inscreva a precedente; esgotado o prazo, sem que se requeira a inscrição desta, a hipoteca ulterior será registrada e obterá preferência.

Art. 1.496. Se tiver dúvida sobre a legalidade do registro requerido, o oficial fará, ainda assim, a prenotação do pedido. Se a dúvida, dentro em noventa dias, for julgada improcedente, o registro efetuar-se-á com o mesmo número que teria na data da prenotação; no caso contrário, cancelada esta, receberá o registro o número correspondente à data em que se tornar a requerer.

Art. 1.497. As hipotecas legais, de qualquer natureza, deverão ser registradas e especializadas.

§ 1º O registro e a especialização das hipotecas legais incumbem a quem está obrigado a prestar a garantia, mas os interessados podem promover a inscrição delas, ou solicitar ao Ministério Público que o faça.

§ 2º As pessoas, às quais incumbir o registro e a especialização das hipotecas legais, estão sujeitas a perdas e danos pela omissão.

Art. 1.498. Vale o registro da hipoteca, enquanto a obrigação perdurar; mas a especialização, em completando vinte anos, deve ser renovada.

O CPC impõe o dever de a parte comunicar ao Juiz o registro da hipoteca judiciária (§ 3º). Art. 279. O imóvel sujeito a hipoteca ou ônus real não será admitido a registro sem consentimento expresso do credor hipotecário ou da pessoa em favor de quem se tenha instituído o ônus.

O CPC impõe a responsabilidade objetiva pelos danos que a hipoteca judiciária causar ao devedor, na hipótese de reforma ou invalidação da decisão na qual se baseou (art. 495, § 5º).

No Processo do Trabalho, o TRT da 4ª Região possui Súmula no sentido da compatibilidade da hipoteca judiciária com o Processo do Trabalho, seguindo jurisprudência do TST.

> Súmula n. 57 — "Hipoteca Judiciária. A constituição da hipoteca judiciária, prevista no artigo 466, do CPC, é compatível com o processo do trabalho".

Também o credor trabalhista poderá levar a protesto a decisão. A previsão está no art. 517 do CPC, compatível com o Processo do Trabalho, cujo texto é o que segue:

> Art. 517. A decisão judicial transitada em julgado poderá ser levada a protesto, nos termos da lei, depois de transcorrido o prazo para pagamento voluntário previsto no art. 523.
>
> § 1º Para efetivar o protesto, incumbe ao exequente apresentar certidão de teor da decisão.
>
> § 2º A certidão de teor da decisão deverá ser fornecida no prazo de 3 (três) dias e indicará o nome e a qualificação do exequente e do executado, o número do processo, o valor da dívida e a data de decurso do prazo para pagamento voluntário.
>
> § 3º O executado que tiver proposto ação rescisória para impugnar a decisão exequenda pode requerer, a suas expensas e sob sua responsabilidade, a anotação da propositura da ação à margem do título protestado.
>
> § 4º A requerimento do executado, o protesto será cancelado por determinação do juiz, mediante ofício a ser expedido ao cartório, no prazo de 3 (três) dias, contado da data de protocolo do requerimento, desde que comprovada a satisfação integral da obrigação.

O protesto do título judicial somente pode ser feito se transcorrido o prazo para pagamento voluntário (art. 523, CPC). O exequente é quem providencia.

Deverá ser feito junto ao Tabelião de Protesto de Títulos e Documentos (Lei n. 9.492/97). Em caso de ação rescisória, poderá ser feita anotação à margem do protesto.

Também o exequente trabalhista poderá pedir a inclusão do executado no cadastro de inadimplentes. A previsão está no art. 782, do CPC, que assim está redigido:

> Art. 782. Não dispondo a lei de modo diverso, o juiz determinará os atos executivos, e o oficial de justiça os cumprirá.
>
> § 1º O oficial de justiça poderá cumprir os atos executivos determinados pelo juiz também nas comarcas contíguas, de fácil comunicação, e nas que se situem na mesma região metropolitana.
>
> § 2º Sempre que, para efetivar a execução, for necessário o emprego de força policial, o juiz a requisitará.
>
> § 3º A requerimento da parte, o juiz pode determinar a inclusão do nome do executado em cadastros de inadimplentes.

§ 4º A inscrição será cancelada imediatamente se for efetuado o pagamento, se for garantida a execução ou se a execução for extinta por qualquer outro motivo.

§ 5º O disposto nos §§ 3º e 4º aplica-se à execução definitiva de título judicial.

O dispositivo legal mencionado trata dos atos executivos. Existe a possibilidade de cumprimento nas comarcas contíguas, de fácil comunicação, e nas que se situem na mesma região metropolitana (§ 1º). Será possível requisitar força policial para o cumprimento dos atos executivos, se necessário (§ 2º), por se tratarem de atos jurisdicionais. (Art. 154, CPC).

A inclusão no cadastro de inadimplentes deve ser feita mediante requerimento da parte e a inscrição será cancelada imediatamente se for efetuado o pagamento, se for garantida a execução ou se a execução for extinta por qualquer outro motivo.

Art. 18. Esta Instrução Normativa entrará em vigor na data da sua publicação.

Bibliografia

ALVES, José Carlos Moreira. O novo código civil e o direito romano: seu exame quanto às principais inovações no tocante ao negócio jurídico. In: *O novo código civil*: estudos em homenagem ao prof. Miguel Reale. São Paulo: LTr, 2003.

AMARAL, Guilherme Rizzo. *Comentários às alterações do novo CPC*. São Paulo: Revista dos Tribunais, 2015.

ARAÚJO, Francisco Rossal de. *A boa-fé no contrato de emprego*. São Paulo: LTr, 1996.

_____; COIMBRA, Rodrigo. *Direito do Trabalho I*. São Paulo: LTr, 2014.

ARRUDA, Kátia Magalhães. *A jurisdição extraordinária do TST na admissibilidade do recurso de revista*. 2. ed. São Paulo: LTr, 2014.

ÁVILA, Humberto. *Segurança jurídica*. 2. ed. São Paulo: Malheiros, 2012.

BANDEIRA POMBO, Michelle Pires. *As ondas renovatórias do acesso à justiça no processo do trabalho*. São Paulo: LTr, 2016.

BARBUGIANI, Luiz Henrique Sormani; BARBUGIANI, Catia Helena Yamaguti. A justiça do trabalho e a instrução normativa n. 39 de 2016 do TST: Uma nova concepção para o princípio da segurança jurídica. *Revista Justiça do Trabalho*, n. 391, p. 17/23, julho 2016.

BATALHA, Wilson de Souza Campos. *Tratado de direito judiciário do trabalho*. 3. ed., v. I. São Paulo: LTr, 1995.

BEBBER, Júlio César. *Princípios do processo do trabalho*. São Paulo: LTr, 1997.

BEZERRA LEITE, Carlos Henrique. *Curso de direito processual do trabalho*. 14. ed. São Paulo: Saraiva, 2016.

_____. Princípios jurídicos fundamentais no novo código de processo civil e seus reflexos no processo do trabalho. In: MIESSA, Elisson (Org.). *O novo código de processo civil e seus reflexos no processo do trabalho*. Salvador: JusPodivm, 2015.

_____ (Org.). *Novo CPC*: repercussões no processo do trabalho. São Paulo: Saraiva, 2015.

BOBBIO, Norberto. *Teoria do ordenamento jurídico*. Brasília: Polis, 1991.

_____. *Dicionário de política*. 4. Ed. Brasília: UNB, 1992.

BOUCINHAS FILHO, Jorge Cavalcanti. A alegada inconstitucionalidade da Instrução Normativa n. 39 do TST e o modelo brasileiro de processo do trabalho. *Revista Fórum Trabalhista*, n. 21, p. 99/119, abr./jun. 2016.

BRANDÃO, Cláudio Mascarenhas. *Reforma do sistema recursal trabalhista*. 2. ed. São Paulo: LTr, 2016.

_____. Fundamentação exauriente ou analítica: aplicação ao processo do Trabalho. *Revista do TST*, v. 82, n. 2, p.134/152, abr./jun. 2016.

BRITTO PEREIRA, Ricardo José Macêdo de. O novo código de processo civil e os recursos trabalhistas. *Revista Trabalhista: direito e processo*, Brasília, Anamatra, n. 55, p. 134/157, jul./set. 2015.

BUENO, Cássio Scarpinella. *Manual de direito processual civil*. São Paulo: Saraiva, 2015

_____. *Novo código de processo civil anotado*. São Paulo: Saraiva, 2015.

_____. *Projetos de novo código de processo civil comparados e anotados*. São Paulo: Saraiva, 2014.

BUZAID, Alfredo. A influência de Liebman no direito processual civil brasileiro. *In:* WAMBIER, Luiz Rodrigues; WAMBIER, Teresa Arruda Alvim (Org.). *Princípios e temas gerais do processo civil*. (Coleção doutrinas essências de processo civil: v. 1). São Paulo: Revista dos Tribunais, 2011.

_____. Processo e verdade no direito brasileiro. *In:* WAMBIER, Luiz Rodrigues; WAMBIER, Teresa Arruda Alvim (Org.). *Princípios e temas gerais do processo civil*. (Coleção doutrinas essências de processo civil: v. I). São Paulo: Revista dos Tribunais, 2011.

CANARIS, Claus-Wilhelm. *Pensamento sistemático e conceito de sistema na ciência do direito*. Lisboa: Fundação Calouste Gulbenkian, 1989.

CALSING, Maria de Assis e Viveiros; CALSING, Carolina C. Salomão Leal de. Mediação e conciliação: o novo CPC e os conflitos trabalhistas. *Revista do TST*, v. 82, n. 2, p.236/258, abr./jun. 2016.

CHAVES JÚNIOR, José Eduardo de Resende. O processo em rede. *In: Comentários à lei do processo eletrônico*. São Paulo: LTr, 2010.

CALAMANDREI, Piero. *Derecho procesal civil*. México: Editorial Pedagógica Iberoamericana, 1996.

_____. *Instituciones de derecho procesal civil*. Buenos Aires: Depalma, 1986, v. I.

CANOTILHO, J. J. Gomes e outro (Orgs.). *Comentários à Constituição do Brasil*. São Paulo: Saraiva/Almedina, 2013.

CARMONA, Carlos Alberto. *Arbitragem e processo*: um comentário à Lei n. 9.307/96. 3. ed. São Paulo: Atlas, 2009.

CARNEIRO, Athos Gusmão. A conciliação no novo código de processo civil. *In:* WAMBIER, Luiz Rodrigues; WAMBIER, Teresa Arruda Alvim (Orgs.). *Princípios e temas gerais do processo civil.* São Paulo: Revista dos Tribunais, 2011 (Coleção doutrinas essências de processo civil: v. II).

CARNELUTTI, Francesco. *Instituciones del processo civil.* Buenos Aires: Ediciones Jurídicas Europa-América, 1989, v. I.

CARRION, Valentin. *Comentários à consolidação das leis do trabalho.* 40. ed. São Paulo Saraiva, 2015.

CASTELO, Jorge Pinheiro. Os recursos no novo CPC e reflexos no processo do trabalho. *Revista LTr,* São Paulo, n. 79, p. 1191/1211, out./2015.

CATHARINO, José Martins. Algo sobre a empresa. *In: Temas de direito do trabalho.* Rio de Janeiro: Edições Trabalhistas, 1978.

CAVALLI, Cássio. *Empresa, direito e economia.* Rio de Janeiro: Forense, 2013.

CHAVES, Luciano Athayde. *Estudos de direito processual do trabalho.* São Paulo: LTr, 2009.

CHIOVENDA, Giuseppe. *Instituições de direito processual civil.* 3. ed. Campinas: Bookseller, 2002, v. I.

CLAUS, Ben-Hur Silveira. *A função revisora dos tribunais:* a questão do método no julgamento dos recursos de natureza ordinária. Porto Alegre: HS, 2009.

_____. A função revisora dos tribunais diante da sentença razoável. *In:* CLAUS, Ben-Hur Silveira (Org.). *A função revisora dos tribunais:* por uma nova racionalidade recursal. São Paulo: LTr, 2016.

_____. O incidente de desconsideração da personalidade jurídica previsto no CPC 2015 e o direito processual do trabalho. *Revista Jurídica,* São Paulo, n. 459, p. 41/83, jan./2016.

COUTO E SILVA, Clóvis V. do. Para uma história dos conceitos no direito civil e no direito processual civil. *In:* WAMBIER, Luiz Rodrigues; WAMBIER, Teresa Arruda Alvim (Orgs.). *Princípios e temas gerais do processo civil.* São Paulo: Revista dos Tribunais, 2011 (Coleção doutrinas essências de processo civil: v.1).

_____. Direito material e processual em tema de prova. *In:* WAMBIER, Luiz Rodrigues; WAMBIER, Teresa Arruda Alvim (Orgs.). *Princípios e temas gerais do processo civil.* São Paulo: Revista dos Tribunais, 2011 (Coleção doutrinas essências de processo civil: v. IV).

COUTURE, Eduardo J. *Fundamentos del derecho procesal civil.* Buenos Aires: Depalma, 1990.

_____. *Introdução ao estudo do processo civil.* 3. ed. Rio de Janeiro: Forense, 1998.

COSTA, Coqueijo. *Direito processual do trabalho.* 4. ed. Rio de Janeiro: Forense, 1995.

DALL'AGNOL JR., Antônio J. Para um conceito de irregularidade processual. *In:* WAMBIER, Luiz Rodrigues; WAMBIER, Teresa Arruda Alvim (Orgs.). *Princípios e temas gerais do pro-*

cesso civil. São Paulo: Revista dos Tribunais, 2011 (Coleção doutrinas essências de processo civil: v. III).

_____. Distribuição dinâmica dos ônus probatórios. *In:* WAMBIER, Luiz Rodrigues; WAMBIER, Teresa Arruda Alvim (Orgs.). *Princípios e temas gerais do processo civil*. São Paulo: Revista dos Tribunais, 2011 (Coleção doutrinas essências de processo civil: v. IV).

DANTAS, Bruno. *Repercussão geral*: perspectivas histórica, dogmática e de direito comparado: questões processuais. São Paulo: Revista do Tribunais, 2008 (Recursos no processo civil; 18).

DAVID, René. *O direito inglês*. São Paulo: Martins Fontes, 1997.

DELGADO, Gabriela Neves; DUTRA, Renata Queiroz. A aplicação das convenções processuais no novo CPC ao processo do trabalho na perspectiva dos direitos fundamentais. *In:* MIESSA, Elisson (Org.). *O novo código de processo civil e seus reflexos no processo do trabalho*. Salvador: JusPodivm, 2015.

DELGADO, Maurício Godinho. *Curso de direito do trabalho*. 3.ed. São Paulo: LTr, 2004.

DINAMARCO, Cândido Rangel. *A instrumentalidade do processo*. 11. ed. São Paulo: Malheiros, 2003.

DWORKIN, Ronald. *A raposa e o porco-espinho*: justiça e valor. São Paulo: Martins Fontes, 2014.

FABRÍCIO, Adroaldo Furtado. *Ensaios de direito processual civil*. Rio de Janeiro: Forense, 2003.

_____. As novas necessidades do processo civil e os poderes do juiz. *In:* WAMBIER, Luiz Rodrigues; WAMBIER, Teresa Arruda Alvim (Orgs.). *Princípios e temas gerais do processo civil*. São Paulo: Revista dos Tribunais, 2011 (Coleção doutrinas essências de processo civil: v. III).

FERRAZ JR., Tércio Sampaio. A noção de norma jurídica na obra de Miguel Reale. *Rev. Ciência e Cultura*, v. 26, n. 11, p. 1.011/1.016.

FELICIANO, Guilherme Guimarães. *Por um Processo realmente efetivo*: tutela processual de direitos humanos fundamentais e inflexões de *due process of law*. São Paulo: LTr, 2016.

_____. O princípio do contraditório no novo código de processo civil; aproximações críticas. *In:* MIESSA, Elisson (Org.). *O novo código de processo civil e seus reflexos no processo do trabalho*. Salvador: JusPodivm, 2015.

FINCATO, Denise Pires; KORPALISKI FILHO, Geraldo. A distribuição dinâmica do ônus da prova no processo do trabalho: o novo CPC e a Instrução Normativa n. 39 do TST. *Revista Magister de Direito do trabalho*, n. 71, p. 25/45, mar./abr. 2016.

FINE, Toni M. *Introdução ao sistema jurídico anglo-americano*. São Paulo: Martins Fontes, 2011.

FUX, Luiz. *Novo código de processo civil temático*. São Paulo: Mackenzie, 2015.

GÉNY, François. *Método de interpretación y fuentes en derecho privado positivo*. 2. ed. Madrid: Reus, 1925.

GRAVATÁ, Isabelli. A aplicação da conciliação e da mediação do novo código de processo civil no processo do trabalho, à luz do acesso à justiça. *In:* MIESSA, Elisson (Org.). *O novo código de processo civil e seus reflexos no processo do trabalho*. Salvador: JusPodivm, 2015.

GRINOVER, Ada Pelegrini. O direito de ação. *In:* WAMBIER, Luiz Rodrigues; WAMBIER, Teresa Arruda Alvim (Orgs.). *Princípios e temas gerais do processo civil*. São Paulo: Revista dos Tribunais, 2011 (Coleção doutrinas essências de processo civil: v.II).

HADDAD, José Ricardo; ALVEZ, Daniel de Almeida. O incidente da desconsideração da personalidade jurídica do "NCPC" no processo do trabalho. *Revista LTr*, São Paulo, n. 80, p. 1369/1377, nov. 2016.

HUECK, Alfred; NIPPERDEY, H. C. *Compendio de derecho del trabajo*. Madrid: Revista de Derecho Privado, 1963.

IRTI, Natalino. L'Età della decodificazione. *Rev. de Direito Civil*, v. 10, p. 15.

JARDON, Manuel Cid. *A intertextualidade na construção das decisões judiciais trabalhistas*. São Paulo: LTr, 2013.

JOBIM, Marco Félix. *Medidas estruturantes*: da suprema corte estadonidense ao Supremo Tribunal Federal. Porto Alegre: Livraria do Advogado, 2013.

_____. *Cultura, escolas e fases metodológicas do processo*. 3. ed. Porto Alegre: Livraria do Advogado, 2016.

KELSEN, Hans. *Teoria pura do direito*. 2. ed. São Paulo: Martins Fontes, 1987.

_____. *Teoria geral das normas*. Porto Alegre: Sérgio Fabris, 1986.

KELSEN, Hans; KLUG, Ulrich. *Normas jurídicas y analisis lógico*. Madrid: Centro de Estudios constitucionales, 1988.

LARENZ, Karl. *Metodología de la ciencia del derecho*. Barcelona: Ariel, 1994.

LIEBMAN, Enrico Tullio. Despacho saneador e o julgamento do mérito. *In:* WAMBIER, Luiz Rodrigues; WAMBIER, Teresa Arruda Alvim (Orgs.). *Princípios e temas gerais do processo civil*. São Paulo: Revista dos Tribunais, 2011 (Coleção doutrinas essências de processo civil: v.III).

LIMA, Alcides Mendonça. O princípio da probidade no código de processo civil brasileiro. *In:* WAMBIER, Luiz Rodrigues; WAMBIER, Teresa Arruda Alvim (Orgs.). *Princípios e temas gerais do processo civil*. São Paulo: Revista dos Tribunais, 2011 (Coleção doutrinas essências de processo civil: v. I).

_____. O processo como garantia das instituições sociais. *In:* WAMBIER, Luiz Rodrigues; WAMBIER, Teresa Arruda Alvim (Orgs.). *Princípios e temas gerais do processo civil*. São Paulo: Revista dos Tribunais, 2011 (Coleção doutrinas essências de processo civil: v. I).

LIMA, Ruy Cirne. *Preparação à dogmática jurídica*. Porto Alegre: Livraria Sulina, s.d.

LOSANO, Mario G. *Os grandes sistemas jurídicos*. São Paulo: Martins Fontes, 2007.

MACEDO, Eliane Harzheim. As funções dos tribunais no novo código de processo civil. *In:* CLAUS, Ben-Hur Silveira (Org.). *A função revisora dos tribunais*: por uma nova racionalidade recursal. São Paulo: LTr, 2016.

MACCORMICK, Neil. *Argumentação jurídica e teoria do direito*. São Paulo: Martins Fontes, 2006.

MACIEL, Adhemar Ferreira. *Amicus curiae*: um instituto democrático. *In:* WAMBIER, Luiz Rodrigues; WAMBIER, Teresa Arruda Alvim (Orgs.). *Princípios e temas gerais do processo civil*. São Paulo: Revista dos Tribunais, 2011 (Coleção doutrinas essências de processo civil: v. III).

MALTA, Christóvão Piragibe Tostes. *Prática do processo trabalhista*. 31. ed. São Paulo: LTr, 2002.

MARINONI, Luiz Guilherme. *A ética dos precedentes*: justificativa do novo CPC. 2. ed. São Paulo: Revista dos Tribunais, 2016.

_____; outros. *Novo código de processo civil comentado*. São Paulo: Revista dos Tribunais, 2015.

_____; outros. *O novo processo civil*. São Paulo: Revista do Tribunais, 2015.

_____. Formação da convicção e inversão do ônus da prova segundo as peculiaridades do caso concreto. *In:* WAMBIER, Luiz Rodrigues; WAMBIER, Teresa Arruda Alvim (Orgs.). *Princípios e temas gerais do processo civil*. São Paulo: Revista dos Tribunais, 2011 (Coleção doutrinas essências de processo civil: v. IV).

MARQUES, José Frederico. *Instituições de direito processual civil*. Campinas: Millennium, 1999, v. IV.

MARTINS, Sérgio Pinto. *Direito processual do trabalho*. 34. ed. São Paulo: Atlas, 2013.

MARTINS-COSTA, Judith. *A boa-fé no direito privado*. São Paulo: Revista dos Tribunais, 1999.

MARTINS-COSTA, Judith. O adimplemento e o inadimplemento das obrigações no novo código civil e o seu sentido ético solidarista. *In: O novo código civil*: estudos em homenagem ao prof. Miguel Reale. São Paulo: LTr, 2003.

MARTINS FILHO, Ives Gandra da Silva. As sociedades empresárias. *In: O novo código civil*: estudos em homenagem ao prof. Miguel Reale. São Paulo: LTr, 2003.

_____. *Manual de direito e processo do trabalho*. 19. ed. São Paulo: Saraiva, 2010.

MATA-MACHADO, Edgar de Godoi da. *Elementos de teoria geral do direito*. Belo Horizonte: Vega, 1976.

MAYNEZ, Eduardo García. *Introducción al estudio del derecho*. 18. ed. Cidade do México: Porrúa, 1971.

MENDES, Gilmar ferreira. *Jurisdição constitucional*: o controle abstrato de normas no Brasil e na Alemanha. 4. ed. São Paulo: Saraiva, 2004.

MEIRELES, Edilton. *Grupo econômico trabalhista*. São Paulo: LTr, 2002.

_____. O novo CPC e sua aplicação supletiva e subsidiária no processo do trabalho. *In:* MIESSA, Elisson (Org.). *O novo código de processo civil e seus reflexos no processo do trabalho*. Salvador: JusPodivm, 2015.

MELO FILHO, Hugo Cavalcanti. O novo CPC e a independência judicial. *Revista Trabalhista*: direito e processo, Brasília, Anamatra, n. 55, p. 105/120, jul./set. 2015.

MILMAN, Fábio. *Improbidade processual*: comportamento das partes e seus procuradores no processo civil. 2. ed. Rio de Janeiro: Forense, 2009.

MIRANDA, Pontes de. *Tratado das ações*. Campinas: Bookseller, 1998, Tomo I.

MITIDIERO, Daniel. *Precedentes*: da persuasão à vinculação. São Paulo: Revista dos Tribunais, 2016.

_____. *Processo civil e estado constitucional*. Porto Alegre: Livraria do advogado, 2007.

MONTEIRO, Carlos Augusto Marcondes de Oliveira. *Recurso de revista*. São Paulo: LTr, 2016.

MOREIRA, José Carlos Barbosa. *O novo processo civil brasileiro*: exposição sistemática do procedimento. 25. ed. Rio de Janeiro: Forense, 2007.

_____. *Comentários ao código de processo civil*. 9. ed. Rio de Janeiro: Forense, 2001, v. V.

_____. Convenções das partes sobre matéria processual. *In:* WAMBIER, Luiz Rodrigues; WAMBIER, Teresa Arruda Alvim (Orgs.). *Princípios e temas gerais do processo civil*. São Paulo: Revista dos Tribunais, 2011 (Coleção doutrinas essências de processo civil: v. III).

_____. A Constituição e as provas ilicitamente obtidas. *In:* WAMBIER, Luiz Rodrigues; WAMBIER, Teresa Arruda Alvim (Orgs.). *Princípios e temas gerais do processo civil*. São Paulo: Revista dos Tribunais, 2011 (Coleção doutrinas essências de processo civil: v.IV).

_____. O juiz e a prova. *In:* WAMBIER, Luiz Rodrigues; WAMBIER, Teresa Arruda Alvim (Orgs.). *Princípios e temas gerais do processo civil*. São Paulo: Revista dos Tribunais, 2011 (Coleção doutrinas essências de processo civil: v. IV).

NALINI, José Renato. *A rebelião da toga*. 3. ed. São Paulo: Revista dos Tribunais, 2015.

NASCIMENTO, Amauri Mascaro. *Curso de direito do trabalho*. 19. ed. São Paulo: Saraiva, 2004.

_____. *Curso de direito processual do trabalho*. 22. ed. São Paulo: Saraiva, 2007.

NERY JÚNIOR, Nelson. *Princípios do processo na Constituição Federal*: processo civil, penal e administrativo. 10. ed. São Paulo: Revista dos Tribunais, 2010.

_____; NERY, Rosa Maria de Andrade. *Comentários ao código de processo civil*. São Paulo: Revista dos Tribunais, 2015.

NEVES, Daniel Amorim Assumpção. *Novo código de processo civil comentado*. Salvador: JusPodivm, 2016.

NOGUEIRA, Eliana dos Santos Alves; BENTO, José Gonçalves. Incidente de desconsideração de personalidade jurídica. *In:* MIESSA, Elisson (Org.). *O novo código de processo civil e seus reflexos no processo do trabalho*. Salvador: JusPodivm, 2015.

OLEA, Manuel Alonso. *Derecho del trabajo*. 14. ed. Madrid: Universidad de Madrid, 1995.

OLIVEIRA, Carlos Alberto Alvaro de. O juiz e o princípio do contraditório. *In:* WAMBIER, Luiz Rodrigues; WAMBIER, Teresa Arruda Alvim (Orgs.). *Princípios e temas gerais do processo civil*. São Paulo: Revista dos Tribunais, 2011 (Coleção doutrinas essências de processo civil: v. I).

_____. Processo civil brasileiro e codificação. *In:* WAMBIER, Luiz Rodrigues; WAMBIER, Teresa Arruda Alvim (Orgs.). *Princípios e temas gerais do processo civil*. São Paulo: Revista dos Tribunais, 2011 (Coleção doutrinas essências de processo civil: v. I).

OLIVEIRA, Francisco Antonio de. *Comentários às súmulas do TST*. São Paulo: Revista dos Tribunais, 2007.

_____. *Comentários à Consolidação das Leis do Trabalho*. 4. ed. São Paulo: LTr, 2013.

_____. Comentários sobre a Instrução Normativa n. 39 (Resolução TST n. 203, de 15.3.2016) que dispõe sobre as normas do novo código de processo civil, instituído pela Lei n. 13.105, de 15 de março de 2015. *Rev. LTr*, v. 80, n. 07, p. 796/823, jul. 2016.

PANCOTTI, José Antônio. *Institutos fundamentais de direito processual*. São Paulo: LTr, 2002.

PEREIRA, Hugo Filardi. *Motivação das decisões judiciais e o estado constitucional*. Rio de Janeiro: Lumen Iuris, 2012.

PIMENTA, José Roberto Freire. O sistema dos precedentes judiciais obrigatórios e o microssistema de litigiosidade repetitiva no processo do trabalho. *Revista do TST*, v. 82, n. 2, p. 176/235, abr./jun. 2016.

POZZA, Pedro Luiz. *Sentença parcial de mérito*: cumulação de pedidos e o formalismo jurídico-valorativo para a celeridade da prestação jurisdicional. Curitiba: Juruá, 2015.

PRITSCH, Cesar Zucatti. *Standarts* de revisão recursal: uma solução do *common law* para a valorização das decisões de primeiro grau no Brasil. *In:* CLAUS, Ben-Hur Silveira (Org.). *A Função revisora dos tribunais*: por uma nova racionalidade recursal. São Paulo: LTr, 2016.

PRUNES, José Luiz Ferreira. *CLT comentada*. Caxias do Sul: Plenum, 2009.

RÁO, Vicente. *O direito e a vida dos direitos*. 3. ed. São Paulo: Revista dos Tribunais, 1991, v. 1.

REALE, Miguel. *Fontes e modelos do direito*. São Paulo: Saraiva, 1994.

RIBEIRO, Patrícia V. de Medeiros. Breve ensaio sobre a fundamentação exauriente. *Revista Trabalhista*: direito e processo, Brasília, Anamatra, n. 55, p. 121/133, jul./set. 2015.

RODRIGUES PINTO JÚNIOR, Amaury. Incidente de desconsideração da personalidade jurídica: compatibilidade com o processo do trabalho. *Revista do TST*, v. 82, n. 2, p. 39/60, abr./jun. 2016.

RODRIGUEZ, Américo Plá. *Princípios do direito do trabalho*. São Paulo: LTr, 1978.

RUBIN, Fernando; REICHELT, Luis Alberto (Orgs.). *Grandes temas do novo código de processo civil*. Porto Alegre: Livraria do Advogado, 2015.

RUSSOMANO, Mozart Victor. *Comentários à CLT*. 16. ed. Rio de Janeiro, Forense, 1994, v. I e v. II.

SAAD, Eduardo Gabriel e outros. *CLT comentada*. 46. ed. São Paulo: LTr, 2013.

SANTOS JÚNIOR, Rubens Fernando Clames dos. *Processo do trabalho*: uma interpretação constitucional contemporânea a partir da teoria dos direitos fundamentais. Porto Alegre: Livraria do Advogado, 2013.

SAVIGNY, F. C. von. *De la vocación de nuestro siglo para la legislación y la ciéncia del derecho*. Valparaíso: Edeval, 1978.

SCARMAN, Lorde Leslie. *O direito inglês*: nova dimensão. Porto Alegre: Sérgio Antônio Fabris editor, 1978.

SCHIAVI, Mauro. *Manual de direito processual do trabalho*. 12. ed. São Paulo: LTr, 2017.

_____. Teoria geral da prova no processo do trabalho à luz do novo CPC. *Revista do TST*, Brasília, v. 82, n. 2, p. 259/283, abr./jun. 2016.

SCHIMITZ, Leonard Ziesemer. *Fundamentação das decisões judiciais*: a crise na construção de respostas no processo civil. São Paulo: Revista dos Tribunais, 2015.

SEVERO, Valdete Souto. O novo CPC e o processo do trabalho: falsas novidades e parâmetros de aplicação. *Revista Trabalhista*: direito e processo, Brasília, Anamatra, n. 55, p. 184/207, jul./set. 2015.

SILVA, Antônio Álvares da. *Processo do trabalho*: comentários à Lei n. 13.015/2014. Belo Horizonte: RTM, 2014.

_____. Função e futuro do processo do trabalho. *Revista TRT 3ª Região*, Belo Horizonte, v. 61, p. 131/170, jul./dez. 2015.

SILVA, Homero Batista Mateus da. *CLT comentada*. 14. ed. São Paulo: Revista dos Tribunais, 2016.

SILVA, Ovídio A. Baptista da. *Da sentença liminar à nulidade da sentença*. Rio de Janeiro: Forense, 2001.

_____; GOMES, Fábio. *Teoria geral do processo civil*. 3. ed. São Paulo: Revista dos Tribunais, 2002.

SLAPPER, Gary; KELLY, David. *O sistema jurídico inglês*. Rio de Janeiro: Forense, 2011.

SOUTO MAIOR, Jorge Luiz. A aplicabilidade do novo CPC segundo a Instrução Normativa n. 39/16 TST. *Revista TRT 3ª Região*, Belo Horizonte, v. 61, p. 29/42, jul./dez. 2015.

SOUZA, André Pagani de. *Vedação das decisões-surpresa no processo civil*. São Paulo: Saraiva, 2014.

STRECK, Lenio Luiz; NUNES, Dierle; CUNHA, Leonardo Carneiro da (Orgs.). *Comentários ao código de processo civil*. São Paulo: Saraiva, 2016.

_____. *Jurisdição constitucional e decisão jurídica*. 4. ed. São Paulo: Revista dos Tribunais, 2014.

SÜSSEKIND, Arnaldo e outros. *Instituições de direito do trabalho*. 20. ed.São Paulo: LTr, 2002, v.1.

TAGLIALEGNA, Aldon do Vale Alves. A fundamentação das decisões prevista no novo CPC e a sentença trabalhista. *In: O judiciário trabalhista na atualidade*: temas relevantes. São Paulo: LTr, 2015.

TEIXEIRA FILHO, Manuel Antônio. *Comentários ao novo código de processo civil sob a perspectiva do processo do trabalho*. 2. ed. São Paulo: LTr, 2015.

_____. *Comentários à Lei n. 13.015/2014*. São Paulo: LTr, 2014.

_____. *Curso de direito processual do trabalho*. São Paulo: LTr, 2009, v. I.

TOLEDO FILHO, Manoel Carlos. Os poderes do juiz do trabalho face ao novo código de processo civil. *In:* MIESSA, Elisson (Org.). *O novo código de processo civil e seus reflexos no processo do trabalho*. Salvador: JusPodivm, 2015.

THEODORO JÚNIOR, Humberto. *Curso de direito processual civil*. 56. ed. Rio de Janeiro: Forense, 2015, v. I.

_____. A preclusão no processo civil. *In:* WAMBIER, Luiz Rodrigues; WAMBIER, Teresa Arruda Alvim (Orgs.). *Princípios e temas gerais do processo civil*. São Paulo: Revista dos Tribunais, 2011 (Coleção doutrinas essências de processo civil: v. III).

_____ e outros. *Novo CPC — Fundamentos e sistematização*. 2. ed. Rio de Janeiro: Forense, 2015.

VARGAS, Luiz Alberto de; FRAGA, Ricardo Carvalho. A função revisora dos tribunais: juízes e advogados — debates posteriores Lei n. 13.015 e anteriores à vigência da Lei n. 13.015. *In:* CLAUS, Ben-Hur Silveira (Org.). *A função revisora dos tribunais*: por uma nova racionalidade recursal. São Paulo: LTr, 2016.

VASCONCELLOS, Fernando Andreoni; ALBERTO, Tiago Gagliano Pinto (Orgs.). *O dever de fundamentação no novo CPC*: análises em torno do art. 489. Rio de Janeiro: Lumen Iuris, 2015.

WAMBIER, Teresa Arruda Alvim e outros. *Primeiros comentários ao novo código de processo civil*. São Paulo: Revista dos Tribunais, 2015.

Índice por assunto

Ação rescisória	120/144
Aditamento	57
Amicus curiae	45
Astreintes	78/79
Audiência de conciliação ou mediação	30/32
Autocomposição	203/209
Adiamento audiência	33
Bacenjud	98/102
Benefício de execução	88
Benefício de ordem	87
Boa-fé	223/225
Capacidade processual	43/44
Cadastro de inadimplentes	231/232
Cheque	199/201
Codificação	16
Coisa julgada	216/217
Competência territorial	28/29
Contagem de prazos	30, 59
Contestação	32/33
Contribuição previdenciária	67/68
Cumprimento da sentença	76/80
Dano processual	56
Decisão monocrática	152/153
Decisão — surpresa	153/160
Efeito devolutivo, efeito devolutivo em profundidade	147/152
Efeito modificativo	182

Eleição do foro 28/29
Embargos à execução 106/107
Embargos de declaração 180/187
Embargos de divergência 40/42
Entrega de coisa 74/75, 80
Espólio, responsabilidade 88/89
Execução menos gravosa 89/91
Fraude de execução 83/85
Fontes do direito 13/15
Fundamentação da sentença 21, 68/70, 209/225
Garantias magistratura 47/48
Hierarquia de fontes 219/223
Hipoteca judiciária 229/231
Honorários advocatícios 66/67
Impenhorabilidade 91/95
Incidente de assunção de competência 119/120
Incidente de desconsideração de pessoa jurídica 165/170
Incidente de resolução de demandas repetitivas 172/179
Intimação advogado 225/229
Irrecorribilidade interlocutórias 21/22
Juiz 45/49
Juízo de admissibilidade 38/40
Julgamento antecipado parcial de mérito 160/165
Julgamento liminar do pedido 170/172
Julgamento não-unânime 36/37
Jurisprudência nos tribunais 107/118
Mandado de Segurança 96/97
Mandato 44, 190/191
Negociação coletiva 201/209
Negociação processual 29/30
Nota promissória 199/201
Notas taquigráficas 37/38
Obrigação de fazer/não fazer 72/74, 77/79
Ônus da prova 33, 60/63

Ordem cronológica	19
Overruling	118, 179, 218
Parte geral e parte especial CPC	17/18
Parcelamento do crédito	104/106
Parcelamento do lanço	102/104
Penhora, procedimento	97/98
Penhora *on line*	98/102
Penhora, ordem preferencial	95/97
Penhora, substituição	96
Perdas e danos	75/76
Poder de polícia	49
Poder de tutela	54
Prazos	27, 42, 181
Precedente judicial	218
Preparo	191/195
Prequestionamento	151/152, 182/186
Prescrição intercorrente	33/36
Prisão civil	79
Procedimentos especiais	22
Processos nos tribunais	23/24
Protesto decisão	231
Reclamação	144/147
Recurso de revista	197/199
Relator	188/190
Remessa necessária	70/72
Representação processual	43/44
Responsabilidade patrimonial	80/91
Retenção	86/87
Retratação	63/64
Saneamento do processo	43/45
Sentença	65
Sequela, direito de	86
Stare decisis	107/118
Subsidiariedade, aplicação do CPC	26, 53

Testemunhas	49, 195/197
Títulos de crédito	199/201
Transação	201/209
Tutela provisória	20, 52/60
Tutela de evidência	60
Tutela específica	72/76
Tutela de urgência	55/57
Ultraeficácia normas coletivas	208/209
Valor da causa	49/52, 57
Vista regimental	118/119